세계의
혁신 대학을
찾아서

세계화, 전문화로 나아가는 대학

세계의
혁신 대학을
찾아서

초판 1쇄 인쇄 2023년 6월 15일
초판 1쇄 발행 2023년 6월 25일

지은이 안문석
펴낸이 김승희
펴낸곳 도서출판 살림터

기획 정광일
편집 조현주·송승호
북디자인 꼬리별

인쇄·제본 (주)신화프린팅
종이 (주)명동지류

주소 서울시 양천구 목동동로 293, 2215-1호
전화 02-3141-6553
팩스 02-3141-6555
출판등록 2008년 3월 18일 제313-1990-12호
이메일 gwang80@hanmail.net
블로그 http://blog.naver.com/dkffk1020

ISBN 979-11-5930-258-9 03370

세계화, 전문화로 나아가는 대학

세계의 혁신 대학을 찾아서

안문석 지음

살림터

머리말

어느 시대를 막론하고 세계는 빠른 속도로 변해 왔다. 우리가 사는 지금도 어느 때보다 무서운 속도로 바뀌어 가고 있다. 경제 사정도, 안보 환경도, 정치 상황도. 그중 빠질 수 없는 게 교육 환경이다. 당장 우리나라 대학들이 정원을 못 채워 전전긍긍하고 있는데, 이는 우리만의 사정이 아니다. 세계 많은 나라의 대학이 마주한 위기가 인구절벽, 말 그대로 천 길 낭떠러지다.

2021년 초 전북대 국제협력처장을 맡으면서 곧바로 들었던 얘기가 대학의 위기, 학령인구 감소이다. 국제협력처장이 노력해서 유학생을 많이 유치해야 한다는 주문도 들었다. 그래도 국립대의 국제협력처장은 그나마 나은 편이다. 주변의 사립대를 보면 사생결단을 하려는 것처럼 보이는데, 역설적으로 사립대는 여건이 열악해 유학생 유치에 보통 애를 먹고 있는 게 아니다.

이런 환경에서 지난 2년 동안 세계의 많은 대학과 대화하고 관찰할 기회가 있었다. 학생들을 많이 보내고, 연구협력을 강화하기 위한 종종걸음이었지만, 덕분에 세계적인 대학들의 몸부림을 세밀하게 볼 수 있었다. 세계 최고로 인정받는 하버드대학교, 규모나 연구력 면에서 미국에서 몇 손가락 안에 드는 캘리포니아대-샌디에이고, 교육 선진국 호주의 대학 가운데서도 명문으로 꼽히는 로열멜버른공과대학교도 변화와 혁신의 대열에서는 예외가 아님을 현장에서 체감하였다. 싱가포르와 말레이시아, 인도네시아, 베트남, 태국의 대학이 세계 교육시장의 정글에서 살아남기 위해서 매일매일 고민하고 있음은 새삼 강조할 필요가 없을 정도다. 어떤 대학은 제도와 관행을 바꿔 미래 생존의 길을 찾고, 어떤 대학은 연구에 힘을 쏟아 스스로를 업그레이드하려 한다. 또 어떤 대학은 세계시장으로 진출해 해외 현지에서 더욱 많은 학생을 모으려 하고 있다. 특정 분야에서 세계 최고, 지역 최고를 지향하면서 차별화된 길을 가려는 대학도 있다.

이렇게 선진국의 세계 최고 대학들은 지금의 위치에서도 더 높은 곳을 지향하고 있고, 발전도상의 나라 대학들은 남다른 지위를 확보해 미래를 보장받으려 한다. '상대적 권력의 최대화Maximization of Relative Power', 즉 '남보다 더 많은 능력을 갖추기 위한 경쟁'은 국가들만 하는 게 아니다. 대학들도 우선은 전쟁에서 살아남기 위해, 이후 더 먼 장래를 모색하기 위해 불철주야 애면글면 속을 끓이고 있다.

이 책은 필자가 그동안 현장에서 보아 온 대학들의 노력을 특징별로 분류하여, 세계의 대학들이 경쟁력 향상을 위해 어떻게 혁신해 왔는지, 그 변화의 양상을 살펴보았다. 현지에서 본 것, 현장에서 들은 대학 간부들의 이야기를 담았고, 각 나라의 장점, 그 지역이 보유한 인프라 등을 어떻게 활용해 어떤 길을 가려 하는지를 깊이 있게 파악하려 하였다.

곧 대학이 망하는 모습을 보고도 사람들이 별로 놀라지 않는 시기가 올 것 같다. OECD(경제협력개발기구) 국가 중 가장 낮은 출산율을 보이는 한국에서는 그것 말고도 놀랄 일이 더 많을 듯하다. 따라서 우리 사회와 정부가 우선 해결해야 할 과제는 당연히 인구절벽 위기 해소일 텐데, 전문가들만 애를 태우고 있다. 마치 기후위기 대응에 관한 관심 부족과 비슷하다. 그러니 이제 관심 있는 사람들만이라도 더 소리 높여 문제를 제기해야 한다. 대학의 위기를 이야기하고, 특히 지역 대학의 소멸 사태에 대한 경고는 더 자주, 더 크게 해야 한다.

이 책에서 살펴보는 외국 대학의 사례는 결국 위기에 직면한 우리 대학들의 생존에 관한 이야기가 아닐 수 없다. 그렇지만 원론적인 이야기만 하면 지루해질 수도 있을 듯해서 미국, 호주, 말레이시아, 태국 등 그 나라에 대한 주변적인 설명, 대학이 위치한 도시에 얽힌 사연들을 가볍게 곁들였다. 우리의 교육, 우리의 대학, 우리의 미래에 관심 있는 사람들이 많이 읽어 줬으면 좋겠다. 그래서 더 나은 내일을 찾아가는 데 참고로 삼는다면, 더 바랄 것이 없겠다.

2023년 6월

안 문 석

차례

머리말 5

4장 전문화를 추구하는 대학

5장 지역을 살리는 대학

에필로그
위기에 처한 한국 대학, 어떻게 살릴 것인가 260

1장

끝없이 혁신하는 대학

1. 세계 바이오 연구의 지존을 향하여: 하버드대학교 의과대학
2. 핵심 인재 영입으로 세계 최고의 공대를 추구하다:
   캘리포니아대학교-샌디에이고(UCSD)
3. 사회적 책임의 아이콘으로: 호주 시드니공과대학교

1.

세계 바이오 연구의 지존을 향하여
: 하버드대학교 의과대학

한국인이 특히 좋아하는 하버드

한국 사람들은 유난히 하버드대Harvard University를 좋아한다. 누구나 하버드를 가고 싶어 하고, 하다못해 구경이라도 하고 싶어 한다. 재벌, 권력자들은 자녀를 하버드대에 보내고 싶어 한다. 최근에는 이재용 삼성전자 부회장의 딸이 하버드대와 브라운대에 동시에 합격했다는 오보를 일부 신문이 내기도 했다. 하버드 하면 깜빡 죽는 언론, 그런 기사에 혹하는 대중이 이런 우스운 해프닝을 만들어 냈을 것이다. 그만큼 하버드는 한국인에게 특별한 존재이다. 예일, MIT, 프린스턴, 스탠퍼드 등 하버드와 비슷한 수준의 대학이 많지만 유독 하버드를 좋아한다. 그도 그럴 것이 하버드대 졸업장이면 한국에서는 안 될 일이 별로 없다. 취직이든, 사업이든, 연구든, 글 쓰는 일이든, 그 어떤 일을 해도 하버드대 졸업장을 내밀면 반은 먹고 들어갈 수 있다. KBS 기자였던 나의 선배는 방송국을 그만두고 서울에서 국회의원에 출마하면서 '하버드와 KBS가 검증한 ○○○'라는 문구를 집채만 하게 내걸었다. 하버드 케네디스쿨을 나온 사람이었는데, 그 덕분인지 당선됐다.

나도 '하버드를 좋아하는 한국 사람'에서 예외는 아니다. 2017년 연구년이 되었을 때, 어느 나라로 갈까 고민하다가 미국으로 가기로 했고, 조지타운대와 하버드대 옌칭연구소에서 연구할 기회를 얻었다. 세계적인 대학, 그중에서도 국제정치나 아시아 연구에서 최고 권위가 있는 대학을 가고 싶었고, 그러다 보니 하버드대에 가게 됐다. 새삼 느낀 것이지만, 하버드대 옌칭연구소는 중국과 일본, 한국 등 아시아 관련 연구소로는 다른 어느 곳도 따라오기 힘들 만큼 방대한 자료를 갖고 있다. 겉보기로는 작은 건물 하나이지만, 이곳에는 일부 자료가 있고 관리 담당 직원이 일하고 있다. 많은 자료는 다른 곳에 보관하고 있다. 자료를 신청하면 다음 날 가져다준다. 근대에서 현대까지 한국 관련 자료, 남한뿐만 아니라 북한 자료도 엄청나게 갖추고 있다.

2022년 6월 다시 하버드대에 갔는데, 이번에는 의과대학 연구소를 방문하기 위해서였다. 6월 16일 오전 10시 뉴욕행 대한항공 비행기에 올랐다. 14시간을 비행해 뉴욕 JFK(존 F. 케네디)공항 1터미널에 착륙했다. 현지 시각 16일 오전 11시. 여기서 오후 1시에 출발하는 보스턴행 델타항공을 탔다. 부지런히 입국 수속을 밟았다. 과거에는 인천에서 뉴욕을 거쳐 보스턴으로 가면 짐은 뉴욕에서 찾을 필요 없이 보스턴에서 찾으면 됐는데, 요즘엔 뉴욕에서 미국 입국심사를 다 마치고 짐까지 찾아서 다시 국내선 항공으로 갈아타야 한다. 시간이 많지 않았다. 서둘렀다. 의외로 사람이 적었다. 입국심사하는 심사관도 그다지 까다롭지 않았다. "직업이 뭡니까?" "교수입니다." "무엇을 가르치십니까?" "정치학요." "미국엔 왜 오십니까?" "대학 방문차 왔습니다." 이 정도로 간단히 끝났다. 앞 사람들은 지문을 찍었는데, 나한테는 그런 요구가 없었다. 부지런히 짐 찾는 곳에 갔더니 짐도 빨리 나왔다. 인천공항에서 체크인할 때 빨리 나오게 해 달라고 부탁했더니 '우선priority'이라고 쓰인 노란 딱지를 붙여 준 덕분이었다. 짐 찾는 곳을 나오니 오른쪽에 다시 짐 부치는 곳이 있었다. 대한항공 데스크로 가니 바로 짐을 받아 주었다. 환승하는 곳을 물으니 4터미널로 가야 한단다. 부지런히 공항 내 기차Air Train를 타고 4터미널로 이동해 보스턴행 델타항공 게이트 B34를 찾아갔다. 거기서 물으니 비행기 출발이 오후 1시에서 3시 20분으로 지연됐단다. "이럴 줄 알았으면 서둘러 올 필요가 없었는데…." 날씨가 안 좋아 승무원들이 제시간에 출근을 못 해서라고 했다. 우리나라 같으면 난리 날 일이다. 그런데 모두 조용히 기다린다. 미국에선 흔히 있는 일인가 보다. 하긴 나라가 크고 비행기도 많다 보니….

"엎어진 김에 쉬어 가자." 여유 있게 점심을 하기로 하고 식당에 들어갔다. 수제버거집. 치즈버거를 시키니 3만 원. 미국 물가가 많이 올랐다더니 엄청 비싸다. "비싼 버거이니 맛있게 먹자." 맛은 있다. 육즙 풍부한 패티, 고소한 빵, 푸짐한 프렌치프라이. 커다란 버거를 아주 천천히 먹었는데도 시간은 많이 남았다. 출발 게이트를 찾아가 근처에서 기다렸다. 그러다 전광판을 올려다보니 게이트가 다시 바뀌었다. C64로 가란다. 안내판을 따라 바쁘게 갔다. 버스를 타고 터미널2로 가야 했다. 지연에 케이트 변동이 이렇게 쉽게 발생하는데도 많은 사람이 항공편을 이용하고, 여전히 비행기가 미국 국내 교통의 가장 중요한 부분을 차지한다는 게 신기할 따름이다.

미국에서 신기한 게 한둘은 아니다. 총기 사건이 그리 많이 일어나는 것도 그렇고, 그런데도 총기 규제를 안 하는 것도 그렇다. 뉴욕, 보스턴, 샌프란시스코 등 대도시에는 무수히 많은 노숙자가 존재하고, 거리에는 마리화나를 피우는 젊은이도 수두룩하다. 반면에 머리 싸매고 밤을 새워 가며 공부하는 대학생, 365일 연구실 불 밝히고 새로운 걸 찾고 있는 교수들도 미국만큼 많은 나라가 없다. 뉴욕에서 할렘가를 가면 미국이 곧 망할 것 같지만, MIT를 가면 미국이 왜 세계에서 가장 부강한 나라인지 알 수 있다. 도널드 트럼프 같은 함량 미달 인물을 대통령으로 뽑는 걸 보면 미국 민주주의가 곧 종말을 맞을 것 같지만, 소수자를 배려하고 기부가 활성화되어 있는 모습은 미국 사회의 지속가능성을 보여 준다. 볼수록 묘한 나라다. 암튼 웬만하면 정시 운항하는 우리나라와는 완전히 다른 미국을 보면서 그 속성과 진면목이 무엇인지 새삼 헷갈리지 않을 수 없었다.

그렇게 2시간 10분을 기다려 3시 10분에 이륙했다. 2시간 조금 더 날아 5시 20분에 보스턴의 로건국제공항에 내렸다. 여기서 다시 문제가 생겼다. 비행기에서 내렸는데 막상 승객이 들어갈 게이트가 없었다. 날씨가 안 좋았다가 풀리면서 항공기가 한꺼번에 몰려 게이트에 긴 줄을 서게 된 것이다. 작은 보잉737 비행기 안에서 2시간 40분을 기다렸다. 답답하고 배고픈 승객에게 항공사에서 준 건 작은 아몬드 스낵 하나와 물 한 잔이 전부였다.

저녁 8시쯤 겨우 공항을 나와 공유택시 lyft를 타고 홀리데이인 호텔로 갔다. 방은 깔끔하다. 킹사이즈 침대에 화장실이 넓고 밝아 좋다. 간단하지만 조식도 준다. 스크램블과 구운 감자, 소시지, 베이컨, 베이글, 식빵, 시리얼, 요구르트, 사과, 바나나, 그리고 커피. 세계 어디서든 홀리데이인에 가면 대체로 가격 대비 만족도가 높은데, 보스턴은 엄청 비싸다. 하루 숙박비가 25만 원. 원래 보스턴 지역 물가가 비싼데다 마침 US Open 골프대회가 열리고 있었고, 대학의 졸업 시즌이었다. 더욱이 2020년과 2021년에는 코로나19 때문에 졸업식이 없어서 그때 졸업사진을 못 찍은 사람들까지 몰려들면서 보스턴은 그야말로 대목을 맞았다. 마침 그런 시기에 보스턴을 방문했으니 울며 겨자 먹기로 비싼 호텔비를 낼 수밖에. 인근의 펍에서 간단히 저녁을 먹고 산책을 한 뒤, 오랜 비행으로 피곤해진 몸을 누였다.

여행은 기본적으로 힘든 것이다. 비행기를 타고 시차를 극복해야 하고 많이 걸어야 하고…. 그런데도 사람들은 여행을 한다. 한동안 여행을 못하면 답답해한다. 코로나19로 우울증을 앓게 된 사람이 부지기수라고 하지 않는가. 여행은 힘들지만 사람의 본능이기도 하다. 어떤 일을 하든, 어디에 살든, 젊든 아니든, 사람이면 안 하고는 견디기 힘든 본능이다. 그런 생각을 잠깐 하다 그냥 잠들어 버렸다.

하버드대 바이오 연구의 심장, 생명과학센터

다음 날인 6월 17일 새벽 5시에 눈이 떠졌다. 워낙 피곤해 아주 푹 잤는데도 시차 때문에 일찍 깼다. 그 시간이면 서울은 오후 6시이니…. 두어 시간 TV 보고, 책 보고 하다가 간단히 아침을 먹고 보스턴 시내 한가운데 있는 생명과학센터Center for Life Science, CLS로 갔다. 하버드대 의대에 속해 있는 연구소인 CLS는 보스턴 중심가 하버드대 의대 주변에 자리 잡은 거대한 연구소다. 18층짜리 첨단 빌딩에는 심혈관연구실 등 다양한 전문 연구시설들이 있다. 각 연구실이 일정 공간에서 독자적 연구를 진행하면서도 중요한 연구시설은 공유한다. 그러니 고가의 장비들을 따로따로 구입할 필요가 없다. 비용은 절약하면서 연구 효율을 최대화하는 것이다.

한국계 미국인 교수 피터 강은 하버드대 의대 심장내과 교수로 병원에서 20년째 진료를 하면서, 이곳에서 관련 연구도 진행하고 있다. 특히 한국을 비롯한 외국 교수들과의 국제공동연구로 훌륭한 성과를 많이 내고 있다. 바이오텍 회사를 만들어 연구 결과 보급에도 심혈을 기울이고 있다. 최근 강 교수의 연구는 체내 혈관 가운데 어딘가에 혈전이 생겼을 때 이를 빨리 찾아서 녹일 수 있는 약을 개발하는 것이다. 약사 연구원들과 함께 연구작업을 진행하는 강 교수는 CLS의 동물실험 관련 핵심 시설들

하버드대 의과대학 생명과학센터(CLS)

을 총괄하는 일도 하고 있다. 의학적 연구에 필요한 각종 동물과 수술실, 분석 장비 등의 관리를 책임지는 것이다. CLS가 첨단 성과를 내는 데 동물실험은 매우 중요한 위치를 차지한다. 강 교수는 진료와 연구에다 CLS 전체 성과의 키를 쥐고 있는 행정적 업무까지 맡아 눈코 뜰 새 없이 분주하게 움직이고 있다.

강 교수처럼 진료를 하면서 임상 데이터를 활용해 연구에 매진하고 있는 하버드대 의대 교수만 해도 족히 수천 명은 된다. 하버드대 의대는 자체 부속병원이 없고 주변의 큰 병원들과 계약을 통해 협력병원 형태로 관계를 형성하고 있다. 이 병원들의 의사는 병원 소속 의사이면서 하버드대 의대 교수로 임용되는 것이다. 그렇게 임용된 하버드대 의대 교수가 1만 1,000명 정도다. 이 중 임상만 하는 교수도 있지만 많은 교수가 임상과 연구를 함께 한다. 하버드대 의대 산하 바이오 연구소도 수십 개가 있고, 여기에 속한 연구원이 수백 명은 된다. 연구 인프라가 엄청난 것이다. 그러니 세계 어딜 가나 하버드 하버드 하고, 몇 달이 멀다 하고 새로운 연구 결과가 계속 나오는 것이다.

성과는 이러한 인적 인프라에 막대한 자금이 합쳐지기 때문이다. 미국 국립보건원NIH이 하버드대 의대 협력병원들에 투입하는 연구비가 매년 약 8,000억 원이다. 물론 그냥 주는 건 아니고, 의사 교수들이 연구과제 공모에 응모해 선정돼서 가져가는 돈이 그 정도다. 교수들은 자신이 받는 연구비에서 월급의 상당 부분을 충당하고, 병원과 하버드대에서도 일부를 받는다. 연구비뿐만 아니라 기부금을 많이 받는데, 하버드대 의대가 받는 연간 기부금이 8,000억 원 정도라고 한다. 기업이나 하버드대 동창회에서 들어오는 기부금이 많고, 개인 기부금도 1,300억 원가량이다. 흥미롭게도 개인 기부금 가운데 약 3분의 1은 협력병원의 환자들이 내는 것이다. 병원에서 치료를 받고 고마운 마음에 기부하는 경우가 많고, 협력병원에 입원했다 사망하면서 유언으로 기부금을 내는 경우도 있다. 꼭 이런 점을 염두에 두지 않더라도 대학병원들이 서비스의 질과 친절의 정도를 최고로 높여야 하는 이유는 분명한 것 같다. 연구소도 병원도 변화와 혁신을 계속하면서 경쟁력을 키워 가는 것이다.

친절 얘기를 하니 스탠퍼드대 설립과 관련한 일화가 생각난다. 하버드 못지않은 서부의 명문 스탠퍼드대학교Stanford University는 서부 개척 시대 대륙횡단철도 사업으로 거부가 된 릴런드 스탠퍼드가 세웠다. 그 계기는 좀 우연했는데, 스탠퍼드의 아들이 불행하게도 16살에 유럽을 여행하다가 장티푸스로 사망했다. 아들을 그리워하던 릴런드와 부인 제니 스탠퍼드는 아들이 다니던 하버드대를 찾아갔다. 그런데 총장 비서는 총장과의 면담을 거절했다. 올이 드러난 낡은 정장을 입은 릴런드와 빛바랜 줄무늬 원피스 차림인 제니의 초라한 모습 때문이었을까. 그 자리에서 4시간을 기다려서야 겨우 만날 수 있었다.

"제 아들이 하버드를 무척 사랑했습니다. 캠퍼스에 아들을 위한 기념물을 하나 세우고 싶어서 왔습니다."

그러지 총장은 "동상을 말씀하시는 건가요? 하버드 다니다 죽은 사람을 위해 동상을 세우자면 캠퍼스가 공동묘지가 될 것입니다"라고 쌀쌀맞게 응대했다.

"총장님! 동상이 아니라 중앙도서관 같은 건물을 하나 기증할까 합니다."

"건물요? 건물 하나 짓는 데 얼마나 드는지 알고 말씀하시는 건가요? 하버드 건물들을 짓는 데 750만 달러가 넘게 들었습니다."

그 순간 스탠퍼드 부부는 서로를 마주 보았다. 그러곤 제니가 말했다.

"여보! 750만 달러 정도면 대학 하나 세울 수 있나 봐요. 우리가 직접 대학을 세우면 어때요?"

릴런드는 고개를 끄덕였고, 부부는 총장실을 나왔다. 캘리포니아로 돌아간 그들은 곧 대학 설립에 착수했고, 그렇게 해서 1891년 캘리포니아 팔로알토에 세워진 것이 세계적 명문 스탠퍼드대학교이다. 좀 과장된 면도 있는 얘기로 보이긴 한다. 하지만 요는 친절과 서비스는 인간관계에서 그 어느 것보다 중요하고, 사람을 외양만으로 판단하면 안 된다는 것이다. 친절하면 우선 내가 좋고, 상대를 기분 좋게 하고, 잘하면 돈까지 되는 것이다. 대학을 운영하는 사람이라면, 대학병원을 경영하는 인물이라면 머리 쓰기 전에 가슴을 먼저 여는 게 그렇게 중요한 것이다.

보스턴 지역 6,000여 개의 바이오 연구소

다시 하버드와 보스턴 얘기로 돌아가자. 하버드는 그렇고, 범위를 보스턴으로 확대하면 규모는 훨씬 더 커진다. CLS 인근의 5개 빌딩이 모두 바이오 연구소다. 보스턴 지역의 바이오 연구소를 모두 합치면 6,000여 개나 된다. 이들이 가져오는 정부의 연구비는 4조 원가량인데, 이 연구소들에서 일하는 연구원이 8만 5,000여 명이고, 이들의 연봉은 2억 5,000만 원 정도다. 엄청난 양질의 일자리가 바이오 연구소들 덕분에 생긴 것이다. 이런 좋은 일자리를 만들어 주니 매사추세츠 주정부도 연구소를 더 많이 유치하려고 노력한다. 다른 주보다 세금을 낮춰 주니 연구소들도 이 지역을 선호하는 것이다. 연구소는 세금을 적게 내고, 주정부는 일자리 창출하고, 누이 좋고 매부 좋은 경우가 아닐 수 없다.

이렇게 모여든 연구소에서는 늘 새로운 연구가 일어나고, 이를 활용해 새로운 약과 검사·치료 도구들이 나오고 있다. 세계적인 제약회사 노바티스, 화이자, 머크 등도 여기에 연구소가 있다. 이들은 스스로 연구도 하지만, 보스턴 지역 연구소들의 연구 동향을 면밀히 파악해 필요한 기술은 사기도 한다. 새로운 기술을 초기 단계에 구입해 자신들의 노하우와 자본으로 상업화하는 것이다.

말로만 듣던 보스턴의 바이오 연구단지를 실제로 보니 미국이 왜 바이오 산업의 주도권을 계속 쥐고 있는지, 앞으로 미국이 어떤 방향으로 가려 하는지, 조금은 알 것 같았다. 연구개발에 엄청난 자원을 투자해 새로운 원천기술을 개발하고 이를 통해 지구적 기술 패권을 영원히 유지하려는 것이다. 미국의 의료와 보건 관련 정책을 총괄하고 있는 미국국립보건원은 매년 60조 원 정도의 예산으로 주요 연구기관을 지원한다. 연구자 또는 연구팀이 제안서를 내면 이를 심사해 연구비를 지급하는 것이다. 그러니 세계의 우수한 연구자들이 미국으로 몰린다. 천문학적인 돈과 가장 우수한 인재들이 모이니 혁신적인 연구들이 나올 수밖에 없다.

이렇게 지원되는 자금을 기반으로 생명과학 관련 연구를 집중적으로 진행하는 바이오 연구단지는 보스턴 지역이 가장 크지만, 그에 못지않게 큰 연구단지가 캘리포니아주 샌디에이고와 샌프란시스코에도 있다. 샌디에이고에는 소크 연구소Salk Institute for Biological Studies, 스크립스 연구소Scripps Research Institute, 샌퍼드버넘프레비스 연구소Sanford Burnham Prebys Medical Discovery Institute 등 세계적인 민간 연구소들이 기반을 잡고 있다. 샌프란시스코에는 실리콘밸리를 중심으로 많은 바이오벤처 회사가 둥지를 틀고 있다. 하버드대 의대 인근의 보스턴 연구단지와 소크 연구소 주변 샌디에이고 연구단지, 실리콘밸리 주변 샌프란시스코 연구단지 등의 연구소들은 미국과 세계의 생명과학 리더로 결코 지금에 만족하지 않는다. 지금도 일등, 미래의 어떤 시점에서도 일등을 지향한다.

CLS에서 이런저런 설명을 듣고 연구시설을 돌아보니 미국과 중국이 기술 패권을 두고 경쟁을 심화하고 있지만, 중국이 미국을 따라잡기가 어려운 것 아닌가 하는 느낌이 든다. 물론 단상이 그렇다는 것이다. 만약 내가 중국의 첨단 과학 연구소들을 돌아본다면 또 다른 생각을 할 수도 있겠지만 말이다. KBS 기자로 활동하던 시절, 그러니까 20년 전, 베이징, 톈진, 상하이, 충칭, 청두 등 중국의 주요 도시를 돌며 중국의 발전상을 취재한 적이 있다. 기업, 관공서를 방문하고, 사람들을 만나면서 중국이 왜 발전하는지를 깊이 보려 했다. 당시 벌써 자본주의보다 더 자본주의화되었던 중국의 속내를 볼 수 있었다. 철저하게 일한 만큼 주는 기업들이 늘고 있었다. 왕서방의 실용주의, 합리주의가 중국의 경제적 발전을 견인하고 있음을 확인한 것이다. 첨단 과학 연구소는 접근이 어려워 보지 못했다. 중국도 그동안 연구개발에 미국 못지않은 투자를 해 왔다. 바이오와 항공우주 등에는 특히 자원을 아끼지 않았다. 그런 만큼 중국도 미국의 수준에 많이 접근했을 것이다. 미국의 첨단 바이오 연구소들을 보면서 새삼 중국의 수준이 궁금해진다. 양국의 경쟁은 언제까지 계속될까? 경쟁 양상은 구체적으로 어떤 모습으로 변화할까? 주변국엔 어떠한 영향을 줄까? 최종 승자는 누가 될까? 모든 게 우리의 운명과 직결된 것이니 궁금하지 않을 수 없다.

오후에는 보스턴에 붙어 있는 케임브리지 시내의 케임브리지혁신센터 Cambridge Innovation Center, CIC를 찾았다. 말 그대로 벤처기업들이 혁신적인 아이디어를 찾고 있는 곳이다. 큰 건물의 이곳저곳에 벤처기업들이 자리를 잡고, 새로운 생각을 해낼 수 있도록 각종 편의시설을 갖추어 놓았다. 누구나 이용할 수 있는 휴게실에 커피와 아이스크림, 스낵 등을 준비해 좋아하는 것을 즐기며 대화할 수 있게 한 것은 가벼운 마음으로 얘기를 하다 보면 서로에게 도움이 되는 정보를 교환할 수 있다는 생각에서다. 회의실, 혼자 생각할 수 있는 작은 공간도 있다. 혼자서 줌Zoom 회의에 참여할 수 있도록 만들어 놓은 자리도 존재한다. 물론 탁구 등 운동

할 수 있는 곳도 따로 마련되어 있다.

한국의 보건산업진흥원도 이곳에 지사를 두고 있다. 여기에 터를 잡고 있으면서 한국의 바이오 기업들이 보스턴 지역에 진출해 미국 측과 공동 연구 등을 진행할 수 있도록 돕는다. 한국 기업을 미국 기업과 연결시켜 주고, 한국 기업에 교포 생명과학 연구자들을 소개시켜 주기도 한다. 교포 연구자들의 네트워킹을 도우면서, 바이오 연구나 바이오 산업의 동향에 대한 정보가 공유될 수 있도록 한다. 실제 보건산업진흥원의 도움으로 몇몇 한국 바이오벤처기업이 CIC에 둥지를 틀었다. 여기서 자신의 기술을 홍보하고, 미국의 바이오 기업이나 연구자들과 공동으로 연구나 산업화를 모색하기도 한다.

2018년에 보스턴에 머무를 당시에는 하버드대 의대를 그냥 둘러보기만 했다. "아, 여기가 그 유명한 하버드대 의대구나!" 하며 사진 한 장 찍었을 뿐이었는데, 다시 와서 연구소와 혁신센터 등의 내부를 깊숙이 탐방하니 미국이 가는 길이 좀 명료하게 다가온다. 미국은 혁신에 혁신을 거듭하고 있다. 1등을 하는데도 혁신한다. 1등을 영원히 유지하기 위해서. 그 몸부림이 과연 어느 정도의 성과로 나타나는지, 세계정세 속에서 잘 관찰하는 것은 아주 흥미로운 일이 아닐 수 없을 것 같다.

2.
핵심 인재 영입으로 세계 최고의 공대를 추구하다
: 캘리포니아대학교-샌디에이고(UCSD)

2006년의 기억

샌디에이고는 오래전에 갔었다. 지금은 교수로 살고 있어서 생각할 시간이 많아졌고, 그러다 보니 이런저런 옛날 생각을 많이 하게 됐지만, 샌디에이고를 가 본 건 아주 바쁘게 살던 기자 시절이었다. 그야말로 번갯불에 콩 구워 먹듯이 다녀왔다. 2006년의 일이다. 당시 월드베이스볼클래식WBC이 창설돼 첫 대회가 열렸다. 우리나라가 준결승에 올랐다. 상대는 일본. 처음 만들어진 세계적인 대회의 준결승에서 더구나 일본을 만나게 되니 나라가 들썩들썩했다. 준결승 장소는 샌디에이고. 당시 내가 다니던 KBS 보도국에서 샌디에이고로 가라는 명이 떨어졌다. 나는 국제팀이었다. 갑자기 준비해 금방 떠났다. 로스앤젤레스까지 비행기를 타고 가서 차를 빌려 샌디에이고로 갔다. 근데 표가 없었다. 매진된 지 오래여서 사기도 어려웠다. 관계자들에게 사정 얘기를 자세히 하고야 겨우 들어갈 수 있었다. 동영상 카메라는 갖고 들어갈 수 없다고 해서 작은 캠코더를 몰래 가지고 들어갔다.

현장의 분위기, 한국팀 응원 열기, 유명인 응원 장면 등을 취재해 방송 뉴스로 만들어 보내는 게 나의 사명이었다. 관중석 여기저기를 돌아봤다. 한국교포들이 모여 응원하는 곳이 있었다. 거기서 뜻밖에 하인스 워드를 만났다. 한국인을 어머니로 둔 미식축구 선수인 그는 한국에도 많이 알려져 대단한 유명세를 타고 있었다. 잘됐다 싶어 워드가 응원하는 모습, 인터뷰 등에 집중했다. 관중석에서 동영상 카메라를 작동하는 것 자체가 금지돼 있어 몰래 하느라 땀깨나 흘렸던 기억이 새삼스럽다. 그렇게 열심히 취재를 마치고 나니 경기도 끝났다. 결과는 우리가 6 대 0으로 졌다. 얼른 인파를 빠져나와 현지 방송국으로 들어가 원고를 써서 녹음하고, 화면과 오디오를 보냈다. 졌으니 결승전은 없어졌고, 바로 돌아가야 했다. 이때 회사에서 다시 명이 왔다. 한인타운에 가서 아쉬워하는 모습을 취재해서 보내라는 것이었다. 당시 샌디에이고 한인타운은 규모가 작았다. 몇몇 한국음식점이 있었다. 음식점을 둘러보니 교포 젊은이들이 삼삼오오 모여 있었다. 이들의 아쉬움 가득한 인터뷰를 담아 다시 리포트를 만들어 보냈다. 오래전 얘기지만, 글을 쓰다 보니 그때의 기억이 바로 어제 같다. 15년도 넘은 얘긴데, 그때는 의욕도 많고 호기심도 많았는데….

추억이 얽힌 샌프란시스코를 다시 가게 됐다. 2022년 6월, 샌프란시스코를 출발해 샌디에이고로 나선 게 6월 22일 이른 아침이다. 6시 반에 호텔을 나서 샌프란시스코 공항으로 향했다. 알래스카항공의 긴 줄이 먼저 눈에 들어온다. 1시간 남짓한 시간에 다 들어갈 수 있으려나 걱정스럽다. 우선은 셀프 체크인을 해야 한다. 체크인 장치에 이름을 치고 지시에 따라 체크인 과정 밟으면 부치는 짐의 숫자를 써넣게 돼 있다. 그에 따라 요금이 부과된다. 짐 하나에 30달러. 신용카드 결제를 하면 태그가 나온다. 그 태그를 짐에 붙이고 긴 줄에 서서 짐을 부친다. 태그를 이미 붙여서인지 생각보단 빨리 진행된다. 30분 정도 만에 짐을 부치고 보안검색대를 통과해 게이트 D1을 찾아간다. 기다리면서 커피 한잔하려고 주위를 둘러보니 한 군데만 줄이 아주 길다. 'Peet's Coffee & Tea'이다. 샌프란시스코에서는 아주 유명한 커피 상호라는데, 사람들은 그냥 '피츠커피'라고 부른단다. 1966년에 영업을 시작한 전통 있는 커피집이고, 이 지역에서만큼은 스타벅스 '저리 가라' 할 정도란다. 그리 유명한 집이라니 줄을 안 설 수 있나? 꽤 기다려 카페라테 한 잔을 받았다. 4.5달러, 6,000원 정도다. 다른 데와 값은 비슷한데 커피 맛은 진하다. 산미가 없고 고소한 맛이다. 내가 좋아하는.

커피를 마시면서 좀 기다리다 '아차! 수시로 확인해야지' 하는 생각이 들어 전광판을 보니 어느새 게이트가 D9으로 바뀌어 있다. 델타항공만 그런 줄 알았더니 알래스카항공도 별반 다르지 않다. 지연이 안 된 걸 다행으로 알아야 하는 상황인가 보다. D9이 그렇게 멀진 않다. 그나마 또 다행이다.

좀 기다려서 알래스카항공 비행기에 오른다. 한 줄에 양쪽으로 두 자리씩 네 자리가 있는 작은 비행기다. 마스크도 하지 않은 승무원이 부지런히 앞뒤를 오가면서 승객들의 착석을 챙긴다. 샌프란시스코 공항을 이륙한 비행기는 동쪽으로 가더니 이내 방향을 북쪽으로, 다시 서쪽으로, 다시 남쪽으로 완전히 틀어서 직진한다. 샌프란시스코에서 해안을 따라 쭉 내려가다 로스앤젤레스를 거쳐 샌디에이고까지 가는 해안을 보면서 가면 얼마나 좋을까 기대해 본다. 하지만 비행기가 곧 구름 위로 떠 버린다. 고도 1만 피트가 넘어가니 보이는 것이라곤 하얀 구름뿐 바다도 산도 없다. 태평양과 캘리포니아 해안의 도시들이 맞닿아 있는 모습을 보면서 가면 금방 가겠거니 하는 기대도 구름 속으로 사라져 버린다.

그래도 같은 캘리포니아주 내이고 거리가 멀지 않아 비행기는 비교적 금방 도착한다. 한 시간 남짓 소요. 차를 빌리고 호텔 체크인하고 그런저런 준비를 하다 보니 첫날은 곧 저물었다.

다음 날(6월 23일) 새벽 3시쯤 복도 쪽에서 뭔가 큰 소리가 나고 소란스러운 움직임에 잠에서 깼다. 자세히 들어 보니 경찰이다. "경찰이다, 문

열어라." 문을 두드리며 계속 소리쳐도 방 안에서는 기척이 없다. 미국 경찰은 세계에서 가장 무서운 경찰로 알려져 있는데, 이상했다. 아무리 미국 경찰이라 해도 경계선은 있는 모양이다. 혐의의 명확성이 문제이리라. 분명한 혐의가 없으면 프라이버시 보장도 중시하는 것으로 보인다. 쉽지 않은 문제다. 범죄 예방, 범인 검거, 공권력 존중 모두 중요하지만 고도의 민주주의 국가라면 개인의 사생활 보호와 보장도 그에 못지않게 중요하다. 현행범은 곤봉으로 내리치고 때론 총으로 쏘기도 하는 미국 경찰이지만, 혐의가 조금이라도 애매한 상황에서는 사생활도 충분히 보호하고 있는 게 아닌가 하는 생각이 들었다. 검찰의 수사권이 축소되고 대신 많은 권한을 갖게 된 우리나라 경찰은 인권, 프라이버시, 과학수사 등에서 충분한 자격을 갖추고 있는가 하는 데까지 생각이 미친다. 그러면서 윤석열 정부 행정안전부가 경찰국을 설치해 경찰을 통제하려는 시도는 시대착오적이라는 생각을 새삼 해 본다. 과거 내무부 소속의 독립성이 부족한 치안본부가 저지른 과오는 알 만한 사람이면 다 안다. 강압 수사, 고문 등 오명이 여전히 씻기지 않고 있다. 경찰의 독립성을 추구하는 차원에서 경찰청이 독립기관으로 나갔다. 거기서 독립성을 더 강화하고 능력과 의식을 더 길러 명실상부 국민의 신뢰를 받는 경찰이 되는 게 지금 우리 경찰의 당면 과제다. 그런데 이에 대한 행정부처의 통제를 강화한다고? 수레바퀴를 거꾸로 돌리려는 거다. 역사의 섭리를 거스르는 행위가 아닐 수 없다.

얘기가 잠시 삼천포로 빠졌지만, 새벽 3시에 문을 두드리던 경찰은 그대로 돌아갔다. 그런데 두 시간 후쯤 다시 왔다. 역시 문을 두드리다 다시 발길을 돌렸다. 선잠을 깬 나는 신경이 곤두서서 '문을 확 열어 버리지' 싶었다가, 곧 '그건 아니지' 고개를 흔들었다. 이런저런 생각으로 머릿속이 갈지자 행보를 하다 다시 잠이 들었다.

미국 서부 바이오 연구의 중심 스크립스 연구소

자는 둥 마는 둥 했지만, 여기 온 목적은 달성해야 하니 일어났다. 오전의 행선지는 스크립스 연구소Scripps Research. 샌디에이고의 라호야 해변에 자리 잡은 미국 최대 규모의 비영리 민간 연구소이다. 1961년 설립됐는데, 면역학과 생화학, 분자생물학, 바이러스학, 암 연구 등에서 탁월한 성과를 지속적으로 내놓는 기관이다. 300여 명의 우수한 과학자들이 포진하고 있고, 박사후 연구과정생 800여 명이 연구에 참여하고 있다. 이들은 200여 개의 실험실에서 오늘도 새로운 것을 발견하기 위해 다양한 시도를 하고 있다. 그동안 노벨상 수상자도 3명 배출했다.

오전 9시쯤 도착해 연락하니 연구소장의 여성 비서실장이 나왔다. 커피를 한잔하고 시작하자며 연구소 내 야외 카페로 갔다. 여유 있게 커피를 마시고서 전자현미경실로 안내하는데, 여기서는 별도의 안내원이 나와 상세하게 얘기를 해 주었다. 연구소에 있는 첨단 전자현미경실도 직접 들어가 볼 수 있었다. 첨단 연구기관이라서 까다로울 줄 알았는데 생각보다는 가리는 것 없이 자유롭게 보고, 사진도 마음대로 찍을 수 있었다. 이 밖에도 슈퍼컴퓨터, X선 결정학 실험실, DNA염기서열 실험실 등 첨단 시설이 있고, 이런 시설을 관리하는 전문가를 두고 있단다. 연구자들은 언제든 손쉽게 이용할 수 있고 필요한 교육도 이루어진다.

대학원도 갖추고 있다. 석·박사 통합과정으로 운영되며, 입학하는 학생들은 등록금이 없는 것은 물론이고 생활비도 받는다. 물론 연구에 참여해 일하면서 공부를 하는 것인데, 그런 대학원생이 200여 명이라고 한다.

교수 생활하면서 나이가 들다 보니 훌륭한 제자를 키우고 싶은 욕심이 든다. 그런데 때가 때인지라 요즘 인문사회 분야, 그것도 지방대학에서 석·박사를 해서는 먹고살기가 쉽지 않다. 자조 섞인 얘기지만, 훌륭

스크립스 연구소

스크립스 연구소 대학원

한 학부생들 보고도 선뜻 대학원에 오라는 말이 안 나온다. '내가 이 학생의 미래를 보장해 줄 수도 없는데….' 하는 생각이 먼저 든다. 진짜 빡세게 해 볼 생각이면 해외 유학을 하라고 권한다. 인문사회 전공이라도, 지방대 출신이라도 외국의 괜찮은 대학에서 석·박사를 하면 그나마 자리를 잡기가 수월하다. 하지만 그 길도 험하고 지난한 길이 아닐 수 없다.

때론 이런 공상을 한다. '내가 만약 이공계 공부를 했더라면….' 이공계는 인문사회보다는 유학 가기도, 자리 잡기도 수월하다. 이공계 교수를 했더라면 좋은 학생들을 석사과정에서 하드트레이닝해서 외국의 유수한 대학으로 유학 보내 세계로 진출시키면 얼마나 신났을까? 이런 생각도 해 봤다. 실제 나는 고등학교 2학년 때까지 이과였다. 수학, 물리, 화학 공부가 즐겁지 않아 3학년 때 문과로 바꿨다. 그때 그대로 갔더라면 지금 나도 먹고살기 편해졌을까 싶지만, 공상의 끝은 언제나 현실일 수밖에. 지금 처한 현실에서 좋은 학생 잘 가르쳐서 어려운 취업 환경에서도 자기 길을 잘 찾아갈 수 있도록 해야지, 그중에서 대학원에 오겠다는 친구가 있으면 성심성의껏 가르쳐서 자아실현 하면서 생계를 꾸려 가는 데도 문제없게 해 줘야지, 이런 생각으로 돌아온다. 암튼 스크립스의 훌륭한 시설을 맘껏 활용하면서 생활비 걱정도 없이 공부하는 대학원생들을 보니 잠시 공상을 하게 되는데, 다시 발을 땅에 붙이고 꿋꿋하게 지내야 하지 않겠는가? 어쨌든 스크립스 연구소는 연구, 교육 뭐든 잘하면서 앞으로 더 나아가려는 모습이다. 국내의 이공계 연구소들을 많이 다녀 보지는 못했지만, 일신우일신 하려는 몸부림은 본받아 마땅하다.

스크립스 연구소에서 나와 점심 먹기 전 잠시 샌디에이고의 명물을 관찰하는 여유를 누려 본다. 라호야 코브. 코브cove는 작은 만을 이르니, 라호야 지역에 있는 작은 만이다. 여기가 물개와 바다사자가 무시로 나오는 곳이라니 안 볼 수 없다. 차를 대고 바다로 나가니 바로 물개들이 보인다. 바다사자도 섞여 있다. 둘이 비슷하지만 다르다. 물개는 갈색 털에 몸집이 크다. 바다사자는 털이 검고 작다. 바닷가 커다란 바위 위에 널브러져 낮잠을 잔다. 한두 놈은 사람 사는 게 궁금한지 펜스 바로 앞까지 올라와 누워 있다. 발도 아닌 지느러미 같은 것을 가지고 어떻게 이렇게 높은 곳에 올라왔는지…. 멀리서 깎아지른 듯한 바위에 올라서려는 물개가 보인다. 도저히 올라올 수 없을 것 같은데 계속 시도한다. 몇 번을 미끄러져 내려가면서도 또 한다. 그러다 결국은 올라선다. 왠지는 모르겠다. 그렇게 높은 곳으로 올라와 누워서 쉰다. 사람들이 죽 늘어서 그런 광경을 바라본다. 야생 물개, 바다사자를 이렇게 가까이서 본다는 것 자체가 신기해서 모여든다. 그래서 가끔 이들은 구경거리라도 제공하듯 그렇게 높은 곳을 오르는 묘기를 부리고, 라호야 코브는 계속 유명세를 타고 있다.

라호야 코브의 물개, 바다사자

'치료가 시작되는 곳' 소크 연구소

오후엔 스크립스 연구소와 함께 미국 서부 바이오 연구의 양대 산맥을 이루는 소크 연구소Salk Institute for Biological Studies를 찾았다. 소아마비 백신을 개발해 유명해진 조너스 소크Jonas Salk가 1960년에 설립했다. 소크는 1955년에 소아마비 백신을 개발하고도 특허를 내지 않고 공적으로 이용할 수 있도록 허용해 더욱 유명해진 인물이다. 당시 그는 특허를 내라는 주변 사람들에게 "당신은 태양에도 특허를 붙일 겁니까?"라고 반문했다고 한다. 전염병을 막기 위한 백신은 태양만큼이나 공공성이 강한 재화라는 것이고, 그래서 특허를 내지 않고 누구나 이용할 수 있도록 하는 게 옳다는 말이었다. 아프리카 빈국들은 미국의 제약사들이 개발한 코로나19 백신을 살 돈도, 물량을 조기에 확보할 로비 능력도 없어서 많은 사람이 감염돼 사망했다. 말 그대로 돈 없고 백 없어서 죽어야 하는 상황을 맞은 것이다. 지금의 글로벌 제약사들의 모습과 소크의 대응은 그래서 더 크게 달라 보인다.

소크가 연구소를 설립하기로 마음먹고 저명한 건축가 루이스 칸Louis Kahn을 초빙해 지은 연구소 건물은 건축학적으로 매우 유명하다. 가운데 광장을 두고 양측에 커다란 건물이 대칭으로 서 있다. 광장은 연구자들이 사색하는 장소. 광장을 서쪽으로 걸어 나가면 광대한 태평양이 펼쳐진다. 연구하다 태평양을 보면서 산책도 하고 생각을 정리하라는 의미다. 광장 가운데 작은 물줄기가 흐르는데 춘분, 추분에는 그 물줄기를 따라가면 해를 만나도록 설계되었다. 건물 내부는 아주 높직하다. 연구자들이 방해받지 않고 독립성을 충분히 보장받으면서 연구에 집중할 수 있도록 개별 연구실들이 들어서 있다. 연구실의 창문은 모두 태평양 쪽으로 나 있다.

핵심 시설Core Facility은 연구소가 적극적으로 나서서 만들어 놓고 누구나 공동으로 이용하도록 한다. 몇 개의 실험실이 공동으로 쓰는 장비들도 쉽게 공유할 수 있도록 해놓았다. 연구가 진행되고 있는 실험실을 방문해 보니 가운데에 공동으로 쓰는 장비들이 갖추어져 있고, 양옆으로 교수들의 개인 연구실이 쭉 늘어서 있다. 연구 효율을 추구하기 위해 오랫동안 시행착오를 거치면서 이루어 놓은 시스템이다. 연구실들이 붙어 있어서 장비 이용의 효율성뿐만 아니라 연구 아이디어를 공유하고 연구와 관련한 의견을 교환하기에도 아주 좋게 되어 있다. 말 그대로 연구를 위한, 연구에 의한 실험실 구조다.

실험실 외에 과학자들이 연구실을 하나씩 가지고 있는데, 특이하게도 연구실 앞에 이름이 안 붙어 있다. 방 번호도 없다. 왜 그런지 물어봤더니, 이름 없이도 찾아갈 수 있도록 평소 대화와 소통을 자주, 열심히 하라는 의미란다. 서로 얘기를 하다 보면 상대의 연구실을 자주 들르게 될 것이고, 그러면 명패 없이도 쉽게 찾아갈 수 있으리란 얘기다. 일리 있다는 생각이 들면서도, 아예 왕래 없이 지내는 경우도 많겠다는 생각이 드는 긴 어쩔 수 없다. 한번 들러 볼까 하다가도 남의 연구실 잘못 노크할까 봐 아예 찾지 않는 경우도 실제로 많을 것 같다. 어쨌든 여러 가지 고민과 고려를 담아서 연구소를 만들고, 또 그렇게 운영하고 있음을 몸으로 느꼈다.

이 연구소의 슬로건은 "Where Cures Begin"이다. "치료가 시작되는 곳"이란 의미다. 여기서 연구를 시작해야 질병의 근본적인 치료가 이뤄질 수 있다는 얘기인데, 우리가 시작하면 어떤 질병이든 치료할 수 있다는 자신감과 자부심이 담겨 있다. 이런 생각으로 세계 최고의 연구시설에서 400여 명의 우수 과학자들이 뇌 질환, 노화 등과 관련한 생명과학 연구를 하고 있다. 지금까지 노벨상 수상자가 6명이나 나왔다. 사람이 중요한

소크 연구소

소크 연구소 실험실

만큼, 과학자의 채용은 채용위원회에서 철저하게 검증한다. 능력 위주 선정이 전통으로 자리 잡고 있다. 개인적으로 친한 사람이나 관계가 안 좋은 사람이 지원하는 경우, 채용위원이 스스로 채용위원회에서 빠진다고 한다. 능력 있는 과학자가 꾸준히 들어오려면 그렇게 되어야 하겠다는 생각이 든다. 물론 우리도 어떤 기관을 막론하고 이런 관행과 전통을 만들어 가야겠다는 생각을 동시에 하게 된다.

박사후 연구원을 하면서 연구를 진행하는 사람도 250여 명에 이른다. 연구에 필요한 돈은 정부의 지원, 기부금, 특허 수익 등에서 나온다. 매년 1,500억 원 이상 쓰는데, 그중 45%는 정부, 35%는 재단에서 오고, 나머지는 개인들이 내는 것이다.

정부 재원 가운데는 역시 미국 국립보건원NIH이 가장 크고, 미국 국방부 등 다른 부처로부터도 들어온다. 물론 과학자들이 자기 연구 분야와 관련된 제안서를 꾸준히 제출해서 연구비를 받아 오는 것이다. 기부금은 이 연구소의 미래를 보고 순수하게 기부하는 것인데, 이 기부금이 다시 과학자들에게 과제별로 분배되는 구조다. 기부금을 많이 받기 위해 따로 담당 부서를 두고 있다. 최근에도 어떤 독지가가 400억 원을 기부하겠다고 약속했다. 조건은 '내가 400억 원을 기부할 테니, 연구소도 더 노력해서 다른 사람들로부터 400억 원을 기부받아라'였다고 한다. '매칭 기부'라고나 할까. 보통은 정부가 대학에 돈을 지원할 때 '50억 원을 낼 테니 대학도 50억 원을 내라. 그렇게 100억 원을 마련해서 어떤 사업을 해 봐라' 이런 식으로 하는 것이 매칭 펀드인데, 이 독지가는 스스로 돈을 내면서 매칭 펀드를 요구했다. 연구소가 더 노력해서 연구비와 연구력을 훨씬 키우라는 요구인 셈이다. 우리나라에서는 들어 보지 못한 얘긴데, 괜찮은 아이디어다. 우리나라의 독지가들도 대학이나 연구소에 기부할 때 적용해 보면 좋겠다.

우리가 방문한 2022년 6월 23일에도 연구소 광장에서는 기부금 모금 행사가 진행되고 있었다. 연구소 관계자들이 나와 연구소의 현황과 미래를 설명하고, 음식을 나눠 먹으며 연구소 발전, 지역사회 발전 등에 관해 대화를 이어 간다. 그러면서 모인 사람들에게서 기부 약속을 받는다. 물론 사전에 행사를 기획하면서 지역사회에 충분히 설명해 많은 사람이 모이도록 한다. 철저한 자본주의, 고리대금과도 비슷하게 자본 운영만으로 이윤을 추구하는 형태의 천민자본주의의 모습을 띤 미국이지만, 그나마 미국 사회에서 윤활유 역할을 하는 것이 기부문화다. 빌 게이츠 같은 거부도, 월급쟁이 아저씨도 나름의 기부를 하면서 미국 사회가 그나마 희망 섞인 사회가 될 수 있게 해 준다. 소크 같은 세계 굴지의 연구소들도 기부문화가 없으면 운영이 쉽지 않을 텐데, 여러 가지 얼굴의 미국을 잘 나타내는 문화다. 여하튼 정부 연구비와 기부금 등 여러 재원을 바탕으로 소크 연구소는 좋은 성과를 계속 내고 있다. 3만 7,000개의 일자리를 창

소크 연구소 기부금 모금 행사

출하고, 매년 샌디에이고 지역에 5조 원 이상의 경제효과를 창출하고 있다. 골프로 따지면 그 유명한 US오픈챔피언십을 33번 열어야 얻을 수 있는 효과라고 한다.

소개 자료에 보니 설립자 소크 박사의 비전이 나와 있다. "There is hope in dreams, imagination, and in the courage of those who wish to make those dreams a reality." "꿈과 상상에는 희망이 있고, 그 꿈을 실현하려는 사람들의 용기에 또한 희망이 있다"는 얘기다. 좀 쉽게 풀면, "늘 꿈을 꾸고, 생각하고, 그 꿈들을 실현하기 위해 용기를 발휘해라. 그러면 희망이 함께 있는 것이다"라는 말이 된다. 깨어 있는 의식 속에 희망과 미래가 있다. 소크는 연구소를 세우면서 구성원들이 늘 깨어 있기를 바랐고, 그를 통해 인류에 적극 기여하고 싶었다. 이 연구소의 과학자들은 이 멋진 비전을 늘 되뇌면서 오늘도 실험하고 있으리라.

여기에 한국인 과학자도 몇 있는데, 한성 교수가 대표적이다. 경북대 유전공학과(학부), 포항공대 신경과학과(석사과정)를 나와 시애틀의 워싱턴대학교University of Washington에서 신경생물학 박사학위를 받은 신경과학자다. 뇌와 척수 등 신경계와 연관된 메커니즘 관련 질환의 치료를 위한 기초연구를 하고 있다. 지금은 5억 원짜리 연구과제 두 개를 수주해 박사후 연구원 5명과 함께 연구하고 있다. 박사후 연구원 한 명에게 연봉 7,000만 원 정도를 주면서 연구 성과를 내야 하니 보통 어려운 일이 아니다. 그러면서 대학원생도 가르친다.

이 연구소는 가까이에 있는 캘리포니아대학교-샌디에이고UCSD와 대학원을 공동으로 운영한다. 과학자 400여 명이 모두 대학원 교육에 참여하는 것은 아니고, 그중 50여 명만 참여하고 있다. 이분들은 UCSD로부터도 정식 교수로 임명되어, 월급의 일부를 UCSD로부터 받는다. 이렇게 공동 운영되는 대학원에 등록해 공부하는 학생이 100여 명이다. 최근에는 이 연구소도 국제공동연구를 적극 권장하고 있다. 국제사회의 연구 추세를 파악해서 연구를 선도하는 것이 무엇보다 중요하기 때문이다. 또한 세계적인 연구자들과의 지식·정보 교환을 통해 연구를 업그레이드하기 위해서다.

하지만 중국과의 공동연구는 조심하는 분위기라고 한다. 워낙 스파이가 많아서라는데, 2020년 7월에 미국이 텍사스주 휴스턴의 중국 총영사관을 폐쇄한 것도 중국의 스파이 문제 때문이라고 한다. 중국군 소속의 해커와 스파이 200명 정도가 중국의 휴스턴 총영사관에 머물면서 연구 절도를 시도했다는 것이다. 텍사스대학교 교수들이 연구하는 코로나19 백신과 관련된 정보들을 훔치려 했다는 얘기다. 산업 스파이라고 하기엔 어색하고 연구 스파이라고 해야 하나? 아니면 리서치 스파이, 브레인 스파이? 암튼 그에 대한 조치로 중국도 쓰촨성四川省 청두成都에 있던 미국 총영사관을 폐쇄했다. 미국은 여기에 200여 명의 직원을 두고, 신장과 위구르, 티베트 지역에 대한 정보를 수집하고 있었다. 중국은 이들 소수민족의 민족운동이 거세지지 않을까 늘 노심초사한다. 경제가 성장하고 국제적인 영향력을 확대하고 있지만, 소수민족이 봉기하기 시작하면 중국의 미래는 없다는 판단에서다. 중국은 대다수인 한족과 55개 소수민족으로 구성되었는데, 소수민족이 자신들의 목소리를 내기 시작하면 국가 역량이 분산되고, 지금처럼 속도감 있는 발전은 어려워질 것이다. 중국은 이걸 크게 걱정하는 것이다. 여기서 미국과 중국의 핵심적 관심사가 다름을 알 수 있다. 미국은 기술 패권을 더 중시하고, 중국은 그에 앞서 소수민족 문제를 더 민감한 것으로 인식하고 있다. 이런 국제환경에서 소크 연구소는 중국에 대한 경계는 늦추지 않으면서 국제공동연구는 더 적극화할 계획이다.

연구와 함께 교육, 그것도 인근의 세계 수준 대학과의 연계 교육을 통해 글로벌 수준의 연구자를 키우는 소크 연구소를 보면서 연구기관과 대학 협업의 중요성을 새삼 깨달았다. 서로 특장을 주고, 모자라는 부분을 보완하면서 최고 수준의 성과를 만들어 내고 있는 현장을 보았다. 우리도 그 같은 시너지를 낼 궁리를 해야 한다. 지역의 대학, 지역 내 연구소, 산업체, 지방정부가 모두 할 수 있는 부분을 하고 자원을 모을 때 더 큰 성과를 낼 수 있겠다는 생각이다. 서로 견제나 발목잡기는 제발 그만하고 공생과 공진을 고민해야 이 어려운 환경을 헤쳐 갈 수 있지 않겠는가?

공대만큼은 '최고' 자부심

6월 24일 일정은 캘리포니아에 온 주목적인 캘리포니아대학교-샌디에이고University of California, San Diego, UCSD 방문. 소크 연구소에서 멀지 않다. 대학에 들어서니 캠퍼스가 넓다. 시원하다. 1960년에 설립된 비교적 젊은 대학답게 건물은 모두 깔끔한 현대식이다. 우선 약속한 현이 김 교수 연구실로 찾아간다. 공대 건물로 들어가 연구실을 노크하자 반갑게 맞는다. 한국말은 인사 정도만 가능한 한국인 2세인 그는 캘리포니아대학교-샌타바버라UCSB 기계공학과를 나와서 스탠퍼드대에서 기계공학 석사, UCSB에서 기계공학 박사학위를 받았다. UCSD 구조공학과 교수로 재직하고 있다. 구조공학은 우리나라에서는 좀 생소한 개념인데, 각종 구조물의 해석과 설계를 수행하는 분야이다. 물리학과 수학의 주요 원리를 이용해 구조물의 견디기, 변형 정도, 변형 방지 방법 등을 연구하기 때문에 기계공학과 항공공학, 조선공학, 건축공학, 토목공학 등의 기초 학문 역할을 하고 있다.

한국에서 온 일행을 반갑게 맞는다. "한국말을 잘 못해서 미안해요"라면서 영어로 말하는데, 이상하게 한국말을 하는 것 같은 느낌이다. 아주 반갑게 사람을 대하는 모습, 자연스럽게 할아버지, 할머니 얘기부터 꺼내 친근감이 느껴지는 태도 등이 꼭 한국 사람 같다. 회의실로 안내한다. 작은 가방에서 스타벅스 병 커피를 꺼내 놓는다. 나는 평소 단것을 잘 안 마시지만, 성의를 저버릴 수 없어 오랜만에 단맛을 즐겨 본다. 바로 PPT를 띄우더니 UCSD에 대해 설명해 준다.

총장과 8명의 부총장이 리더십을 구성하는 아주 큰 규모다. 공과대학은 수석부총장이 관할하는 여러 단과대학 중 하나다. 공대에는 생명공학과, 컴퓨터공학과, 전기공학과, 기계항공공학과, 나노공학과, 구조공학과가 있는데, 최근 조사 결과 대부분은 미국의 최우수 공과대학 10위 내에 UCSD 공대를 포함시키고 있다. 특히 젊고 연구력 풍부한 교수들이 많은 것으로 유명하다. 월드클래스로 인정받는 교수가 280여 명에 이르고, 그중 140명은 최근 8년 이내 임용된 교수여서 발전 가능성 측면에서 매우 높은 평가를 받고 있다. 성장 가능성 중심으로 핵심 인재를 채용할 수 있도록 제도를 혁신한 뒤, 젊고 유능한 교수를 많이 채용한 덕분이다. UCSD가 공대만큼은 '최고'라는 자부심이 있는 이유를 알 것 같다. 이런 인적 인프라를 바탕으로 UCSD는 이제 미국의 최고 공과대학, 아니 세계 최고의 공과대학을 추구한다.

구조공학과는 교수가 26명인데, 기계공학, 물리학 등 배경이 다양하단다. 항공우주, 해양, 풍력, 도시건설, 지진 등 다양한 분야에 걸쳐 연구를 진행하고 있는데, 올해 교수들이 수주한 연구비만 해도 150억 원 정도라고 한다. 학생은 180여 명.

실험실 몇 곳을 보여 준다. 첫 번째 실험실은 물체나 동물의 움직임을 센서와 카메라로 파악해 운동의 세밀한 특성들을 분석해서 로봇 만들기 등에 활용하도록 하는 곳이다. 실험실에 들어서니 중국, 남미, 인도 등에서 온 학생들이 둘러앉아 차트를 보면서 토론하고, 카메라와 컴퓨터로 다가가 다시 데이터를 분석하느라 분주하다. 자유로운 분위기에서 웃고 떠들면서도 할 얘기는 하고, 필요한 정보를 교환하는 모습이다.

두 번째는 현이 김 교수가 운영하는 실험실이다. 김 교수는 지금 항공기 소재의 내구력과 비틀림 등을 연구하는 작업을 진행 중이다. 실제 항공기 외벽 소재가 연구실에 즐비하다. 교수처럼 보이는 사람이 바쁘게 작업을 하고 있어 물어보니 연구원이란다. 아마 항공기 제작회사나 정비회사에서 오랫동안 근무하다 연구를 하게 된 사람이 아닌가 생각된다. 인문사회 연구소들에 익숙한 나로서는 재미있다. 인문사회 관련 연구소에는 책장과 책상, 노트북이 전부다. 자료가 될 만한 것들을 책상 위에 잔뜩 쌓아 놓고 보고 또 보면서 내용을 새롭게 해석하고 새로운 관점에서 분석해 논문과 책을 쓰는 게 인문사회 연구소의 풍경이다. 공대 연구소는 직접 쓰이는 물건들을 갖다 놓고 뜯어 보고 성분을 분석하고 새로운 진전을 추구한다. 생동감 있어 보인다.

다음 연구소는 3차원 버추얼 스튜디오. 어두운 방 한쪽에 스크린이 떠 있다. 페루 잉카제국의 거대한 성이 화면에 가득하다. 안경을 하나 준다. 그걸 쓰고 미니 곤돌라에 오른다. 곤돌라가 스크린 쪽으로 움직이니 성의 건물이 완전 입체적으로 보인다. 곤돌라가 전후좌우로 움직이면서 성을 완전히 한 바퀴 돌면서 관찰할 수 있다. 잉카제국의 수도를 다녀온 것 같은 느낌이다. 현장을 방문해 다양한 각도에서 촬영한 뒤 영상작업을 진행해 3D로 구현될 수 있도록 만들었다고 한다. 한국에도 고대 건물이 많으니 한국과도 이런 작업을 해 보고 싶단다. 산속 깊은 곳에 있는 성체들을 이런 식으로 구현해 놓으면 도시 한복판에서도 성을 감상할 수 있을 것 같다.

구조공학이 뭔가 했는데, 실험실을 방문해 보니 감이 좀 잡힌다. 실제

물체의 구조를 분석하고 연구해 필요한 대응을 할 수 있게도 하고, 건축물의 구조와 특성을 세밀하게 파악해 영상으로 표현하는 일까지 구조공학 분야에서 하고 있는 것이다. 실은 우리의 대학들도 이런 분야에서 크게 뒤지지 않는다. 그런데 UCSD에 와 보니 일단 실험실이 크고, 연구원이 많다. 그리고 실험실들이 집적되어 있어 필요한 논의를 언제든 할 수 있게, 공동으로 쓰는 장비들은 같이 구비해 쉽게 공유할 수 있게 해놓았다. 스크립스 연구소, 소크 연구소에서도 본 것이지만, 이런 장비 공유 시스템은 우리가 꼭 배워야 할 부분이다. 그렇잖아도 모자라는 자원을 효율적으로 쓰지 못하고, 실험실마다 장비들을 들여놓는 낭비는 피해야 한다. 공유 속에서 효율이 나오고 정보 교환도 가능하고 융합도 가능하지 않겠는가?

실험실 탐방을 마치고 캠퍼스를 걷는다. 공대 제1관 7층 옥상을 보니 집 한 채가 아슬아슬하게 걸려 있다. 뭔가 했더니 설치예술 작품이란다. 이름은 '별똥별Fallen Star'. 작가가 한국인 서도호. 실제 기중기를 이용해 집을 옥상으로 올렸다. 하늘에서 뚝 떨어진 것 같지만 집 안에는 있을 게 다 있다. 소파, 벽난로, 작은 소품 등등. 정원도 딸려 있다. 하늘에서 떨어진 별처럼 고향을 떠나 멀리까지 나와 공부하는 학생들의 집을 향한 향수를 표현했다고 한다.

이 대학의 랜드마크 가이젤 도서관Geisel Library도 보인다. UCSD의 메인 도서관으로 건물 모양이 예술적이다. 두 손으로 책을 받치고 있는 모습인데, 아래는 가늘고 위가 아주 넓은 형태다. 옆에서 밀면 넘어질 것 같다. 유명한 동화작가 닥터 수스Dr. Seuss의 본명 시어도어 수스 가이젤 Theodor Seuss Geisel을 따서 명명했다. 1940년대 닥터 수스가 샌디에이고 라호야 지역에 와서 글을 썼다고 한다. 8층인데, 다양하게 구성되어 있다. 1층과 2층은 그룹스터디룸, 4층과 7층은 '조용히 공부하는 공간Quiet

UCSD의 명물 '별똥별'

Zone'이다. 8층은 숨소리도 내기 힘든 '고요 영역Silent Zone'이다. 24시간 이용할 수 있다.

현대적 건물들만 불쑥불쑥 솟아 있는 것 같지만 곳곳에 예술작품을 숨겨 놓고 있다. 차분히 돌아보면 더 많은 보물을 찾아낼 수 있을 것 같은데 그럴 만한 시간이 없다. 또 시간이 문제다.

오후에는 대학원 부원장 두 분과 미팅. 대학원 운영과정을 깊이 파악할 기회다. 한 분은 한국교포로 세 살 때 미국으로 넘어와 40년 이상 살고 있다. 한국말이 유창하다. "세 살 때 왔는데 어떻게 이렇게 한국말을 잘하세요?" "아! 할머니, 할아버지가 집에서 한국말을 가르쳐 주셔서요." UCSD 대학원은 학생이 8,000명 정도다. 기본적으로 석·박사 통합과정으로 운영되고 학생들은 대부분 연구에 참여해 등록금과 생활비를 벌면서 다닌다. 등록금 외에 연 3,500만 원가량을 받는다고 한다.

UCSD 가이젤 도서관

대학원의 행정직원이 35명이고, 큰 프로그램은 별도로 직원 3~4명이 있다. 행정지원 시스템이 잘되어 있는 것이다. 외국 대학과 교류도 활발한데, 서울대 행정대학원과는 복수학위제를 시행하고 있다. 서울대에서 1년, UCSD에서 1년을 하면 양쪽에서 석사학위를 받는 것이다. 대신 서울대생이 UCSD로 오면 서울대에 등록금을 내는 것은 물론 UCSD에도 등록금을 내야 한다. 학생들에게는 큰 부담이 될 것 같다.

이 대학도 미국의 몇몇 대학에서 운영하는 의사과학자 교육 프로그램Medical Scientist Training Program을 운영한다. 여기에 소크 연구소도 참여한다. 예를 들어 신경과학과 의사과학자 교육 프로그램에 입학하면 석·박사 통합과정 5년을 마치고 박사학위를 받는다. 이후 다시 2년 더 공부해 의사 자격을 얻는다. 모두 7년의 교육과정을 거친다. 그러면 그 사람은 의사과학자Medical Scientist가 되는 것이다. MDPhD라고도 부른다. 의사과학자는 바이오 연구 분야에서 많은 성과를 내고 있어 미국이 신경 써서 양성하려는 인재상이기도 하다. 여기에 UCSD도 참여하고 있다. 워낙 교육 기간이 길어 인내심을 갖고 교육을 받기가 쉽지는 않지만 의사과학자에 대한 처우가 좋기 때문에 지원자가 아주 많다고 한다. 그런 지원자 중에서 매년 10명만 엄선해 미국 바이오 연구 분야를 이끌어 갈 의사과학자로 키우고 있다고 한다. 지금까지 UCSD의 동문이나 교수 가운데 노벨상을 받은 사람이 27명인데, 바이오 분야에서 이런 노력을 계속한다면 노벨상 수상자가 앞으로 더 많이 나오지 않을까 싶다.

미래 바이오 산업의 선도국가가 되기 위해서는 우리도 조속히 도입해야 하는 제도가 아닐 수 없다. 문제는 MDPhD를 교육할 수 있는 TO를 할당하면, 의대 TO 늘리는 것으로만 인식하리란 점이다. 우리는 진료의사에 대한 선호도가 너무 강해 MDPhD가 되고서도 연구보다 진료를 할 가능성도 있을 것 같다. 도입하자면 많은 논란이 있겠지만, 그럼에도 불구하고 부작용을 줄이면서 과학과 의학의 베이스를 모두 갖춘 인재를 길러내기 위한 방안은 서둘러 마련해야 한다. 구더기 무서워 장을 못 담그는 일은 없어야 할 것 아닌가?

박물관이 된 항공모함 미드웨이호

샌디에이고의 일정이 얼추 마무리되어 간다. 아쉬운 마음에 네이버에 샌디에이고의 '머스트두must-do'를 찾아보니, '항공모함 미드웨이호 보기'가 나와 있다. '꼭 해야 할 일' 1번이다. 미드웨이가 정박한 항구로 갔다. 실제 항공모함 미드웨이가 정박해 있다. 2차 세계대전 직후인 1945년 11월에 진수해 1991년까지 베트남전, 걸프전 등을 치른 항공모함이다. 2차 세계대전 중에 건조돼 여성들의 손으로 대부분 만들어졌다. 남성들은 전쟁에 나가고 없었기 때문이다. 지금은 항구에 정박한 채 박물관이 되어 입장료를 내면 들어갈 수 있다.

올라가 보니 규모가 엄청나다. 길이 296m, 폭 73m로 축구장 3개 크기다. 전투기와 수송기 등 항공기 60여 대가 탑재되어 있다. 항공기들도 퇴역한 것들을 그대로 가져다 놨다. 운행 당시 승조원이 4,500여 명, 기술자 600명, 요리사 225명, 조종사 200명이 타고 있었다고 한다. 병원, 은행, 우체국도 있었고 자체 주소까지 붙어 있었다고 한다. 작은 도시 규모다. 항공모함 하나가 1년 동안 쓰는 돈이 아프리카 소국의 1년 예산과 맞먹는다더니 실감이 난다.

안으로 들어가 보니 생각보다 넓다. 장교 숙소는 개인 샤워실까지 갖추어졌고, 장교 식당은 제법 규모가 있다. 하지만 사병 숙소는 3층 침대들이 다닥다닥 붙어 있어 참 답답했겠다는 생각이 들었다. 각종 작전통제

항공모함 '미드웨이' 갑판 위

항공모함 '미드웨이' 사병 숙소

실, 지휘관실, 교회, 영화관, 세탁실, PX, 감옥까지 없는 게 없다. 도시가
아니라 웬만한 나라 같다.

미국은 이런 걸 11척이나 갖고 있다. 중국은 미국을 따라가려고 벌써
3척을 만들었다. 계속 늘려 갈 계획이고, 원자력 추진 항모도 만든다고
한다. 한반도를 둘러싼 강대국들의 해상무력은 날로 강화되고 있다. 일본
도 헬기를 탑재할 수 있는 준항모 4척이 있다. 미국의 항모에 올라 보니
새삼 한반도를 둘러싼 동북아 정세의 엄중함이 느껴진다. 우리는 항모를
가져야 하나? 주변 강국의 움직임에 휘둘리지 않기 위해서는 그래야 할
것 같다. 하지만 군비 강화는 북한을 자극한다. 우리가 군사력을 강화하
면 북한은 이를 위협으로 여기고 군비를 더 증강한다. 그러면 우리는 상
대적으로 불리해진다. 이게 안보 딜레마다. 국제정치를 공부하는 나도 잘
모르겠다. 우선 주변국에 대응하기 위해서는 항모를 가져야 할 것 같다.
그런데 결국 그게 우리한테 유리한 결과로 다가올 것 같지는 않다. 결국은 남북관계다. 남북이 대화하고 인식을 공유하는 단계로 나아가면 남북 사이 군비경쟁은 피하면서 주변 강대국에 대응해 나갈 방안을 공동으로 마련할 수도 있을 텐데…. 이런 생각을 했다. 역시 공상이다. 언제쯤 그런 일이 가능할지….

저녁엔 샌디에이고 파드리스의 야구 경기 관람. 김하성이 있으니 더욱 가 봐야 할 것 같다. 펫코파크Petco Park로 향한다. 금요일 저녁이라서인지 만원이다. 열기가 후끈하다. 16년 전에 왔던 곳인데, 아주 생소하다. 하긴 그땐 정신없이 왔다가 급하게 취재하고 부산하게 갔으니 기억날 리 만무하다. 그래도 그때 봤던 이미지하고 겹치는 게 있나 열심히 둘러보지만 별로 없다. 그땐 왜 그리 여유가 없었던지….

상대는 필라델피아 필리스. 16년 전 급하게 왔던 때와는 다르게 여유 있게 경기를 감상한다. 핫도그에 맥주 한잔까지 하면 더 좋은데 저녁을 먹고 와서 참는다. 주변 사람들은 야구 보는 것보다 먹는 데 더 열심이다. 피자에 콜라, 치킨에 맥주를 들고 연신 들락거린다. 주변 사람의 관람에 지장을 줄 정도로. 떠들고 소리치고 먹고 마시는 게 미국식 야구 관람인가 보다. 가족끼리, 친구끼리, 또는 연인과 함께. 주말을 그렇게 떠들썩하게 보낸다. 덕분에 나도 괜히 신나는 기분이다. 로마에 오면 로마식대로 해야 하지 않겠는가? 김하성이, 샌디에이고가 이겼더라면 더 좋았을 걸, 아쉽게 2 대 6으로 졌다. 그래도 김하성은 3타수 1안타 1볼넷이니 괜찮다.

일도 하고, 명물 라호야 코브도 보고, 미드웨이와 야구 경기까지 봤으니 샌디에이고에서는 아주 알차게 보냈다.

6월 25일 토요일 아침 일찍 공항으로 나가 체크인을 하려는데 이놈의 델타항공이 또 말썽. 7시 20분 시애틀행 비행기가 3시간 연착이란다. 그러면 오후 1시 인천으로 가는 대한항공 비행기를 탈 수 없다. 다시 어레인지를 해 달라고 요구하니 하와이안항공을 타고 하와이 호놀룰루로 가서 그곳에서 인천 가는 대한항공을 타란다. 그렇게 6시간 걸려 호놀룰루까지 오고, 거기서 대한항공을 갈아타 9시간 비행하니 인천. 우여곡절이지만 무사 귀환했으니 다행이다. 덕분에 처음으로 하와이 땅을 디뎌 봤으니 그것도 감사한 일. 지나고 나면 안 좋은 여행은 별로 없다. 또 많이 배우고 많이 느낀 여행이었다.

3.
사회적 책임의 아이콘으로
: 호주 시드니공과대학교

현대성과 문화, 낭만이 어우러진 시드니

시드니는 중학교 때부터 내게 익숙한 도시다. 사회시간에 이탈리아 나폴리, 호주 시드니, 브라질의 리우데자네이루가 세계 3대 미항이라고 배웠다. 그렇게 외웠다. 뭐든 하나, 둘, 셋으로 정리가 되어야 안심이 되고, 그걸 외워 두면 어떤 시험도 잘 치를 수 있었다. 우리는 그렇게 교육받았고, 그런 틀 속에서 살았다. 그래서 지금도 하나, 둘, 셋으로 정리가 돼야 안정감이 생긴다. 시드니는 그렇게 나의 머릿속에 지금까지 남아 있다. 미항의 조건은 무엇인가, 아름다운 항구는 어디가 어떻게 예쁘다는 것인지도 모른 채.

시드니는 정말 아름다운 항구도시다. 시내 안쪽으로 쑥 들어와 있는 만이 모던한 시가지와 어울려 전체적으로 바다 위에 떠 있는 도시 같은 느낌을 준다. 만을 가로지르는 하버 브리지, 바다를 내려다보고 있는 오페라하우스가 도화지 위의 수채화 같은 모양을 만들어 낸다. 마천루들도 바다에 연해 있어 더 모던한 느낌이고, 도시재생사업으로 하역장 자리에 들어선 음식점과 카페, 술집들이 낭만적인 분위기를 더한다. 현대성과 문화, 낭만이 어우러진 도시가 시드니다.

2022년 12월 14일 11시 반쯤 시드니 공항에 내렸다. 바닷가 구경부터

했다. 시내에서 남동쪽으로 내려가니 라 페루즈라는 곳이 있다. 베이 아일랜드라는 작고 예쁜 섬이 나무다리로 육지와 연결되어 있다. 아담한 섬이 나무다리와 잘 어울려 풍광이 멋지다. 이런 경치 때문에 영화, 웨딩 촬영지로 아주 인기다. 〈미션임파서블 2〉에서 톰 크루즈가 오토바이를 타고 질주하는 모습을 여기서 촬영했다고 한다.

1788년 1월 프랑스의 탐험가 라 페루즈La Perouse가 이곳에 상륙해 탐험했다고 해서 붙은 지명이다. 원래는 이곳에 수천 년 전부터 카메이갈이라는 원주민이 살았다. 하지만 19세기에 유럽 사람들이 밀고 들어와 그들의 차지가 됐다. 기후가 좋고 주변에 잔디밭이 넓어 어려울 때 사람들이 몰려드는 곳이기도 했다. 1930년대 대공황 당시, 1940년대 후반 2차 세계대전 직후에는 일자리를 잃은 사람들이 텐트를 치고 생활했다. 경치만 좋은 게 아니라 사람들에게 온정을 베푸는 역할까지 한 것이다.

12월은 호주에서는 초겨울이다. 해수욕장이 제철이다. 본다이 해수욕

시드니 남쪽 라 페루즈

장은 호주 사람들뿐만 아니라 세계인들이 가 보고 싶어 하는 곳이다. 본다이Bondi는 원주민 말로 '바위에 부딪쳐 부서지는 파도'라고 한다. 말 그대로 파도가 멋지다. 넓은 백사장과 푸른 파도가 어우러져 멋진 풍광을 자아낸다. 그래서 이 주변에 별장을 가지고 있는 세계적인 연예인이 많다고 한다. 이곳 말고도 시드니와 그 주변엔 볼거리가 널려 있지만, 나의 일정은 짧다. 시드니 한 달 살기라도 해야 다 볼 수 있을 것 같다.

한국기념공원 설립이 교민들의 오랜 소망

다음 날인 15일에는 시드니 서쪽에 붙어 있는 라이드 시티를 찾았다. 인구 3만여 명의 작은 도시다. 호주한인회에서 이곳에 한인기념공원을 만들고 한옥 정자를 지을 계획인데, 전북대가 한옥을 건립하는 일을 맡아 시장과 미팅을 하게 된 것이다. 시청을 새로 건립하는 중이어서 쇼핑센터의 한편에 시청이 자리를 잡고 있다. 도서관을 지나 올라가니 시청이 있고, 그 안쪽에 시장 사무실이 보였다. 자그마하다. 시장이 전북대 총장, 호주한인회장 등 우리 일행을 반갑게 맞는다. 시장은 아르메니아계로, 시의원을 몇 번 한 뒤 시장이 됐다. 소탈하다. 호주에 아르메니아계가 꽤 많은데, 아르메니아가 주변국 아제르바이잔, 튀르키예와 오랫동안 분쟁을 하다 보니 안정된 나라로 이주하는 사람들이 많은 것이다. 시드니에 만여명, 호주 전체에 5만여 명 있단다. 한인은 시드니에 13만여 명, 호주 전체에는 16만여 명 정도 있으니 한국계보다는 적지만, 아르메니아가 인구 300만 명의 작은 나라임을 감안하면 꽤 많은 편이다.

호주의 지방자치단체는 시의원Councilor 중심이다. 라이드시는 시의원이 12명이다. 주민들의 투표로 선출되고, 임기는 4년이다. 시의원은 전업

이 아니라 다른 직업을 가지고 있으면서 과외 시간에 시정 관련 일을 한
다. 주로 저녁 시간에 회의를 통해 주요 사안을 결정하는 일을 한다. 1년
에 2만 호주달러(약 1,700만 원)의 보수를 받는다. 한인이 두 명 있는데, 한
사람은 화학 교사, 다른 한 사람은 변호사다. 화학 교사를 하는 시의원이
시장 미팅에 같이 참여했는데, 14살에 호주에 조기유학을 와서 정착했다
고 한다. 성실해 보이고 붙임성도 좋았다. 지역 발전을 위한 일에 아주 열
심이어서 한인들뿐만 아니라 지역민들에게 인기가 높단다. 시장Mayor은
시의원들이 호선해서 뽑는다. 시민들이 직접 시장을 뽑는 게 아니다. 임
기는 2년이고, 연봉은 10만 호주달러(약 8,700만 원) 정도. 시장은 워낙 바
쁘기 때문에 전업으로 하는 경우가 많다. 시의원 때는 다른 직업을 가지
고 있다가 시장이 되면 휴직하는 경우가 대부분이다. 시장은 정치적인 일
을 하고, 시정공무원을 거느리고 행정을 총괄하는 제너럴 매니저General
Manager가 있다. 통상 CEO라고 부르는 이 자리는 시의회에서 일정한 과
정을 거쳐 선정한다. 시의회(시장)-CEO-공무원 체제로 자치단체가 움직
이는 것이다.

서글서글한 시장은 한인들의 얘기를 잘 들어준다. 한국기념공원을 지
을 수 있는 부지 확보에도 적극 협조하겠단다. 주변의 강대국으로부터 핍
박받은 아르메니아나 일본의 침략을 받은 한국이나 비슷한 역사가 있다
면서 친근감을 표했다.

영국 여행을 하다 보면 시골의 B&B에 묵는 경우가 있는데, 시골 B&B
는 대개 작은 규모로 부부가 운영하는 곳이 많다. 손님도 얼마 되지 않아
주인과 얘기를 하곤 하는데, 아일랜드계가 꽤 많다. 한국에서 왔다고 하
면 "너희들도 큰 나라 침략을 많이 받았지?" 하면서 계란을 하나 더 주기
까지 한다. 800년 가까이 영국의 식민지배를 받았던 아일랜드인들은 비
슷한 고통을 겪은 민족을 알고 있고, 그들에 대해서는 동병상련의 정을

느끼는 것이다. 아르메니아계 시장이 이와 비슷한 감정으로 호주한인회를 계속 팍팍 밀어 주길 바란다.

한국기념공원이 들어설 만한 부지를 돌아봤다. 한 군데는 전망 좋고 추진하기 쉬운 곳인데 좀 좁다. 다른 곳은 넓은데 주변의 주민들과 협의를 깊이 해야 한다는 점이 문제로 남아 있다. 한국기념공원을 세우는 일은 호주 한인들의 오랜 희망이라고 한다. 30년, 40년 전에 한국을 떠나온 분들이지만 늘 한국 문제에 관심을 두면서 한인의 정체성을 지키려 애를 쓰고 있는 분들이 최근 적극적으로 나서면서 기념공원 설립 작업이 활성화되고 있다. 백인들 속에 섞여 살면서도 우리 것을 찾고, 우리 것을 지키려는 교민들에게 우리 정부도 좀 도움이 되는 일을 해야 하는 게 아닌가 하는 생각을 했다. 교민들이 한옥학과가 있는 전북대에 연락해 준 것도 고마운 일이다. 우리 전북대도 이분들에게 실제 도움이 되는 길을 찾아봐야 하겠다.

사회적 책임 프로젝트로 사회혁신 추진

12월 16일에는 호주의 명문 과학기술대학인 시드니공과대학교University of Technology Sydney, UTS를 찾아갔다. 정문이 따로 없고 그냥 시내로 연결된 여러 대학 건물 가운데 제일 높은 건물 앞에 내렸다. 40층은 돼 보인다. 여기가 이 대학의 메인 빌딩으로 공대의 연구실, 실험실이 모여 있다.

건물에 들어가 좀 구경을 하고 있자니 레오나드 티징 교수가 나온다. 필리핀 출신으로 전북대에서 박사학위를 한 뒤 연구 성과를 쌓아 UTS의 토목·환경공학부 교수가 되었다. 4층 회의실로 올라가니 국제부총장, 토목·환경공학부 학부장, 공대 교수들, 수학·물리학부 교수들이 9명이나 나와 있다. 서로 돌아가면서 명함을 주고받으며 아이스브레이킹을 한 뒤 명패를 찾아 자리를 잡았다.

UTS 국제부총장은 나이가 지긋해 65세는 족히 돼 보이는데 활력이 넘친다. 설명도 일사천리다. 학생은 4만 5,000명이 넘고, 교수는 1,900여 명이란다. 유학생은 104개 나라에서 1만 2,000여 명이 와 있는데, 그중 한국 학생은 매년 250명 정도가 입학한다고 한다. 호주의 다른 명문대와 마찬가지로 UTS도 산업체에서 받는 연구비가 많다. 정부나 지자체에서 받는 연구비가 40%, 60%는 기업체에서 받는 것이다. 어떤 프로젝트로 한번 연결된 기업체와는 지속적으로 관련 연구를 진행하면서 연구의 연속성을 유지할 수 있고, 연구비 단위도 큰 것이 많아 기업체 연구비 비중이 높다. 주로 보건의료, 농업과 물, 그린에너지, 항공우주 관련 업체들과 공동으로 진행하는 연구가 많다.

UTS의 발전 방향 가운데 국제부총장이 특히 힘주어 말하는 것은 '사회적 책임'이다. 대학이 존재하는 근본적인 이유가 사회에 기여하고 봉사하는 데 있다는 것이다. 이를 위해 2013년부터 'UTS SOUL(UTS 정신)'이라는 이름의 상기 프로젝트를 계속하고 있다. 학생들이 일정 시간 의무적으로 지역사회에 봉사활동을 하고, 학교 차원에서도 무료봉사단을 꾸려 진료와 상담 등의 활동을 진행하고 있다. 형편이 어려운 학생들에게 주는 장학금을 지속 확대하고, 성평등을 실현하기 위한 프로그램도 크게 늘렸다. 학교의 그린화 사업도 적극 추진해 왔다. 재생에너지 사용 비율을 높이면서 쓰레기 재활용과 비료화를 통해 대학을 청정구역화하는 사업에 힘을 기울이는 것이다. 국제연합UN이 추진해 온 '지속가능발전목표SDGs' 프로그램에도 적극적으로 참여하는데, 특히 맑은 물 유지, 청정에너지 확대, 책임 있는 생산·소비, 기후변화 행동 등의 부문에서는 세계 수많은 대학 가운데 최고 수준의 등급을 받고 있다.

시드니공과대학교

UTS가 사회적 책임을 특히 강조하는 것은 대학의 움직임이 그 사회의 미래를 결정하는 데 지대한 영향을 미친다는 생각 때문이다. 시드니의 명문 과학기술대학이 봉사와 기후변화 대응에 적극적으로 나서면 일반의 인식도 달라지고, 정부의 생각도 변화할 수 있다고 인식하고 있다. 또 대학은 그럴 의무가 있고, 대학은 기업이나 다른 사적 기관·단체와는 다른 존재여야 한다는 인식이 이런 행위의 바탕에 깊이 깔려 있다.

UTS 국제부처장의 브리핑은 15분 정도밖에 안 됐지만, 좋은 강의를 들은 느낌이었다. 이어서 내가 준비해 온 PPT를 중심으로 전북대의 발전 방향을 설명하니 협력할 부분이 많다고 UTS 쪽에서 호응을 한다. 전북대 총장의 주요 사업에 대한 명료한 설명이 더해지고, 함께 간 전북대 교수들의 세부적인 프로젝트에 대한 발표가 이어지면서 연구협력, 복수학위, 학생교류 등 서로의 필요성에 관해서 논의가 깊어졌다. 서로에 대한 긍정 인식 위에서 세밀한 협력 방안을 계속 논의해 간다는 데 합의를 하게 되었다. 우리 학생들이 여기에 와서 활기 넘치게 공부하면 얼마나 좋을까 하는 기대가 벌써 커진다.

UTS와 협의를 마치고 나오면서 우리 전북대도 UTS와 학생교류, 연구 협력을 강화하면서 이런 사회적 책임에 대한 분명한 의식과 행동도 벤치마킹하는 게 필요하다고 생각했다. 우리 사회도 대학이 나서서 올바른 비전을 제시하고, 바람직한 행동 방향을 적시할 때 건강성을 더욱 강화해 갈 수 있을 것이다. 특히 지방에서 거점국립대의 위치는 많은 상징성을 지니고 있다. 기능적인 것뿐만 아니라 의식과 인식에 관련한 것들도 더 많이 보면서 여러 가지를 더 적극적으로 활용해야 하겠다.

2장

연구에 올인하는 대학

1. 세계 70대 대학을 향하여: 국립말레이시아대학교
2. 국제공동연구를 통해 아시아 최고 공대로: 말레이시아 마라공과대학교

1.
세계 70대 대학을 향하여
: 국립말레이시아대학교

대접받는 한국 여권

말레이시아는 1993년 10월에 처음 갔었다. KBS 기자가 된 지 10개월 만에 해외 출장을 간 곳이 말레이시아 쿠알라룸푸르였다. 1993년 1월 1일 KBS에 입사했을 때 하늘을 나는 기분이었다. 전북 진안 깡촌에서 나서 대한민국 최대 언론기관의 기자가 됐으니 그럴 만도 했다. 입사 후 얼마 안 되어 당시 새로 나온 프라이드베타 승용차까지 하나 사니 '내가 이렇게 출세하다니, 이제 더 바랄 게 없다'는 생각이 절로 들었다. 새로 산차를 몰고 은평구 불광동에서 여의도 KBS로 출근할 때, 특히 한강을 가로지르는 성산대교를 시원하게 지날 때는 창문을 내린 채 왼팔을 걸고는 "와! 좋다, 신나네"를 몇 번이나 외쳤는지 모른다. 지금도 그때의 감정이 새삼스럽다. 뭣도 모르고 재밌게 지냈고, 열심히 현장을 뛰었다. 일하는 게 그냥 좋았고, 여기저기서 인정해 주니 그것도 신났다.

그렇게 6년을 지내고 나니 문득 '내가 뭘 했지?' 하는 생각이 들었다. 이렇게 하루 벌어 하루 먹는 생활을 하다간 인생이 남는 게 없겠다는 생각도 하게 됐다. 그래서 영국으로 공부를 하러 갔고, 하다 보니 공부가 재밌어져서 박사까지 하게 됐다. 그러곤 회사에 복직하니 '더 근본적인 문제를 고민하면서 살아야겠다'는 마음이 생겼다. 휴일이면 가방 메고 도서관으로 가는 생활을 다시 시작해 논문을 쓰게 됐고, 그러다 보니 전북대에 자리를 잡게 됐다. 처음에 했던 '더 바랄 게 없다'는 생각은 어디로 갔는지 여전히 생각은 많고, 이것저것 하게 된다. 마음만 분주해선 되는 게 없는데, 여전히 분주하게 산다. 시간이 갈수록 마음을 단순하게 정리하고 한 가지 일에 집중해 새로운 학문적 성과를 내는 데 매진해야겠다는 생각은 분명해진다.

30년 전 입사해서 10개월 만에 해외 출장을 갔을 당시 나는 스포츠취재부에 있었는데, 쿠알라룸푸르에서 열린 세계우슈(쿵후)선수권대회를 취재하러 간 것이다. 난생처음으로 외국을 가게 됐고, 다른 동기들은 부서에서 일을 배우느라 정신없을 때 그런 기회를 얻게 돼 더욱 신이 났던 기억이 난다. 우슈가 인기 종목이 아닌데다 우리나라 선수가 금메달 딸 가능성은 거의 없어서 기획성으로 주변 취재까지 해서 귀국 후 몇 개의 아이템을 만들어 낼 생각이었다. 그런데 예상을 뒤엎고 우리나라 선수가 금메달 하나를 따는 바람에 급하게 리포트를 만들어 말레이시아 방송국 여기저기를 찾아다닌 끝에 가까스로 전송했던 기억도 난다.

그런 추억이 있는 말레이시아를 다시 가게 됐다. 2022년 7월 10일 일요일 아침 전주를 출발해 인천공항으로 향했다. 외유는 늘 새롭다. 새로운 나라를 가는 것도 좋고, 새로운 문화, 새로운 사람을 접하는 것도 즐겁다. 나이가 들면서 몸이 쉽게 힘들어지는 게 문제긴 하지만 아직은 신선함이 앞선다. KAL 비행기는 오후 4시 20분 인천공항을 이륙해 6시간 가까이 날아서 밤 10시에 도착. 생각보다 일찍 도착했다 싶었지만 웬걸, 입국 수속이 보통이 아니다. 이슬람 명절인 '이드 알아드하(희생제)' 때문이다. 희생제는 선지자 이브라힘이 아들을 희생물로 바치라는 신의 말씀을 실행하려 하자 신이 이를 만류하면서 대신 양을 제물로 바치도록 했다는 쿠란의 내용에 따라 가축을 잡아 제사를 지낸 뒤 이를 이웃들과 나눠 먹는 명절이다. 이슬람력으로 12월 8~10일, 양력으로는 7월 10일 즈음으로 해마다 조금씩 달라진다. 멀리 사는 가족들이 모여 소나 양, 염소, 낙타 등을 잡아 제사를 지낸 뒤 함께 먹는다.

2022년 희생제는 7월 9~11일. 하필 희생제 기간에 공항에 도착한 것이다. 명절이니 일하는 사람이 적을 수밖에 없다. 우리 설이나 추석에 일하는 사람이 별로 없는 것이나 마찬가지다. 사람들이 길게 줄을 서 있는데도 입국심사대 창구는 4개만 열려 있다. 게다가 최근 방글라데시, 파키스탄, 미얀마 등에서 일하러 말레이시아에 들어오는 노동자들이 많다고 한다. 이 나라들에 비해 말레이시아는 훨씬 일자리가 많고 임금이 높기 때문이다. 그런데 말레이시아에 들어온 노동자들이 허가된 체류 기간을 넘기는 경우가 많아 입국심사를 세밀하게 한단다. 실제로 옆에서 보니 꽤 오랫동안 서류를 보고 질문을 한다.

대한민국 국민은 여기서 대접받는 축이라 입국심사에 걸리는 시간이 아주 짧다. 2분 정도면 끝. 2시간 기다려 2분 만에 끝나니 좀 허전하기도 하지만, 그래도 뿌듯하기도 하다. 국력이란 게 이런 것인가 싶다. 외국 다녀 보면 애국심이 생긴다더니…. 특이한 건, 비즈니스석 탑승자는 따로 입국심사 라인이 있어서 지체하는 시간 없이 바로 나간다. 한국이나 미국 공항에서도 자기 나라 국민이 서는 줄, 외국인이 서는 줄을 나눌 뿐 비즈니스석이나 일등석 줄을 따로 만들어 놓지는 않는다. 말레이시아가 미국보다 더 자본주의화된 것인가? 한국인에 대해서도 다른 건 전혀 보지 않고 순전히 자기들보다 잘사는 나라 사람이라는 이유 하나 때문에 입국심사를 쉽게 해 주는 건가?

공항을 나와 바로 30분 정도 달리니 '도르셋 쿠알라룸푸르 호텔'. 쿠알라룸푸르의 중심가, 우리로 치면 서울 종로 한복판에 있다. 밤 12시가 넘었는데도 여직원들이 나와 웰컴 드링크를 준다. 동남아 여행은 선진국 여행과 다른 것들이 있는데, 이것도 그중 하나다. 어떤 경우든 대접을 받으면 기분이 좋아진다. 젊은 시절 윗사람을 치받던 사람도 높은 사람이 된 다음에는 아랫사람이 따따부따하는 건 싫어하고 대접해 주는 건 좋아한다지 않는가? 사람이란 게 그렇게 가벼운 존재 아닌가? 작은 것 하나, 말 한마디로 마음이 180도 달라지기도 하는 그런 존재 말이다. 긴 여행이었지만, 주스 한잔에 기분이 달라진다.

동서양 문화가 어우러진 믈라카

7월 11일 월요일. 여독이 풀리지 않은 탓인지 8시 반이 돼서야 겨우 침대에서 일어났다. 조식은 2층 식당이다. 여기서는 2층을 '1st Floor'로 표시한다. 영국식이다. 1층은 'Ground Floor'. 로비는 Ground Floor에 있다. 조식은 평균 수준. 밥, 쌀국수, 비빔쌀국수, 계란, 콩, 멸치, 카레 등이 있고, 후식으로는 수박, 망고, 멜론, 커피 등이 차려져 있다. 생각보다 향이 강하지는 않은데, 아주 입맛을 당기는 매력이 있는 식사라고 하기도 어렵다. 밥은 안남미로 푸석하고, 쌀국수는 짜다. 아예 말레이 전통식이었다면 말레이시아의 맛을 제대로 느낄 수 있어 더 좋았겠다는 생각이 들었다.

간단히 식사를 마치고 동네 한 바퀴. 호텔 앞쪽으로 나가 본다. 오피스 빌딩, 작은 식당, 커피숍을 지나 50미터쯤 나가 오른쪽으로 돌아가 보니 빈 건물, 공터 등이 많이 보인다. 종로 한복판 같은 곳이라는 데가 이 정도면 쿠알라룸푸르도 사무실이나 주택 수요가 폭발적으로 높지는 않은가 보다. 다른 곳들을 다닐 때도 관찰할 수 있었지만, 한쪽에는 마천루와 고급 아파트가 있는가 하면, 다른 쪽에는 빈민가가 있다. 개도국의 전반적인 특징이지만 빈부의 격차가 바로 눈에 보인다. 말레이계가 사는 지역과 중국계가 사는 지역이 나뉜 곳도 있다. 작은 가게들은 아침 일찍부터 문을 열고, 가게 앞에는 Grab이라고 쓰인 배달 오토바이가 서 있다. 공유택시로 시작한 Grab은 오토바이 공유 서비스, 카풀 서비스, 음식배달, 택배 등으로 확장해 영업하고 있다. 2012년 하버드대 비즈니스스쿨에 재학 중이던 말레이시아 청년 앤서니 탄Anthony Tan이 자신을 찾아 말레이시아를 방문한 친구가 택시 이용의 불편을 호소하는 것을 보고 만들었다. 지금은 싱가포르, 인도네시아, 태국, 베트남, 필리핀, 미얀마, 캄보디아 등에도 진출해 영업하고 있다. 동남아의 대표적 공유 서비스 브랜드가 된 것이다.

먼저 말레이시아의 대표적인 문화유적도시 믈라카로 간다. 버스가 시원하게 뻗은 고속도로를 달린다. 왕복 8차선으로 우리의 경부고속도로 같은 길이다. 한참을 가니 휴게소가 나온다. 이상하게 휴게소가 작아도

쿠알라룸푸르 거리의 가게

쿠알라룸푸르–믈라카 고속도로에 있는 휴게소

고속도로를 따라 이어지는 팜나무 농장

너무 작다. 시설이라고는 작은 화장실 하나가 전부다. 화장실 앞쪽에 이동식 가게 세 곳이 음료수와 과자를 팔고 있을 뿐이다. 어딜 가다가 휴게소에 들러 먹고 쉬어 가는 문화가 아니란다. 화장실만 잠깐 들렀다가 그냥 다시 간다. 그러고 보니 베트남도 비슷했다. 휴게소가 작았다. 아주 크고 음식점, 가게 등이 늘어서 있는 휴게소는 우리나라와 미국, 유럽에서만 본 듯하다.

길 양옆으론 팜나무가 즐비하다. 조금 끊기는가 하면 다시 나타난다. 이게 말레이시아에서 효자 노릇을 하는 자원이다. 이 나무의 열매로 짜는 팜유가 외화벌이에 큰 역할을 한다. 인도네시아 다음으로 수출을 많이 하는데, 연간 수백억 달러의 돈을 벌어들인다. 팜유로 버는 돈이 매년 말레이시아 국내총생산GDP의 4.5% 정도를 차지한다. 우리나라도 말레이시아산 팜유를 해마다 수천만 달러어치 수입한다. 식용유로 쓰이며, 특히 라면 튀기는 데 사용된다. 팜나무나 코코넛 모두 야자수에 속하는데, 팜나무는 키가 코코넛보다는 작고 알갱이가 달린 아주 큰 열매를 맺는다. 코코넛은 키가 크고 달콤한 물이 들어 있는 열매를 맺는다. 원래는 서부 아프리카에 서식하는 나무인데, 영국이 식민지배를 하는 동안 들여왔다. 그것이 오늘날 말레이시아의 큰 자원이 된 것이다.

말레이시아는 팜나무뿐만 아니라 고무, 석유, 천연가스, 석탄, 주석, 금, 니켈, 보크사이트 등 자원이 아주 풍부하다. 그래서 경제 수준이 높고, 복지정책도 상당히 잘되어 있다. 결혼할 때는 정부에서 저리로 집값의 대부분을 대출해 준다. 쿠알라룸푸르에서는 24평 아파트가 약 7,000만 원인데, 그중 6,000만 원가량을 정부에서 빌려준다. 연리 2%쯤이다. 천만 원 정도 있으면 결혼하는 데 크게 문제가 없는 것이다. 차를 살 때도 대출을 많이 해 준다. 대졸 직장인이 월 90만 원가량 받는데, 부부가 그렇게 받으면 웬만한 아파트에서 차를 소유한 채 큰 불편 없이 살 수 있다.

휘발유 값도 리터당 600원이 안 돼 차를 굴리는 데에도 많은 돈이 안 든다. 보르네오섬에 있는 동말레이시아 앞바다에서 석유가 많이 나 아직은 기름 걱정할 필요가 없다. 그래서 차가 있는 사람들이 많다. 길을 가다 보면 한 집에 2~3대씩 주차된 곳도 적지 않다. 그러다 보니 대중교통은 덜 발달했다. Grab이 잘되는 것도 이런 이유 때문이다. 1인당 국민총소득GNI이 만 달러가 넘어 싱가포르, 브루나이 다음으로 동남아에서는 잘사는 나라이다. 태국은 1인당 GNI가 7,000달러, 인도네시아는 4,000달러, 베트남은 2,700달러 정도여서 말레이시아와는 차이가 많이 난다.

복지 수준이 높은 편이고, 이슬람교의 영향으로 '인샬라'Inshallah, 알라신의 뜻대로 의식이 강하다 보니 국민들이 정치에 별로 관심이 없다. 이슬람교 자체가 원래 상업에 호의적이기도 하다. 이슬람교의 창시자 마호메트가 상인 출신이고, 또 이슬람 상인들은 고대부터 유럽에서 중국까지를 오가며 상거래를 해 왔다. 말레이시아는 동서 교역의 한가운데에 위치해 일찍부터 서구의 영향을 많이 받아서 경제 관념은 매우 자본주의적이다. 돈에 관심이 많고, 돈을 많이 번 사람을 존경의 대상으로 여긴다. 공항 입국심사 때 비즈니스석을 따로 대우해 주는 제도는 이런 배경에서 나온 것 같다. 하지만 아직도 부정부패는 많은 편이다. 큰 사업을 하려면 뒷돈이 많이 든다고 한다. 그런가 하면 돈 번 사람들은 기부도 많이 한다. 사회적으로는 치안도 잘되어 있어 조폭 같은 것은 찾아보기 어렵고, 세계적으로 퍼져 있는 보이스피싱 같은 범죄도 거의 없다.

두 시간을 달리니 믈라카에 닿는다. 문화유산의 도시답게 여기저기 고풍스러운 건물들이 눈에 띈다. 믈라카는 기원전부터 사람이 살기 시작한 작은 마을이었다. 14세기에 지금의 싱가포르를 통치하던 국가가 싱가푸라 왕국이었는데, 이 왕국의 파라메스와라 국왕이 당시 자바섬에 본거지를 둔 마자파힛 왕국의 공격을 받고 믈라카로 쫓겨와 여기에 믈라카 술탄국을 건설했다. 이 믈라카 술탄국이 현재 말레이시아의 근간이 되었다. 파라메스와라는 본래 힌두교도였지만, 믈라카 술탄국을 건설하면서 이슬람교로 개종하는데, 당시 교역을 주도하던 이슬람 상인들과의 관계 강화를 위해서였다. 믈라카 술탄국은 무역선의 선원들이 머물 여관, 물건을 보관할 창고 등의 인프라를 갖추면서 무역항으로 크게 발전했다. 유럽과 아프리카, 중동, 인도, 중국 등의 무역선이 믈라카를 무역항으로 이용했다.

그렇게 융성하던 믈라카 술탄국은 1511년 포르투갈의 공격을 받고 지금의 조호르바루 지역으로 밀려났다. 믈라카는 아시아에서 처음으로 유럽의 식민지가 되었다. 포르투갈은 당시 향료를 찾아서 동남아까지 진출했다. 믈라카를 거점으로 싱가포르, 인도네시아, 타이완을 거쳐 마카오까지 진출했다. 그렇게 대서양과 인도양을 연결하는 해상의 실크로드를 건설해 16세기 무역강국을 이뤘다. 포르투갈의 믈라카 통치는 100년 이상 지속됐다. 1641년 네덜란드가 들어와 포르투갈을 몰아냈다. 믈라카는 그렇게 다시 네덜란드의 식민지로 200년 가까이 지냈다. 1824년에는 영국이 네덜란드의 자리를 대신 차지했다. 2차 세계대전 중에는 3년 동안 일본의 지배를 받았고, 이후 다시 영국의 식민지가 되었다. 독립을 이룬 것은 말레이시아가 영국으로부터 독립하는 1957년에 이르러서다.

믈라카는 이런 역사적 배경 때문에 말레이 전통문화에 포르투갈, 네덜란드, 영국, 그리고 중국문화까지도 동시에 지니고 있다. 그런 문화적 다양성을 인정받아 2008년에는 도시 전체가 유네스코 세계문화유산에 등재되었다. 도시 여기저기에 중국스러운 것, 유럽스러운 것, 말레이스러운 것이 골고루 섞여 있다. 한곳에서 여러 대륙을 한꺼번에 호흡하는 느낌을 바로 경험할 수 있다.

국제도시 믈라카도 식후경. 도착해서 우선 점심을 해결했다. 딤섬이다. 돼지고기를 넣지 않고 닭고기와 생선으로 맛을 냈다. 어묵 비슷한 것도 있다. 볶음쌀국수까지 나온다. 술은 안 파는데, 가지고 와서 마시는 것은 괜찮단다. 주변 가게에서 타이거 맥주를 샀는데 꽤 비싸다. 한 캔에 3,000원 정도. 술을 파는 음식점도 있는데, 보통 맥주 한 캔에 7,000원을 받는다. 이슬람 국가에서 술을 파는 게 좀 이상하긴 하다. 하지만 좀 더 생각해 보면 그럴만하다. 이슬람 국가이지만 이슬람교도가 65% 정도다. 나머지는 중국계, 인도계도 있는 등 다민족 복합국가다. 그러니 다른 민족, 다른 종교에 대해서 너그럽다. 술을 파는 것도, 마시는 것도 허용된다. 다만 술을 파는 허가를 받으려면 많은 돈을 내야 한다. 허가 없이 술을 파는 음식점도 꽤 있는데 단속을 심하게 하지는 않는다고 한다. 어쨌든 이슬람 국가에서 술을 마시니 느낌이 좀 다르다. 같은 음식도 상황과 조건에 따라 느낌과 맛이 천차만별일 수 있음을 새삼 실감했다.

먼저 플라카강 크루즈를 탔다. 강은 크지 않다. 갯벌이 많은 강인데 하수까지 버려지고 있어 냄새가 좀 나기도 한다. 하지만 양쪽 강변에 펼쳐지는 풍경은 이색적이다. 왼쪽은 중국적이다. 플라카 술탄국 시절부터 중국 무역선들이 드나들면서 들어오기 시작한 중국풍이다. 찻집, 음식점들이 이어진다. 오른쪽은 서양이다. 술집, 음식점, 작은 광장, 교회 등이 계속 나타난다. 빨간색 건물이 많고, 검은색, 흰색 등 다양한 건물들이 눈에 띈다. 그 속에 포르투갈도 있고, 네덜란드도 있고, 영국도 보인다. 강에는 1미터가 넘는 도마뱀이 가끔 나타난다. 강둑 위에 올라앉아 있는 놈도 있다. 주택가로 들어가지는 않을까.

크루즈에서 내려 플라카의 다문화 속으로 걸어 들어간다. 시작은 네덜란드 광장. 네덜란드 특유의 빨간 벽돌 건물들이 여럿이다. 빨간 교회에는 1753이라는 숫자가 선명하다. 1641년 네덜란드가 들어왔으니, 점령 후 112년 되는 해에 지은 것이다. 네덜란드 젤란드주에서 붉은 벽돌을 직접

믈라카강 크루즈에서 본 강변 풍경

실어와 지었다고 한다. 그 옆의 빨간 건물도 비슷한 시기에 지어진 것 같은데, 지금은 미술관으로 쓰인다. 광장 가운데에는 네덜란드 풍차도 자리 잡고 있다.

거기서 좀 높은 곳으로 걸어 올라가니 '믈라카 언덕Melaka Hill'이다. 믈라카 술탄국의 왕궁과 모스크, 귀족들의 저택이 있던 곳이다. 1511년 포르투갈이 여기를 공격하면서 모든 걸 파괴했다. 그리고 이 주변을 견고한 성채로 만들었다. 1520년 언덕의 꼭대기에 성당을 지었다. 포르투갈의 정책에 따라 이 지역 가톨릭 포교의 거점 역할을 했다. 그러다 1641년 네덜란드가 침공하면서 파괴되었지만, 다시 보수해 교회로 썼다. 그때 주어진 이름이 '세인트폴 교회'이다. 그때부턴 가톨릭이 아니라 개신교 포교의 거점이 되었다. 1824년 영국의 점령 이후에는 교회보다는 주로 무덤으로 쓰여 서서히 폐허가 되어 갔다. 지금은 기둥과 외벽, 12개의 비석만 앙상하

믈라카 네덜란드 광장

세인트폴 교회

게 서 있다. 이 교회의 500년 역사가 믈라카의 근대사를 그대로 보여 준다. 성채에서 성당으로, 이후 개신교 교회로, 무덤으로, 지금은 역사적 유적으로 남아 있다. 그 역사를 보기 위해 관광객들이 계속 이어진다. 덕분에 믈라카의 주민들이 여기까지 올라와 장사를 한다. "오천 원, 오천 원." 한국말로 외치면서 기념품을 판다. 열쇠고리, 스카프 같은 것들, 어떤 이는 그림을 그려서 팔기도 한다. 토종 말레이 사람처럼 보이는 아저씨는 왼손에 뱀을 감고, 오른쪽 어깨에는 앵무새를 앉히고선 영업을 한다. 뱀을 두르고 앵무새를 손에 올려놓은 채 사진을 찍어 보란다. 그러면서 요금을 조금씩 받는다.

거기서 계단을 내려가니 과거 산티아고 요새의 유적들이 나온다. 포르투갈이 만들어 놓은 요새의 흔적이다. 성문이 있고, 그 앞을 큰 대포 2문이 지키고 서 있다. 16세기의 대포들인데 지금 보아도 위풍이 당당하다. 물론 파괴력으로 보면 지금의 방사포나 미사일과 비교할 바 아니겠지만, 외양으로는 밀리지 않는다. 과거에는 이곳까지도 높은 언덕이었다는데, 언덕 아랫부분에서 오랫동안 토목 공사가 진행되면서 높아져 지금은 평지가 됐다. 역사가 흐르면 그렇게 주인도 바뀌고, 지형과 풍광도 바뀌고, 사는 사람도 바뀌고, 인심도 바뀌고, 풍토도 바뀌는 모양이다.

세인트폴 교회를 보고 내려와 산티아고 요새를 둘러보고 나오니 삼륜자전거가 줄지어 손님을 기다린다. '트라이쇼Trishaw'라고 부르는 것이다. 바퀴 세 개가 달려 있고, 두 사람이 앉는 자리가 마련돼 있다. 더위를 피할 수 있게 지붕도 있고, 꽃장식이 화려하다. 지붕이며 옆면까지 모두 꽃을 달아 놨다. 마치 상여 같다. 주인이 오른쪽에 달린 보조의자에 앉아 페달을 밟는다. 20분 정도 타는 데 2만 원. 꽤 비싼 편이다. 재미 삼아 한 번 탔다. 32도나 되는 무더위에도 신나게 페달을 밟는다. 게다가 노래까지 크게 틀고. 미국 샌디에이고의 관광지에서도 삼륜자전거가 경쾌한 음

산티아고 요새

악을 크게 틀고 다니는 걸 봤는데, 삼륜자전거 나름의 문화와 공감대가 있는 것인가? 믈라카 중심가를 한 바퀴 휙 돌고 내리면서 팁으로 2,000원을 내밀었다. 한국 돈도 반갑게 받는다. 바로 옆에 있는 동료들에게 자랑한다. 보통은 1,000원 정도를 받는다니….

시내를 휙 돌아봤으니 이제 좀 깊이 들어가 볼 순서. 볼거리 많은 차이나타운 안으로 들어간다. '존커 워크Jonker Walk'라는 이름이 붙어 있는 곳이다. 17세기 네덜란드가 지배하던 시절부터 중국인들이 조금씩 모여들어 형성된 중국인촌이다. 그 당시에 지어진 오래된 집들이 많이 남아 있다. 특히 이곳에선 말레이시아 문화의 다양성을 보여 주는 상징과도 같은 페라나칸Peranakan 문화를 잘 볼 수 있다. 페라나칸은 중국인 남성과 말레이 여성 사이에서 태어난 이들과 그들의 문화를 말한다. 그 문화의 물줄기는 기원전으로 거슬러 올라갈 수 있겠지만, 활성화되기 시작한 것

믈라카의 명물 삼륜자전거

은 중국인들이 무역선을 타고 믈라카로 많이 들어온 16세기부터이고, 17세기에 이르러서 더욱 번성하게 된다. 페라나칸 문화권에 속하는 남성은 '바바Baba', 여성은 '뇨냐Nyonya'로 불리는데, 언어, 음식, 의복 등 문화 전반에 걸쳐 중국 것과 말레이 민족의 것이 골고루 섞여 있다. 믈라카 차이나타운에도 페라나칸식 음식, 옷, 생활용품 등을 파는 가게들이 거리를 메우고 있다.

불교사원도 나온다. 이름은 쳉운텡青云亭. 불교사원이지만 도교의 요소가 섞여 있다. 본당에는 관음보살이 모셔져 있고, 한쪽에는 불로장생을 기원하는 곳도 있다. 중국식 그림과 조각이 벽과 기둥을 장식하고 있다. 일찍이 믈라카 술탄국 시절인 1406년 믈라카를 찾은 명나라 장수 정화를 기리기 위해 1646년 세워진 절이다. 지금도 이 지역 중국계 말레이시아인들의 정신적 지주 같은 역할을 한다. 물론 지금의 절은 1646년의 모습은 아니고, 부서지고 손상된 것을 복원한 것이다. 복원의 수준을 인정받아 2003년 유네스코 특별상을 받았다.

오후 4시쯤 되고 배가 출출해지니 커피 생각이 난다. 말레이시아 플라카에 있는 차이나타운까지 와서 웬 커피냐고? 생각나는 걸 어쩌겠나. 수백 년 전통의 차이나타운에서 커피를 찾아 나선다. 사람들이 길게 줄을 서 있길래 혹시나 했더니 빙수집이란다. '첸돌Cendol'이라 불리는 말레이식 빙수다. 은은한 맛의 코코넛밀크와 향긋한 열대식물 판단의 잎으로 만든 젤리가 들어 있어 아주 맛있단다. 유명한 집인 것 같아 줄을 설까 하다가 원래 생각대로 커피를 찾아간다. 찻집은 많지만 커피집은 참으로 찾기 어렵다. 습도 높은 날씨에 다리까지 아파 오는데 하얀 보드에 쓰인 'Coffee'라는 글씨가 번뜩 눈에 띈다. 근데 이상하다. 기념품을 파는 가게다. 두리번거리니 안쪽으로 들어가는 문이 있다. 그리로 가니 많은 사람이 앉아 뭔가를 먹고 마신다. 카운터에 물어보니 커피도 판단다. 헤이즐넛 라테로 얼른 주문. 조금 지나 받은 커피에는 설탕이 가득하다. 설탕 없는 고소한 커피를 기대했는데, 물어보지 않고 설탕을 잔뜩 넣었다. 그래도 이게 어딘가. 무더운 오후 시원한 카페에서 달달한 헤이즐넛 라테, 나름 괜찮다. 잠시 앉아 있다 가려고 했더니 테이크아웃으로 주문해서 안 된단다. 그러고 보니 입구에는 자리를 기다리는 사람들이 보인다. 어디서나 주먹구구는 안 된다. 이런 작은 카페에서도. 그런데 대학도, 지방정부도, 심지어 중앙정부도 주먹구구가 새삼 많이 보인다. 1호기에 민간인을 태우고, 지인의 자녀를 대통령실 직원으로 뽑고, 행안부는 없는 치안 관련 권한을 행사한다 하고…. 아이고, 이런 데까지 와서 나라 걱정이라니. 천생 서생이다.

그렇게 차이나타운을 구경하다 보니 벌써 저녁 시간이다. 플라카까지 진출한 한국 식당이 있다. '다오래'라는 상호가 붙어 있다. 입구는 허름한데 계단을 따라 2층으로 올라가니 아주 크다. 된장찌개, 제육볶음 맛이 어떨까? 궁금해진다. 나온 음식을 보니 똑같다. 맛도 다르지 않다. 술도 그렇지만, 돼지고기를 팔도록 허용하는 게 참 신기하다. 말레이시아에 올 때는 닭고기, 카레, 야채, 과일 정도나 계속 먹지 않을까 생각했었는데…. 한국 소주, 맥주도 판다. 많은 민족이 섞여 살고, 그런 만큼 다양성을 인정하는 포용력 큰 국가 말레이시아를 새삼 느끼게 된다.

쿠알라룸푸르로 돌아가는데, 차가 고속도로에 들어서자 거의 움직이지를 못한다. 이슬람 명절 '이드 알아드하'의 마지막 날이라 고향에 갔던 차들이 돌아가느라 그렇단다. 우리의 추석, 설 명절을 말레이시아에서 맞은 느낌이다. 12년 전 서울에서 전주로 내려온 이후에는 완전히 잊어버리고 있던 풍경이다.

이렇게 많은 차들이 도로에 한꺼번에 몰려드니 말레이시아에는 환경오

이슬람 명절 희생제를 맞아 이동하는 차량으로 가득 찬 쿠알라룸푸르-믈라카 고속도로

염이나 대기오염 문제가 없나 하는 생각이 든다. 말레이시아의 환경은 전반적으로 좋은 편이다. 대기오염도 1990년대부터 얼마 전까지 인도네시아 때문에 문제가 많았다고 한다. 수마트라 지역의 대규모 산불로 인한 대기오염이 아주 심각했다. 수마트라 지역의 화전회사(대규모로 불을 질러 거기에 농사를 짓는 회사. 그러니 화전민이 아니라 화전회사이다)들이 산에 불을 질러 나무들을 태운 뒤 거기에 대규모로 농사를 지었다. 그 규모가 어마어마해서 한번 산에 불을 지르면 서울시 넓이 정도의 산이 불탔다. 이런 산불이 한꺼번에 10군데에서 일어나는 경우도 있었다. 그러니 말레이시아 남쪽의 공기가 좋을 리 없었다. 믈라카에서도 나무 타는 냄새가 날 정도였다고 한다. 학교들이 문을 닫기도 했다. 중국이나 몽골의 사막에서 오는 황사, 중국의 석탄 사용에 따른 미세먼지로 우리가 고생하는 거나 비슷하다. 이에 대해 말레이시아가 오랫동안 강력히 항의했고, 요즘은 좀 덜해졌다고 한다. 말레이시아 공기는 대체로 좋은 편이지만, 어쨌든 최근의 지구적 문제 가운데 하나인 환경문제가 말레이시아-인도네시아 사이에서도 심각한 이슈인 것은 분명하다. 앞으로 이를 어떻게 풀어 가느냐가 양국 관계를 규정하는 중요한 바로미터가 될 것 같다.

세계적으로 환경문제로 인한 국제적 분쟁이 불거지고 있다. 정치·경제·문화·종교적으로 친한 미국과 캐나다도 오대호 북쪽 캐나다의 공장에서 나오는 매연 탓에 분쟁을 치른 적이 있다. 기후변화로 해수면이 낮아지면서 남태평양의 작은 국가들은 나라 자체가 없어질 것을 우려하는 상황이다. 그래서 환경 난민들이 뉴질랜드나 호주로 이주하는 문제가 지속적으로 이슈가 되고 있다. 이런 문제들을 지구 전체가 어떻게 풀어 가느냐가 세계 평화의 중요한 척도가 되었다. 우리나라도 탄소중립을 비롯해 기후변화에 대처하는 데 모범을 보이면서 일정한 리더십을 발휘해야 하는 상황이다. 사실 그런 대형 이슈에 대해 이론적 대응 방향과 함께 효과적인 정책지향점을 제시할 때 국제적인 영향력도 키워 갈 수 있다. 그런데 지금 정부는 그 같은 지구적 문제, 인류의 지속가능성을 높이는 근본적인 문제에 대한 고민이 있는지 의문이다. 어떡하면 성장을 더 할 것인지, 그 과실을 나눠 줘서 지지도를 높일 것인지 등 근시안적 문제들에만 집착하고 있으니 걱정스러울 뿐이다.

암튼 길이 막히는 바람에 두 시간이면 되는 거리를 다섯 시간 걸려서 갔다. 그래도 동서양의 문화를 잘 녹여 간직하고 있는 도시를 봤고, 이슬람의 큰 명절을 몸으로 느낄 수 있었다.

세계 수준의 연구 성과 산출에 매진

7월 12일 화요일은 '국립말레이시아대학교'를 방문하는 날. 공식 이름은 Universiti Kebangsaan Malaysia(UKM). Kebangsaan이 영어로는 National, 우리말로는 국립이다. 그러니 '국립말레이시아대학교'이다. 말레이시아의 톱클래스 대학들은 모두 국립이다. 운영을 국가에서 하는데, 학교 이름에 '국립'이란 말이 들어간 것은 이 대학이 유일하다. 캠퍼스에 들어서니 어마어마하게 크다. 건물도 몰려 있지 않고 듬성듬성 있는데, 전체적으로 여유롭고 한적한 느낌이다. 18홀 골프장까지 갖추고 있다. 본부 앞에 도착하니 학교 관계자들이 기다리고 있다. UKM 간부들이 나와 전북대 총장과 간부들을 맞는다. 총장은 부재중이라 국제담당 부총장이 나와 우리를 큰 강당으로 안내한다. 말레이시아는 대학이 영국식이다. 형식상 최고직위는 Chancellor라고 하는데, UKM 아래쪽에 있는 느그리슴빌란주의 술탄(주지사)이 맡고 있다. 우리말로 번역하자면 명예총장이다. 대학 운영에 관여하진 않고, 그야말로 명예직이다. 영국도 각 대학의 Chancellor는 유명한 정치인 등이 명예직으로 맡고 있다. 영국과 마찬가지로 말레이시아 대학의 총장직은 Vice Chancellor이다. 직역하면 부총장이라고 해야 할 것 같은데, 실제 이 사람이 총장이기 때문에 총장이라고 번역하는 게 맞다. 어쨌든 UKM 총장은 출장 중이어서 그 아래 국제담당 Deputy Vice-Chancellor(부총장)가 나와 전북대 대표단을 영접한다.

UKM 부총장이 환영사를 하고, 전북대 총장이 감사 인사를 한 뒤 사진 찍고, 선물 교환하는 과정이 있다. 대학을 방문하면 으레 하는 일들이다. 처음엔 형식적인 과정이라 생각했지만, 형식과 의례도 대학 교류에서 아주 중요하다는 생각이 든다. 국가 간의 관계도 그렇지만 의례적인 절차들이 있고, 실질적인 협상이 있다. 대학 간도 마찬가지다. 의례적인 절차들을 진행하면서 상대의 얼굴을 익히고, 상대에게 호감이 생긴 다음에 실제 협상에서 중요한 부분을 짚어 내는 게 중요하다. 그런 절차 없이 바로 디테일한 협상으로 들어가면 서로 어색할 뿐 아니라 일을 진전시키기가 어렵다. 그래서 형식적인 말인 것 같지만 환영한다, 그동안의 호의에 감사한다, 앞으로 큰 진전이 있을 것으로 기대한다 등등의 얘기를 하는 것이고, 성의를 갖춘 선물도 주고받는다.

그렇게 인사를 하고, 구체적인 협상을 위해 자리를 옮긴다. 다른 간부들은 그 강당에 남아 UKM의 간부들과 서로 학교 소개를 하고 상대에게 궁금한 것들을 묻고 한다. 나는 전북대 총장과 함께 UKM 부총장실에 딸린 회의실로 향했다. 작은 회의실이다. 구체적인 얘기를 하기는 좋다. 2019년부터 교류를 활성화해 왔는데, 더 많은 학생을 보내자, 연구원이나 교수들 교류도 활성화하자, 직원들을 보내는 문제도 진척시키자 등등 구체적인 얘기들을 전북대 총장이 많이 꺼내 놓았다. UKM 부총장도 그렇게 하자, 더 활성화하는 게 우리가 바라는 바다, 긍정 답변을 준다. 나는 좀 더 세밀한 얘기를 제시해야 하는 상황이다. UKM에서 전북대로 오는 교환학생에게는 무료로 기숙사를 제공한다. 하지만 UKM은 그렇지 못해 왔다는 문제를 직접 얘기했다. 잘 알고 있다고, 기숙사 사정이 여의치 못해 그렇단다. 꼭 해결할 수 있도록 노력하겠단다. 나는 다시 강조했다. 이게 해결돼야 앞으로 교류가 지속가능하고 더 활성화될 수 있다고. UKM 부총장도 고개를 끄덕인다. 그러면서 총장과 얘기해서 조속히 해결될 수 있도록 하겠다고 약속한다. 다음 학기에도 교환교수를 전북대에 파견해 UKM 학생들을 돌볼 수 있도록 해 달라는 것도 당부한다. 역시 그렇게 하겠다고 답한다. 이만하면 할 얘기는 충분히 했고, 소기의 성과도 거뒀다.

부총장과 협의를 끝내고 강당으로 다시 가니 아직도 얘기가 진행 중이다. 마침 UKM에 파견된 전북대 교환학생 9명이 나와 경험담을 들려주었다. 영어로 말도 잘하고 자신감이 있어 보인다. 교환학생 파견 취지에 맞게 잘 적응하고, 낯선 환경에서도 열심히 하려는 모습이 충분히 엿보인다. 무역, 회계, 기계공학, 화공학, 한약자원학 등 전공은 다양하지만, UKM도 대규모 대학이어서 전공과목을 찾아서 듣는 데 문제가 없었단다. 학생들이 친절해 다양한 학생들과 사귈 기회도 많았고, 영어에 대해서는 더욱 자신감을 가지게 되었다고 했다. 다만 아직 코로나 상황을 벗어나지 못해 비대면 수업이 꽤 많았다고 한다. 우리보다 더 조심조심하는 것 같았다. 어쨌든 학생들이 소기의 성과를 거두면서 씩씩하게 지내고 있어서 대견했다.

큰손님이 왔는데 그냥 보내는 건 예의가 아니라며 간단한 스낵을 준비했으니 먹고 가란다. 연회장으로 들어가니 간단한 스낵이 아니다. 볶음쌀국수에 샌드위치, 과자 등이 준비돼 있다. 이것만 먹어도 충분히 점심이 될 정도다. 테이블에 앉아 먹기보다는 UKM 국제처장과 협의를 더 하는

국립말레이시아대학교-전북대 교류회

게 중요했다. UKM 부총장과 나눴던 얘기를 전하고, 전북대 교환학생들에 대한 기숙사 제공, UKM 교환교수의 전북대로의 파견 건에 관해 다시 이야기했다. 총장, 부총장과 잘 협의해서 문제가 풀리도록 하겠다고 답했다.

대학 캠퍼스 투어도 했다. 국제처 직원이 버스에 같이 타고서 안내해 준다. 공대, 자연대, 도서관 등을 상세하게 알려 준다. 학교는 넓고 건물 사이 공간이 많아 좋은데 건물들은 꽤 낡았다. 그래도 그 속에서는 수많은 연구가 진행되고 많은 연구 성과를 내놓고 있다. 세계 랭킹이 129위(QS World University Rankings 2023)이니, 대단한 성과다. 2025년에는 세계 100대 대학에 진입한다는 목표를 세우고, 이후 70대 대학에 들어서는 것을 목표로 세계적 연구 성과 산출에 매진하고 있다. UKM이 이렇게 좋은 성과를 내면서 랭킹을 높여 가는 데에는 국가적인 투자가 계속 이어지고, 영어 상용 국가이다 보니 영문 논문이 많이 나오기 때문으로 보인다. 꼭 이런 학교를 따라가야 한다는 것은 아니지만, 학술논문은 세계로부터 인정받는 게 중요하기 때문에 영문으로 좋은 논문을 써내는 것은 매우 중요하다. 세계가 하나로 연결된 글로벌라이제이션의 시대에, 또 좋은 연구 성과는 세계가 공유해야 하는 시대에, 한글로 써서 국내에서만 연구 성과로 인정받아서는 의미가 적기 때문이다. 학문의 대중화를 위해서 쉬운 말로 풀어서 성과를 내놓는 작업도 게을리할 것은 아니지만, 세계언어인 영어로 최고 수준의 연구 성과를 내놓는 작업은 한국의 대학들이 더 힘써야 하는 부분임은 두말하면 잔소리다.

의외로 UKM에 재학 중인 외국인 유학생은 많지 않은데, 400여 명이라고 한다. 인도네시아, 중동, 타이완 등에서 온 학생이 많다. UKM은 앞으로 세계 70대 대학에 들기 위해서는 국제화도 중요하기 때문에 유학생 유치에 더 힘을 쓸 생각이다. 그러기 위해 유학생 서비스를 강화하고, 영어 강의를 더 확대하고, 기숙사도 더 늘리는 계획을 마련하고 있다. 말레이시아 국공립대학교 가운데서는 처음으로 해외 캠퍼스를 카타르 도하에 세웠는데, 앞으로 해외 캠퍼스도 더 늘릴 계획이다. 말레이시아가 하루가 다르게 변하는 모습인 것처럼 UKM도 오늘 다르고 내일 또 달라지는 모양새로 빠르게 변화, 발전하고 있다. 그 파이팅에 박수를 보내면서, 우리가 배울 수 있는 것은 배워야겠다는 다짐도 하게 된다.

2.
국제공동연구를 통해 아시아 최고 공대로
: 말레이시아 마라공과대학교

말레이시아에서 가장 큰 대학교

말레이시아에도 다양한 형태의 대학들이 있다. 크게는 공립과 사립으로 나눌 수 있고, 사립대학 중에는 말레이시아의 민간인이 세운 대학과 외국 대학의 현지 캠퍼스들이 있다. 공립대학교는 20개, 사립대학교는 50개이다. 전문대도 있는데, 주로 사립으로 600여 개에 이른다. 전문대에서 1~3년 수학하고 미국이나 영국, 호주, 캐나다, 뉴질랜드의 대학으로 편입하는 학생들이 많아 전문대가 많은 것이다. 말레이시아뿐만 아니라 중국, 일본, 힌국, 인도네시아 등에서 많은 학생이 그런 경로를 밟기 위해 말레이시아의 전문대를 활용한다.

공립대는 수도권과 각 주에 분포되어 있는데, 그중에서도 특히 규모가 큰 대학이 마라공과대학교Universiti Teknologi MARA/MARA University of Technology, UiTM이다. 보통 UiTM 또는 마라공대라고 부른다. 1956년 농민교육을 위한 인력개발센터로 시작해, 지금은 전국의 35개 캠퍼스에 17만여 명의 학생, 1만 7,000여 명의 교직원을 가진 말레이시아 최대 규모의 종합대학이 되었다. MARA는 말레이어로 Majlis Amanah Rakyat을 줄인 것인데, Majlis는 위원회, Amanah는 신탁, Rakyat은 국민이라는 뜻이다. 따라서 MARA는 국민신탁위원회라는 의미가 되는데, 농촌인력개발센터로 출발한 것이 1965년 전문학교가 되면서 이 학교를 맡아서 운영하던 기관의 이름이다. 농촌의 말레이계 서민들의 능력 향상을 위해 출발한 초심을 잃지 않기 위해 지금도 이런 이름을 쓰고 있다.

마라공대는 이러한 역사와 전통, 그리고 부미푸트라Bumiputra 정책에 따라 말레이계와 원주민, 타이인, 크메르인 등 비중국계 학생만 입학할 수 있다. 말레이어로 Bumi는 땅, Putra는 자손이라는 뜻이다. Bumiputra는 '이 땅의 자손'이라는 뜻으로, 중국계보다 먼저 말레이반도에 정착한 원주민과 말레이계를 이른다. 부미푸트라 정책은 이들 비중국계를 지원하는 정책으로, 경제활동과 취업, 교육 등에서 이들을 우대하는 것이 주요 내용이다. 1970년대 중국계가 부의 대부분을 차지한 상황에서 부미푸트라의 불만이 높아지고, 사회적 갈등이 심해져 이들에 대한 지원책이 나오게 된 것이다. 최근에도 가끔 논란이 일고, 마라공대 내부에서도 '이제는 문을 열어야 한다'는 의견이 존재하지만, 중국계 입학 불허 정책은 여전히 유지되고 있다. 말레이시아 사회의 균형적 발전을 위해서는 아직 이 정책을 유지해야 한다는 것이 말레이시아 정부와 마라공대의 입장이다. 그래서 학교 내에서 중국계는 찾아보기조차 어렵다.

메인 캠퍼스는 셀랑고르주의 주도인 샤알람Shah Alam에 있고, 나머지 34개 캠퍼스는 전국에 골고루 퍼져 있다. 지역들을 묶어 거점 역할을 하는 캠퍼스가 정해져 있고, 거점 캠퍼스를 중심으로 일정 지역의 캠퍼스들이 운영되는 시스템이다. 전체적으로 보면, 학과가 500여 개에 이르니 그 규모가 어마어마하다.

수수하면서도 전략적인 여성 총장

아침 7시 반, 마라공대 국제처 직원이 호텔까지 와 줘서 함께 대학으로 향했다. 쿠알라룸푸르에서 샤알람까지 30분이면 갈 수 있는 거리지만 출근 시간에는 교통이 막혀 여유 있게 출발했다. 8시 반에 도착해 학교를 한 번 둘러보았다. 언덕도 있고 녹지도 많다. 건물들은 사이사이 녹지를 두고 제법 여유 있게 지어져 있다. 너무 한적하지도 않고, 그렇다고 너무 조밀하지도 않아서 대학답게 잘 조성돼 있다는 느낌이 든다.

대학본부 건물은 언덕 위에 있다. 국제처장이 반갑게 맞는다. 응접실에서 잠깐 앉아 차를 마셨다. 역시 한류 이야기다. 이제 일본보다 한국에 관심 있는 학생들이 더 많고 한국어를 배우려는 학생도 계속 늘어나고 있단다. 좀 있으니 60대 초반의 수수한 여성이 들어섰는데, 총장이라고

마라공대 본부에서 본 캠퍼스와 샤알람 시내

소개해 준다. 이 대학의 첫 여성 총장이라고 한다. 영국식 제도여서 총장은 Vice Chancellor라고 부른다. 이 대학의 Chancellor(명예총장)는 말레이시아의 국왕이다. 총장이 밝은 목소리로 자신을 소개한다. 수학과 교수인데, 2021년 3월부터 총장을 맡고 있다고 한다. 30년 동안 이 대학의 수학과에서 가르치면서, 연구부처장, 교무처장, 부총장 등 다양한 행정 경험을 한 인물이다. 구성원이 16만여 명이나 되는 조직의 CEO인데도 서글서글하고 다정다감하다.

바로 MOU 서명식을 위한 작은 행사가 시작된다. 먼저 하는 것은 기도. 이슬람 성직자가 들어와 간단한 설교와 함께 기도를 한다. 말레이계 중심의 학교이다 보니 모든 행사에 앞서 기도를 한단다. 사전에 우리에게 이런 사실을 알리고 양해를 구했다. 상대의 문화는 충분히 존중할 필요가 있으니 괜찮다고 양해를 했다. 간단한 기도가 끝나고 마라공대와 전북대를 소개하는 짧은 동영상을 같이 본 뒤, 마라공대 총장과 전북대 부총장의 인사말이 이어졌다. 마라공대 총장은 말레이어로 먼저 인사말을 했다. 말레이시아의 다른 대학에 갔을 때는 그냥 영어로 했다. 그런데 이 학교는 말레이어로 된 인사말을 먼저 하고, 똑같은 것을 영어로 했다. 부미푸트라 정책에 충실한 대학으로 말레이계의 성장과 발전에 진력하는 모습으로 보였다. 우리 부총장도 두 대학의 지속적인 교류 증진을 추진하자는 내용으로 인사말을 했다.

MOU에 양측 대표가 서명하고 사진을 찍는 절차를 마무리하니 총장이 티타임을 하잔다. 이야기를 나눠 보니 총장은 활력이 넘친다. 세계에서 가장 역동적인 나라는 한국이라면서 그래서 한국을 좋아한다고, 부지런하고 열심인 한국 사람들이 너무 좋다면서, 자신도 누구보다 부지런히 일하는데 왜 말레이시아는 한국처럼 발전하지 못하는지 모르겠단다. "총장님만 열심히 일하고 다른 분들은 그렇지 않으니까 그런 거 아닐까요?"

라고 농반진반으로 말을 받으니 크게 웃으면서 그렇다고 한다. 말레이시아 사람들이 조금만 부지런하면 지금보다 훨씬 잘살 거란다. 그러면서 한국 사람들은 어떻게 그렇게 부지런할 수 있냐고 묻는다. "한국은 자원이 없다. 석유도 안 나고, 팜나무도 없고, 고무나무도 없다. 그러니 열심히 능력을 기르고 남보다 더 열심히 일하는 수밖에 없다. 말레이시아는 자원이 많아 사람들이 좀 느슨한 게 당연하다." 이렇게 얘기하니 일리가 있단다. 그러면서 최근 우크라이나 전쟁 때문에 세계가 어렵지만, 말레이시아는 오히려 좋은 점이 있다면서 팜유 가격이 많이 올라 말레이시아 경제가 좋아졌단다. 팜나무 열매를 부지런히 더 따면 수익은 더 높아질 텐데 역시 부지런하지 못해서 그러질 않는다고, 좋은 기회를 잃고 있다면서 안타까워한다. 내가 "원숭이를 훈련시켜서 팜나무 열매를 따게 하면 어떠냐?"고 제안하니 그거 좋은 생각이란다. 그러면서 "당신은 어떻게 그렇게 모든 문제에 대해 해법을 알고 있냐?"고 좋은 말을 해 준다. "정치외교학이 전공이라 가끔 정부에서 정책에 대한 자문을 구하는 경우가 있고, 그러다 보니 어떤 사안을 보면 해법을 생각해 보는 습관이 생겼다"고 하니, 아주 좋은 습관이란다. 자신도 수학적 기법을 통해 해법을 제시하는 작업을 해 왔다고 한다. 수학 중에서도 통계학을 했는데, 통계를 활용해 사회적인 문제에 대한 해법을 제시하는 일을 해 왔다는 것이다. 나는 말로만 하는데, 당신은 과학을 통해서 하니 훨씬 앞서는 것 같다고 맞장구를 치니, 하하 웃으며 좋아한다.

총장은 엄청난 조직의 수장답게 여유가 있다. 늘 웃는 얼굴로 다른 사람 말을 경청하고 추임새를 넣는다. 대화하는 즐거움을 느끼게 해 준다. 그러면서 자기 얘기도 적절하게 하는 포근한 리더십, 포용력 있는 리더십을 지녔다. 마라공대의 교수들이 매년 골프대회를 하는데 여기서 좋은 성적을 거두는 교수들에게 해외 골프투어를 시켜 줄 계획도 있다고, 그러면서 한국으로 보내면 어떻겠냐고 묻는다. 좋은데 한국은 그린피가 아주 비싸다, 예산이 좀 많이 들 것이다, 하니 생각을 좀 해 봐야겠단다. 교수들에게 웬 골프투어냐고 할 수도 있겠지만, 평소에는 교수들에게 주문을 많이 한다고 한다. 논문 많이 써라, 수업 철저히 하라, 연구비도 많이 받아 와라 등등 많은 요구를 한다는 것이다. 그러니 한편으로는 이런 상도 줘야 한단다. 쥐었다 폈다 하면서 조직 전체의 효율성을 추구하고, 그러면서 최대의 효과를 거두려는 전략을 구사하고 있다. 마음씨 좋은 이웃 아주머니 같은 인상이면서 전략적인 마인드도 함께 갖춘 총장이라는 생각이 든다. 전북대를 방문할 기회를 만들어 보겠다는 말과 함께 총장은 자리를 떴다.

국제공동연구에 특히 관심을 보이다

회의실로 자리를 옮겨 좀 더 실제적인 논의를 계속한다. 공대 학장, 전자공학과 학과장, 기계공학과 학과장 등이 주요 참석자다. 거대한 대학이면서도 공학에 초점이 맞추어져 있는 만큼 공대 교수들이 많이 참여해 다양한 의견을 내놓는다. 우선 마라공대는 기숙사가 많아서 교환학생 수용에 문제가 없단다. 캠퍼스가 많아서 우리 학생들이 자신에게 맞는 캠퍼스를 찾아가면 더 많은 것을 배울 수 있겠다는 생각이 든다. 마라공대는 최근 좋은 연구 성과를 내는 데 신경을 많이 쓰고 있기 때문에 전북대 공대 교수들과의 공동연구에도 관심이 많다. 추후에 온라인 회의 등을 해 보고 싶단다. 그를 통해 비슷한 연구를 하는 교수를 찾고 그분들을 마라공대에 초청해 공동연구를 하려는 것이다. 실제적으로 성과를 내는 공동연구를 해 보고 싶은 것이다. 좋은 성과를 위한 것이면 귀찮고 힘든 과정도 얼마든지 감당하려는 열정이 느껴진다. 이 정도라면 많은 성과를 낼 수 있으리란 생각이 든다. 규모 면에서뿐 아니라 질 측면에서도 아시아 최고가 되겠다는 마라공대의 호언이 결코 허언이 아님도 엿볼 수 있다.

회의를 마친 후 연구소를 소개해 주었다. 인공위성에서 다양한 정보를 받아 분석하고 이를 현실에서 이용 가능한 정보로 만들어 내는 연구소, 새로운 소재를 개발하는 연구소 등 다양한 연구소가 캠퍼스 곳곳에 자리 잡고 있다. 공대에는 쌍둥이처럼 생긴 높은 빌딩 두 개가 있는데, 여기에 연구소와 실험실들이 모여 있다. 마라공대는 전체적으로 한국과 협력하는 것을 중요한 과제로 생각하고 있는데, 협력을 강화하기 위해 방문단을 구성해 한국의 몇몇 대학을 찾아올 계획도 있다고 한다. 거기에 공대 대표들도 꼭 들어가 전북대 공대 교수들과 만나서 더 얘기해 보고 싶다고 한다. 방문단이 오면 좋은 협의의 장이 마련될 수 있을 것이다.

특히 이 대학에는 '한국의 집Korean House'이라는 이름이 붙은 한국홍보관이 따로 있다. 붉은 기와로 지은 2층 건물인데, 한옥 느낌이 잘 살아나지는 않는다. 오히려 일본의 신사 같은 느낌이 들어 좀 아쉬웠다. 한국 정부의 원조자금으로 지어진 이곳에서 한국어 교육도 하고, 한국 관련 각종 자료도 볼 수 있게 되어 있다. 한국 교민 한 분이 한국어 강의를 계속하고 있는데, 최근 학생들의 한국어 수요가 늘어 한 분을 더 초빙하려 한다. 그만큼 한국에 대한 이곳 학생들의 관심은 뜨겁다.

이런 수요와 마라공대 교수들의 국제공동연구에 대한 관심이 합쳐지면 전북대와의 접점은 더욱더 넓어질 수 있을 것이다. 물론 그 속에서 마라공대의 끊임없는 발전을 추구할 수 있고, 전북대도 국제적인 활동 폭을 넓혀 갈 수 있을 것이다.

말레이시아 현지인들과 대화하면서 말레이시아를 깊이 알려면 꼭 가

봐야 하는 곳이 어디냐고 물으니 믈라카, 조호르바루, 페낭 등을 얘기해
준다. 페낭은 가 본 적이 없고, 영국의 그림자가 남아 있을 것 같아 가 보
고 싶었던 곳이다. 과거 영국이 식민통치를 할 때 주요 거점을 정해 놓고
말레이반도를 관리했는데, 북쪽의 페낭, 중남부의 믈라카, 남부의 싱가포
르가 그 거점이었다. 쿠알라룸푸르에서 좀 멀긴 하지만, 그래도 한번 가
보고 싶었다.

　꽤 긴 시간이 걸려 페낭에 도착해 조지타운으로 향했다. 수상가옥을
먼저 찾아보았다. 바다 위에 나무집을 지어 놓고 사람들이 산다. 가게도
있다. 나무집이 무너지면 어쩌나 하는 걱정이 들었다. 물속에 박혀 있는
기둥을 보니 다행히 나무가 아니고 시멘트 기둥이다. 행정당국에서 무너
지는 걸 막기 위해 나무였던 것을 시멘트로 바꿔 준 것 같다. 최소한 자
다가 썩은 기둥이 무너져 물속에 빠지는 일은 없어야 할 테니까. 주변의

페낭의 세인트조지 교회

페낭의 타운홀

냄새는 좋지 않다. 오물을 바다에 그대로 버리기 때문일 것이다. 자원이 많고, 복지가 비교적 괜찮고, 특히 부미푸트라 정책으로 없는 사람들을 돕고 있지만, 아직 이런 데까지 정부의 손길이 충분히 미치지는 않는 것 같다.

조지타운의 다운타운은 음식점, 카페, 옷가게, 기념품점으로 가득하다. 영국 식민 시절에 지은 2층 집을 개조해 지금도 그대로 이용한다. 영국 스타일로 입구는 좁은데 들어가면 공간이 길게 연결돼 절대 작지 않다. 너무 더워 카페에 들어가 코코넛 주스를 마시는데, 주인의 가게 자랑이 이만저만이 아니다. 미국 대통령 바이든도 왔었단다. 대통령이 되기 얼마 전인 2017년에 다녀갔다면서 함께 찍은 사진도 보여 준다. 바이든이 여기 서 뭘 마셨냐 물으니 코코넛 주스라고, 이 카페의 최고 상품이란다. 코코 넛도 여러 종류가 있는데, 자기는 그중에서도 주스 맛이 가장 달고 맛있 는 코코넛을 쓴다고 한다. 주스를 마시고 나니 코코넛 열매를 잘라 준다. 작은 숟가락을 주면서 안쪽을 먹어 보란다. 부드러운 코코넛 맛이 아주 고소하다.

골목골목 들어가 보니 작은 선물 가게들이 아담하게 자리 잡고 있고, 멋진 벽화가 그려진 곳도 있다. 큰길로 다시 나오니 세인트조지 교회가 보인다. 기둥도 외벽도 온통 하얗다. 영국인들이 1818년에 지은 성공회 교회인데, 지금도 시간을 정해 예배를 본다. 하지만 이슬람 국가 말레이시 아에 기독교인이 많이 남아 있을 리 없다. 그래서인지 교회 건물은 웬만 큼 관리가 되는 것 같은데, 주변은 방치된 모습이다. 시멘트 사이로 곳곳 에 풀이 올라와 있고, 단정한 느낌이 없다.

영국의 유산이 이 부근에 또 있다. 하나는 페낭 타운홀. 연노란색으로 우아한 느낌을 주는 빅토리아 양식 건물이다. 1883년 영국이 페낭을 통 치하는 행정관청 건물로 지은 것이다. 행정기능과 함께 영국 관료들의 사교 공간으로도 쓰였다. 말레이시아 독립 이후에는 박물관으로 사용되다가 지금은 지역 주민들의 주요 행사가 열리는 곳으로 활용되고, 영화 촬영 장소로도 자주 이용된다.

타운홀 바로 옆에는 시티홀이 있다. 1903년에 영국인들이 지은 순백색 건물로 웅장한 느낌을 준다. 당시 10만 달러가 들었다고 한다. 타운홀이 행정기능뿐 아니라 사교장으로도 쓰여 행정기능을 다른 건물로 이전할 필요가 있었다. 그래서 이 건물을 짓게 됐고, 완공 후 바로 행정기능이 이 건물로 옮겨왔다. 지금은 페낭 시의회 건물로 쓰이고 있다.

또 하나의 영국 유산은 '빅토리아 여왕 시계탑'이다. 빅토리아 여왕의 즉위 60주년을 기념하기 위해 1897년에 세운 것이다. 빅토리아 여왕은 1837년에 즉위해 1901년까지 재임했다. 높이 60피트에 이르는 탑으로 사면이 아름답게 장식되어 있다. 1피트가 빅토리아 여왕 통치 1년을 의미하는데, 60년 통치 기념이니 60피트 높이로 만든 것이다. 꼭대기에 돔이 있는 무굴 양식이다. 주석광산으로 돈을 번 페낭 지역 사업가의 기부로 탑이 세워졌는데, 2차 세계대전 당시 주변이 폭격을 받아 약간 기울어졌다.

100년 이상 이 땅을 지배했던 제국도 이런 작은 흔적만 남기고 떠나갔다. 대신 지금은 미국이 믈라카해협을 순찰하고 동남아 국가들과 특별한 관계를 만들어 가고 있다. 거기에 중국이 맞서 자기 영역을 확대하려 한다. 지금의 패권국은 또 어떤 흔적을 남길지, 나중에 후대는 여기에 와서 어떤 감상을 말할지, 궁금해진다. 분명한 것은 영원한 제국은 없고, 영원한 패권도 없다는 것이다. 그걸 미국이나 중국은 알고 있을는지….

페낭까지 왔으니 페낭의 유명한 음식을 먹지 않을 수 없다. 그중에서도 페낭 락사Penang Laksa는 다른 지역에서는 먹기 힘들 것 같아 일부러 찾아봤다. 작은 식당에 '페낭 락사'라고 쓰여 있다. 유명한 데는 아닌 것 같고, 그냥 관광지 작은 식당이다. 페낭 락사 한 그릇에 3,000원. 생선을 우

페낭의 시티홀

페낭의 빅토리아 여왕 시계탑

려낸 국물에 국수를 넣고 끓인 뒤 양파, 오이 등 채소를 얹어 준다. 고소한 생선탕과 국수가 잘 어울려 풍미를 더한다. 경남 산청 지리산 아랫마을에서 먹던 어탕국수 맛이다. 추어탕 같기도 하다. 말레이시아 음식이 대부분 기름지고 단것이 많은데 이건 완전히 다른 맛이다. 페낭 커피도 유명하니 한번 시켜 봤다. 아이스 라테인데도 커피 맛이 다른 게 느껴진다. 향이 진하고 고소한 맛도 강하다.

동남아 출장은 늘 아쉽다. 다정다감한 사람들과 더 얘기하고, 우리와 다르면서 비슷한 문화 현장을 하나라도 더 보고, 싸고 맛있는 음식들을 맛있게 먹고, 그러면서 더 지내고 싶지만 시간은 늘 정해져 있다. KBS에서 기자 생활을 할 때는 '방송국은 너무 시간 제약이 많다'고 느꼈었다. 리포트는 1분 30초를 넘지 마라, 출연해서 설명할 때는 4분만 해라, 몇 시까지 보고해라, 몇 시까지 들어와라 등등 제약과 속박의 연속이었다. 방송기자 생활을 접은 몇 가지 이유 중 하나가 그런 것이다. 대학으로 오면 크게 다를 줄 알았다. 완전 자유인이 되는 줄 알았다. 교수는 자기 맘대로 시간 조정하고 하고 싶은 대로 다 하는 걸로 생각했다. 웬걸, 대학도 시간과 싸우는 건 마찬가지다. 수업 시간은 50분을 지켜라, 학생들과 시간 약속을 해서 상담을 해라, 세미나를 할 때 발표는 15분, 토론은 7분을 지켜라, 출장을 가려면 가는 시간, 오는 시간까지 써서 신청해라 등등. 물론 방송국보다 시간 준수에 대한 압박의 정도는 덜하지만 '제 맘대로'는 절대 아니다.

어쨌든 출장도 정리할 시간이 되면 돌아가야 한다. 쿠알라룸푸르 공항으로 향한다. 공항에서 체크인하는데, 짐을 부치고 나니 다른 공항에서는 본 적이 없는 표를 하나 더 준다. 'Premium Service for Fast Track'이라고 쓰여 있다. 비즈니스 탑승권을 가진 사람들에게 주는 거란다. 이걸 가진 사람들을 위한 이민국 출국심사 라인이 따로 있단다. 가 보니 심사대

비즈니스 탑승권에 딸린 이민국 심사 패스트트랙권

앞에 표시가 되어 있다. 그쪽에 줄을 서니 간단히 끝난다. 입국할 때도 비즈니스 이상 탑승권을 가진 사람들은 따로 줄을 서게 해 입국심사를 쉽게 하더니 출국할 때도 마찬가지다.

상인 출신 마호메트가 창시한 이슬람을 믿는 나라, 돈을 많이 번 사람을 존경하는 나라 말레이시아를 새삼 느낄 수 있는 광경이 아닐 수 없다. 자원이 많고, 발전 가능성이 크고, 영어가 잘 통하고, 사람들이 착한 말레이시아와 더욱 교류를 활성화해야겠다는 생각을 다시 하게 된다. 그래서 우리 학생들에게 더 좋은 기회가 많이 생기도록 해야겠다.

3장

．

세계화로 나아가는 대학

1. 맞춤형 프로그램으로 지구촌 유학생 유치: 샌프란시스코주립대학교

2. 지방정부와 손잡고 세계로: 호주 로열멜버른공과대학교

3. 해외 대학과 교류협력으로 질적 성장을: 베트남 퀴논대학교

1.
맞춤형 프로그램으로 지구촌 유학생 유치
: 샌프란시스코주립대학교

자유분방한 도시 샌프란시스코

출장, 연구년 등으로 미국에 여러 번 갔지만 샌프란시스코는 못 가 봤다. 금문교가 있는 아름다운 도시, 실리콘밸리, 스탠퍼드대학교가 가까이 있어 첨단산업의 산실로 잘 알려진 그곳을 언젠가는 가 보고 싶었다. 마침 샌프란시스코주립대San Francisco State University, SFSU에서 교류를 제안해 왔다. 이름하여 '3+1+1 프로그램'. 전북대에서 3년을 공부한 뒤 SFSU에서 1년 교환학생으로 공부하고, 실리콘밸리에서 1년 동안 인턴으로 일할 수 있게 하는 프로그램이다. 1년 교환학생으로 공부하는 데에는 SFSU에 내는 학비 1,400여만 원과 생활비 등을 합쳐 4,000여만 원이 드는 비싼 프로그램이지만, 실리콘밸리에서 소중한 경험을 할 기회를 제공하는 것이어서, 원하는 학생이 있을 것 같다. 그래서 협의차 SFSU를 방문하게 됐다.

2022년 6월 19일 일요일, 보스턴을 출발해 샌프란시스코를 가는 데는 6시간이 걸렸다. 미국의 동북쪽 끝에서 서남쪽 끝으로 대각선으로 횡단하는 것이니 미국에서 가장 먼 거리 비행이라 할 수 있겠다. 그래도 한 나라 안에서 6시간이라니. 인천에서 베트남까지도 5시간이면 되는데…. 미국이 참으로 큰 나라임을 체감했다. 이렇게 넓은 땅, 그것도 석유를 비롯한 많은 자원을 듬뿍 담은 좋은 땅을 차지하고 있으니 부강한 나라일 수밖에 없다. 축복받은 나라인 만큼 베풀고 나눠 주면 더 복을 받을 것 같은데, 그러지는 못한다. 미국 사람들이 욕심이 많아서일 수도 있고, 국가는 원래 경제적으로 군사적으로 계속 성장하려는 속성을 가지고 있기 때문일 수도 있겠다. 어쨌든 미국은 그렇게 많은 것을 가지고 있으면서도 신자유주의를 세계에 확산하면서 자신들의 활동 영역과 이익을 최대화하려 하고 있다. 제3세계의 많은 나라가 그런 미국과 되도록 좋은 관계를 유지하면서 그 속에서 조금이나마 자기 몫을 찾아내려 한다. 비행기를 타고 6시간을 가다 보니, 이렇게 큰 나라가 마음먹으면 뭘 못하겠나 하는 생각이 절로 든다. 동시에 이렇게 큰 나라와 상대하면서 우리 것을 확보하려면 위정자도 기업도 개인도 더 치열해질 수밖에 없겠구나 싶었다. 지금의 정부가 미국의 속성을 제대로 파악하고, 우리 것을 지키기 위해 얼마나 노력하고 있는지 새삼 궁금해졌다.

유나이티드항공 미국 국내선은 인색했다. 작은 프레첼 하나와 음료 한 컵이 전부였다. 샌드위치라도 하나 주겠거니 하고 점심도 안 먹었는데. 그래도 좋은 점이 하나 있었다. 자리가 넓었다. 미국인들에 맞춰 만들어서인지 우리에게는 꽤 넓어 편했다.

공항 근처 호텔에 짐을 풀고 점심 겸 저녁을 먹었다. 제아무리 유명하다고 하지만 샌프란시스코도 식후경. '39번 부두 Pier 39' 쪽으로 이동해 식사하고서 부두를 구경했다. 일요일이라서 관광객이 아주 많다. 미국은 코로나19에서 완전히 풀려난 생활을 하고 있었다. 국내적으로는 아주 자유롭게 움직이고 여행도 상당히 활성화된 듯했다. 아직 해외 관광객은 많지 않아 보였다. 특히 중국 관광객이 없다. 중국 사람이 미국에 들어오는 것은 큰 문제가 안 되지만, 다시 중국에 돌아갈 때 격리를 해야 해서 나오지 못하고 있는 것 같다.

멀리 앨커트래즈섬이 보인다. 1840년대 미국-멕시코 전쟁 당시에는 미국의 캘리포니아 공격 거점이었고, 남북전쟁 당시에는 군형무소였다. 1934부터 1963년까지는 주정부의 감옥으로 쓰였던 섬이다. 주변의 빠른 조류와 섭씨 7~10도 정도의 차가운 수온 때문에 죄수들이 탈출할 수가 없었던 '천혜의 감옥'이다. 누구도 나올 수 없다고 해서 '악마의 섬'이라는 별명이 붙어 있었다. 유명한 마피아 두목 알 카포네도 여기에 수감된 적이 있고, 주로 은행강도나 유괴범, 상습 탈옥수 등 중죄인들이 갇혀 있었다. 이 무시무시한 감옥에서 탈옥을 시도한 사람들이 있었다. 1962년에 무장강도범 등 3명의 죄수가 훔친 식기로 땅을 파고 탈옥했다. 우비로 뗏목과 구명조끼까지 만들어 달아났다. 이들이 제대로 섬을 빠져나왔는지 도중에 죽었는지는 아직도 확인이 안 된다. 연방수사국FBI은 '탈옥 중 익사'라고 결론 내렸지만, 이를 증명할 분명한 증거는 없었다. 이들이 모두 탈옥에 성공했다는 제보 역시 확실한 증거는 없었다. 그래서 여전히 미궁

앨커트래즈섬

샌프란시스코 39번 부두의 바다사자들

앞바퀴를 완전히 들고 가는 차

이다. 지금 이 섬은 관광지가 되어 여행객을 맞고 있다. 시간이 없어 멀리서 보는 걸로 만족해야 했다.

바다사자가 나오는 지점 가까이 갈수록 사람들은 더욱 많아졌다. 인파 속에 섞여 본다. 바다 쪽으로 더 나아가자 바다사자들이 여기저기 올라앉은 모습이 보인다. 미동도 없이 납작 엎드려 낮잠을 즐기는 놈, 고개를 쳐들고 어딘가를 응시하는 놈, 고개를 좌우로 흔드는 놈, 다양하다. 어미 옆에 바싹 붙어 눈을 감고 있는 새끼 두 마리도 보인다.

커피계의 애플이라는 블루보틀에서 커피를 샀다. 맛이 별다르진 않다. 커피를 들고 서서히 부두 주변 도로를 걷는다. 자유롭다. 한쪽에선 노래를 하고, 다른 한쪽에선 브레이크댄스를 한다. 어떤 젊은이들은 그저 공연에 열심이다. 그 옆의 그룹은 공연보다는 모금을 더 열심히 한다. 요란한 소리가 나서 차도를 보니 희한한 차들이 행진한다. 앞바퀴를 들었다 놨다 하기도 하고, 네 바퀴 중 한 바퀴만 들어 올리기도 한다. 뜀뛰기를 하듯 덜컹덜컹하면서 가기도 한다. 뒷자리에 아이를 태우고 그렇게 위험한 묘기를 펼친다. 대신 아이들에겐 놀이공원에서나 볼 수 있는 튼튼한 안전벨트와 바를 채워 놓았다. 이런 차들이 수십 대 줄지어 간다. 동호인들인가 보다. 별별 동호회가 다 있다. 영국에서 3년, 미국의 다른 도시에서도 1년 살아봤지만, 이런 동호회, 이런 차들은 처음이다. 자유스러운 도시 샌프란시스코를 맘껏 보여 주는 듯하다. 미국의 색깔은 참 다양하다.

숙소는 샌프란시스코 공항에서 가까운 더블트리 호텔. 8층에서 보는 베이뷰가 장관이다. 샌프란시스코만이 바로 앞에 다가와 있다. 건너편은 러셀시티인지 도시의 불빛이 화려하다. 오래전 16세기 스페인과 영국의 탐험가가 먼저 이곳에 발을 들였다. 18세기 후반에는 스페인이 지배했고, 19세기 초반에는 러시아의 모피상들이 한때 머물기도 했다. 1821년 멕시코가 독립한 이후 1846년까지는 멕시코 땅이었다. 1846년 미국은 멕시코

와 캘리포니아 땅을 두고 전쟁을 일으켰고, 1848년 2월 '과달루페 이달고 조약'으로 이 지역은 미국 땅이 되었다. 공식적으로 미국 땅이 되기 한 달 전 샌프란시스코 맞은편 콜로마에서 금이 발견되면서 미국인들의 골드러시가 시작됐다. 그 바람에 작은 시골 마을 샌프란시스코는 일약 돈이 넘치는 대도시가 됐다. 그런 역사를 지나 지금은 미국 첨단산업의 심장부 역할을 하고 있다. 역사는 그렇게 사람을 바꿔 가며 순환하는 것인가. 그렇다면 미래의 언젠가는 미국인 말고 다른 사람들이 여길 차지할 수도 있는 것인가. 그게 누구일까. 미국이 이렇게 커졌는데도 그게 가능할까. 언제쯤일까. 이런저런 생각이 머릿속을 돌아다닌다. 그래도 비행기 타면서 생긴 피로는 무거운 것. 머리를 침대에 대니 곧 꿈속에 든다.

여걸 스타일의 총장

다음 날 아침 SFSU로 향했다. SFSU 국제처에서 설명회 자리를 마련했다. 한국에서는 청주대, 부산의 동명대, 대전의 우송대 등도 참여했다. SFSU에서는 총장을 비롯해 국제처장, 국제처 부처장, 경영대 학장, 공대 학장 등이 참여해 학교의 외국인 유학생을 위한 제도, 그 밖의 여러 프로그램에 관해 설명했다. '3+1+1 프로그램'을 비롯해 참으로 다양한 프로그램이 있었다. 경영대 학생들을 모집해 1년 동안 교육한 뒤 MBA로 진학시켜 1년 만에 졸업시키는 프로그램, 어학연수와 실리콘밸리 현장학습을 묶어 놓은 프로그램, 학기 중 학습과 주변 투어를 연계한 프로그램 등 세계 각국의 학생들이 좋아할 만한 것들이 수두룩했다. 원하는 내용을 포함해 새로운 프로그램을 짜서 운영해 주기도 한다.

특히 이 대학의 여성 총장 린 마호니Lynn Mahoney는 스탠퍼드대 미국

학과를 나온 준재로, 럿거스대에서 역사학 박사학위를 받고, 캘리포니아주와 뉴욕주의 여러 주립대학에서 학장, 교무처장 등을 지내면서 대학을 성장시키는 데 능력을 발휘해 온 인물이다. 몇 마디 얘기를 나눠 보니 호방한 여걸 스타일임을 금방 알 수 있었다. 자기 얘기도 하면서 상대방에 대해서 묻고 공감하는 능력이 뛰어난 사람이었다. "제 아들의 여친도 한국 사람이에요. 그래서 한국 사람하고는 아주 친해요." 이렇게 이야기하면서 한국 사람에게 호감을 표했다. 상황 판단과 추진력이 남달라 보였다.

대학에서 보직을 맡으면서 느낀 것이지만, 종합대학의 총장은 보통 일이 아니다. 우선 총장이 되는 것 자체가 어렵다. 우리나라는 대부분 선거를 통해 당선되어야 한다. 내 전공이 정치학인 만큼 상당한 관심을 가지고 다양한 선거를 관찰해 왔지만, 대학 총장선거만큼 어려운 선거를 찾아보기 힘들다. 전북대의 경우도 교수가 1,100명가량인데, 이들을 일일이 찾아다니면서 인사를 하고 출마의 변을 얘기해야 한다. 문제는 문전박대하는 교수들이 많다는 것이다. "왜 왔느냐?" "나가라"고 하는 교수도 많다고 한다. 심지어 심하게 혼을 내는 교수도 있다고 하니 총장 되려면 일단 밸이 없어야 한다. 초인적인 인내심은 물론, 능력과 비전을 갖추는 것은 기본이다. 총장이 되고 나서는 더 어렵다. 대학의 총장은 절대 갑이 아니고 을이다. 예산 따와야지 사람 데려와야지, 교육부·기재부에 아쉬운 소리를 해야 하고, 행안부에도 죽는소리해야 한다. 가까이서 총장의 움직임을 지켜보니 늘 그런 부처들을 찾아다니는 게 일이다. 게다가 발전기금을 모금하려면 기업인들을 찾아다녀야 한다. 그렇다고 학내에서 갑의 역할을 할 수 있나? 절대 아니다. 그러다간 요즘 바로 SNS에 올라간다. 교수들 협조를 구해야 하고, 직원들을 구슬려야 일이 돌아간다. 2년 동안 곁에서 지켜본 결과, 내 결론은 총장이 되려면 둘 중 하나가 명료하게 있어야 한다는 것이다. 누구보다 분명한 대학 발전의 비전 또는 누구보다 강한 권력의지.

미국의 대학 총장도 크게 다르지는 않을 터. 다만 선거를 치르지는 않는다. 미국 대학의 총장은 보통 이사회가 구성한 총장선출위원회에서 1차 서류 심사, 2차 심층 심사, 3차 면접을 통해 골라낸 후보 1~3인 중에서 최종적으로 이사회가 결정하기에 선거를 치르는 부담은 없다. 하지만 이런 다단계 절차를 거쳐 총장이 선출되므로 연구 능력과 행정 능력, 인간관계 등이 모두 좋은 사람이 아니면 되기 어렵다. 되고 난 이후엔 성과를 내지 못하면 자리를 유지하기 어렵기에 또한 분주하게 움직여야만 한다. 물론 돈을 끌어오는 일이 중요하고, 좋은 학생을 많이 유치해야 하고, 학교의 연구 성과와 평판도 높여야 한다.

남자처럼 짧게 자른 머리로 학장들을 데리고 나와 한국에서 온 손님을 상대로 열심히 학교를 홍보하는 마호니 총장을 보니 미국의 대학들도 경쟁이 이만저만이 아님을 실감할 수 있다. 미국의 대학들이 그만큼 비즈니스 마인드로 무장되어 있음을 확인시켜 준다. SFSU 경영진은 대학의 재정이 풍부해지려면 학생이 많아야 하고, 이를 위해서는 미국 국내 학생뿐만 아니라 외국 유학생도 되도록 많이 모아야 한다고 생각하는 것이다. 미국의 주립대는 사립에 비해 학비가 적게 들어 국내 학생들이 많이 지원하고, 외국 학생들도 지원을 많이 해 사실 그렇게 사정이 어렵지는 않다. 그럼에도 더 좋은 학생을 더 많이 뽑기 위한 노력을 끊임없이 하고 있다.

설명회 이후엔 점심 식사. 건물 옥상에 뷔페가 마련되었다. 섭씨 30도인데 야외에 점심을 차린 것이다. 샌프란시스코는 위도가 서울과 비슷한데 햇살이 더 뜨겁게 느껴졌다. SFSU 국제처 관계자들은 "원래 샌프란시스코가 여름에 안개가 많아 흐리고 쌀쌀한데, 오늘은 오랜만에 너무 좋다. 한국 손님들을 환영하는 것 같다"면서 너스레를 떨었다. 어떤 이는 "샌프란시스코가 안개 없이 맑은 날이 일 년에 2주밖에 안 되는데, 오늘이 그중 하루"라면서 과장법으로 사람들을 즐겁게 해 주었다. 아무튼 이 사람들은 이런 날은 야외에서 식사하는 게 큰 즐거움인 것 같았다. 난 햇볕을 잔뜩 쏘이면서 먹는 게 힘들었다. 그렇지 않아도 까무잡잡한 얼굴이 더 까맣게 되면 어쩌나 걱정되기도 하고, 덥기도 했다. 비프와 치킨, 포크, 옥수수, 포도·딸기·석류 등의 각종 과일과 채소가 고루 포함된 그럴싸한 야외 성찬이지만, 그걸 충분히 즐길 수가 없었다. 조금 먹고 커피를 받아서 실내로 들어갔다. 역시 여름에 에어컨 있는 실내가 최고.

각종 프로그램으로 전 세계 유학생 유치

오후엔 경영대와 공대 교수들이 참여해 '3+1+1 프로그램' 등에 대한 구체적인 운영 방안을 집중적으로 설명하고 질의·답변하는 시간이 이어졌다. 구체적인 내용으로 들어가니 복잡한 것이 많았다. SFSU 프로그램의 세부 내용을 전북대 학생들이 맞추도록 하려면 조정해야 하는 게 많았다. 예를 들어 전북대 전자공학과 3학년을 마친 학생이 '3+1+1'에 들어가려면, 3학년 마칠 때까지 졸업에 필요한 학점을 거의 다 채운 상태라야 한다. SFSU는 공대생들을 위한 1년 교환학생 프로그램에 15과목 정도를 넣어 놓고 있으면서, 이 과정을 마치면 수료증을 주면서 그걸 바탕으로 기업체에 1년 인턴을 알선하겠다는 것이다. 그런데 15과목 중에는 전북대에서 이미 수강한 과목과 비슷한 과목이 많아 들을 게 없는 학생도 많을 것이다. 여기에 참여할 전북대 학생들이 매우 적을 수 있는 것이다. 그래서 당장 내년부터 하기는 쉽지 않을 것 같다. 제도를 만들어 미리 홍보해서 프로그램에 맞게 준비를 시키는 게 중요할 것이란 생각이 들었다.

이런 현실적인 어려움에도 불구하고 SFSU 측은 학생들이 오면 그 프로그램에 들어 있지 않은 과목이라도 교수들의 양해를 구해서 수강할 수 있도록 추진하겠다고 답해 줬다. 역시 적극적인 마인드다. 대학본부와 단과대학, 각 학과와 지속적으로 소통하지 않으면 매우 어려운 일인데도 선뜻 해 보겠다고 하니 융통성 또한 매우 강하다. 결국은 우선은 요건 되는 학생 몇 명 정도 보내고, 이후 홍보해서 미리미리 학점 많이 듣고 교양, 일반선택 몇 과목만 들으면 졸업할 수 있는 학생들을 많이 보내는 식으로 정리되는 내용이었다.

장시간의 생산적인 대화 후엔 잠시 캠퍼스를 둘러보았다. 100년이 넘은 (1899년에 설립) 대학답게 아름드리나무들이 캠퍼스 전체를 드리우고 있다. 건물들도 아주 오래된 것과 모던한 것들이 잘 섞여 조화를 이루었다. 근대와 현대가 공존한다. 아주 큰 건물이 있어 유심히 보니 중앙도서관이다. 샌프란시스코 시정부와 공동으로 지어 시민들도 자유롭게 이용할 수 있다고 한다. 일반 시민들이 도서관 공간을 이용할 수 있고 책도 빌릴 수 있단다. 시민과 함께하는 대학을 추구하는 모습이다. 내가 다니던 영국의 요크대학교도 그랬다. 지역 주민 누구나 신분증 없이도 도서관에 들어갈 수 있었다. 누구나 자유롭게 출입할 수 있도록, 아무런 검사가 없었다. 나의 아내, 세 자녀 모두 수시로 가서 책도 보고 자유롭게 시간을 보냈던 기억이 난다.

국제처Office of Global Engagement 사무실은 의외로 작다. 책상이 7~8개밖에 안 보인다. 왜 이렇게 작은지 물어보니 샌프란시스코 다운타운에도 사무실이 따로 있고, 최근에는 재택근무하는 사람들이 많아서 큰 사무실이 필요 없단다. 그래도 국제화에 사활을 걸다시피 하는 대학치고는 국제처 사무실이 의외로 작다 싶었다. 아마 정직원은 많지 않지만 비정규직과 아르바이트하는 학생들을 활용하는 것으로 보인다. 실제로 유학생들을 돌봐 주는 일은 아르바이트하는 학생들이 많이 하고 있고, 손님들을 안내하는 일도 학생들이 하고 있다. 뭐든 실용적으로 효율적으로 해 보려는 미국 대학의 특성을 여실히 확인할 수 있는 모습이다.

빡빡한 하루 일정을 마치고 다시 저녁. Original Joe's라는 레스토랑에 갔다. 역시 SFSU에서 낸단다. 평소에는 외부 손님을 접대하는 데 1인당 50달러까지만 허용되는데, 오늘은 총장이 특별히 허가해 줘서 80달러까지 가능하단다. Veal(송아지고기)을 시켰다. 중국과 미국이 오랜 반목 관계를 청산하고 1979년 1월 1일 수교를 하고, 1월 말 중국의 실권자 덩샤오핑이 미국을 방문했다. 중국은 세계로 진출하기 위해 미국이 필요했고, 미국은 소련을 견제하기 위해 중국과의 협력이 필요했다. 그래서 미국은 덩샤오핑을 국빈으로 대접했다. 그가 좋아하는 송아지고기를 거의 매끼 내놓았다. 그때마다 덩샤오핑은 미국식 식사를 기꺼운 마음으로 즐겼다. 그런 생각이 나서 송아지고기를 주문해 봤다. 브로콜리와 양배추 등 여러 가지 채소와 조개 수프인 클램차우더가 함께 나왔다. 가격은 35달러. 송아지고기라고 해서 아주 부드러울 줄 알았는데, 좀 딱딱한 편이었다. 그래도 꼭꼭 씹으니 고소함이 우러나오면서 깊은 맛이 느껴졌다. 덩샤오핑이 좋아했던 것이라 그런가?

식사가 끝나고 SFSU의 김영수 국제처 부처장이 호텔까지 태워다 주었다. 그냥 우버를 타고 가면 된대도 막무가내다. 한국인으로 미국 현지 주재원으로 왔다가 미국에 정착한 인물이다. 외국에 나가 보면 새삼 확인할 수 있지만, 세계 곳곳에 한국 사람이 없는 곳이 없다. 미국 워싱턴에서부터 아프리카 말리, 남태평양 팔라우까지. 어디서든 한국 사람들은 그 지역에서 나름대로 탄탄하게 기반을 잡고 있다. 특유의 근면과 성실로. 김영수 부처장도 그런 한국인 중 한 사람이다. SFSU의 외국인 유학생 유치에 몸과 마음을 다 바치는 것 같다. 한국에서 온 손님들을 모시기 위해 샌프란시스코에서 시애틀까지 차를 몰고 가기도 한단다. 왕복 2,600킬로

미터, 30시간 걸리는 거리다. 미국 사람 누가 그런 일을 할 수 있을까?

손님들을 호텔까지 태워다 주는 것도 미국 사람들은 안 하는 일이다. SFSU 국제처장도 그런 일은 안 해도 된다고 한단다. 그리고 그 과정에서 사고가 난다든지 하면 학교 책임은 없다고 매번 강조한다니, 사실 해서도 안 되는 일이다. 그런데도 그는 한국식으로 일한다. 그래야 마음이 편하단다. 덕분에 다시 더블트리 호텔까지 편하게 왔다. 하루를 정리하며 맥주를 한잔하면 좋을 것 같다. 바에서 맥주를 사서 방으로 올라왔다. 커튼을 열고 샌프란시스코만을 바라보며 시원한 맥주 한 모금. 목이 시원하고 가슴이 뚫린다.

다음 날(6월 21일)에는 유학생들을 케어하는 실무자들과의 만남. 영어 연수 프로그램, 특별 수료증을 수여하는 프로그램, 학점 받는 프로그램, 한 학기 교환학생을 하고 3개월 기업체에서 인턴으로 일하는 프로그램 등 다양한 프로그램을 세밀하게 설명해 주었다. 학생들이 샌프란시스코에 도착하면 이후에 집은 어떻게 구하고, 어떤 교통편을 이용할 수 있고, 마트는 어디를 가야 하는지까지도 자세하게 안내해 준다. 학생들을 그만큼 신경 쓰며 챙겨 준다는 의미로 우리에게도 상세하게 설명해 준다.

SFSU에 와 있는 유학생은 2,000여 명. 중국 학생이 많고, 인도, 한국, 필리핀, 일본 등 다양한 나라에서 와 있다. 유학생 수를 많이 늘리려는 게 이 대학의 기본적인 전략이다. 그래서 대학의 국제화도 추구하고 수입도 늘리겠다는 것이다. 이를 위해 이들은 늘 새로운 프로그램 개발에 신경을 쓴다. 현재 와 있는 유학생들에 대한 서비스도 강화하려고 노력한다. 미국의 주립대이고, 명성이 상당한 대학인데도 한 발 더 나가려고 이렇게 힘을 쓰고 있다.

정중동의 스탠퍼드대

오후에는 좀 여유 있게 다른 곳을 둘러보았다. 샌프란시스코까지 왔으니 스탠퍼드를 보지 않을 수 없다. 차로 30분 정도 가니 인근에 있는 팔로알토라는 곳에 닿고, 곧 스탠퍼드대학교가 나온다. 정문을 들어서자 양측에 거대한 야자수가 늘어선 모습이 장관이다. 스탠퍼드는 첨단 기업의 산실이어서 현대적 건물들이 늘어서 있을 것으로 생각했는데, 야자수 숲이다.

그 숲들 사이에 건물들이 하나씩 있다. 공부할 맛이 날 것 같다. 휴양지 속에 대학이 있는 것 같다. 조금 더 가자 거대한 회랑이 나타난다. 스탠퍼드의 주요 건물들이 모여 있는 메인쿼드를 둘러싸고 있는 회랑이다. 이 회랑이 끝도 없이 이어지는데, 따라서 쭉 가 보니 역사학과, 철학과 등의 간판이 걸려 있다. 고대 그리스의 학당을 본뜬 것처럼 보인다. 아리스

스탠퍼드대 입구 야자수길

스탠퍼드대 메인쿼드와 그 내부의 회랑

토텔레스가 학당을 열었을 때, 그 학당은 이런 건물의 회랑에서 학생들을 모아 놓고 강의를 하는 것이었다. 그런 개념을 차용해 회랑 곳곳에 모여 자유롭게 토론하고 의견을 교환해서 새로운 것을 끝없이 만들어 내라는 의미로 읽힌다. 조용하지만 여기저기에서 깊은 연구와 사색, 토론이 진행되고 있을 게다. 말 그대로 정중동靜中動이다.

나는 관심 있는 정치학과를 찾아가 보고 싶었지만, 역시 시간이 없다. 이놈의 시간은 왜 늘 없는지. 방송국에서 기자 생활을 할 때는 방송이란 직업이 원래 시간과의 싸움이니 그러려니 했다. 마감 시간과 싸우고, 늘 짧게 요약해야 하니 또 시간과 싸우고…. 그런데 대학에 와서도 시간과 싸우는 것은 매한가지다. 수업하다 보면 시간이 모자라 시간과 싸우고, 연구하다 보면 맨날 시간이 모자라 또 싸우고, 세미나를 할 때도 발언 시간이 모자라 시간과 싸운다. 죽을 때까지 시간과 싸우다 마는 것은 아닌지. 다음에 충분히 시간을 갖고 와서 스탠퍼드를 살펴봐야겠다고 생각하고 돌아선다. 그래도 아쉽다.

한국에서 늘 듣던 실리콘밸리는 어떻게 생겼는지도 궁금하다. 실리콘밸리의 심장부 마운틴뷰로 갔다. 구글과 아마존, 테슬라 등 첨단 중의 첨단 기업이 모여 있는 곳이다. 하지만 좀 이상하다. 다운타운이 작은 읍내 같다. 엄청나게 큰 계곡이 있어서 그 속에 세계적인 회사들의 으리으리한 빌딩들이 숲을 이루고 있을 줄 알았다. 그래야 실리콘밸리 아닌가? 막상 보니까 음식점들만 잔뜩 모여 있다. 음식은 각양각색이다. 미국식, 중식, 일식, 태국식, 인도식 등 웬만한 종류의 식당은 다 있다. 물어보니 여기는 음식점들이 모여 있는 다운타운이고 첨단 기업들은 주변으로 좀 나가야 있단다. 이런 회사들에 세계 각국의 인재들이 모여 있으니 세계 각지의 음식점들이 모여 있는 것도 당연하다. "열심히 일한 당신 맘껏 먹어라." 뭐 이런 콘셉트인 모양이다.

마운틴뷰 전경

   그런데 한식당은 없다. 한국인의 미국 최첨단 기업 진출이 아직은 그다지 활성화되어 있지 않다는 얘기인가? 좀 더 많은 한국 젊은이들이 실리콘밸리에 둥지를 틀면 한식당은 생기지 말래도 생길 것 같다. 그나마 파리바게트가 진출해 있다. 들어가 보니 한국식 단팥빵, 소보로, 달콤한 케이크 등 다양한 빵을 판다. 손님도 종업원도 모두 외국인이다. 한국 사람은 보이지 않는다. 한국 상표로 진출해 외국인 종업원을 쓰고, 손님은 외국 사람을 받고, 이런 게 진정한 세계화인가? 이러면 우리의 수익과 국력이 신장하는 것인가? 우리도 세계의 많은 소국에 우리 기업을 진출시켜 로열티 챙기고 그러면서 제국주의가 되어 가는 것인가?

   이런저런 생각을 하며 거리를 걷다 보니 배가 고파져 일본 음식점에 들어갔다. 겉보기에는 작았는데 내부는 아주 컸다. 빈자리가 거의 없을 만큼 손님이 많다. 미국에서 일식이 인기라더니 실감이 났다. 오랜만에 국물 있는 걸 먹고 싶어 우동을 시켰다. 음식을 기다리며 메뉴판을 차분히 보니 '기무치 핫 팟Gimuchi Hot Pot'이란 것도 있다. '뜨거운 김치 항아리', 말하자면 김치찌개다. 한국 식당이 없으니 일본 식당에서 한식을 파는 모양새였다. 우동은 개운했다.

우리 학생들을 보낼 수 있는 여러 방안을 협의하고, 샌프란시스코 명물들과 스탠퍼드대, 게다가 실리콘밸리까지 봤으니 샌프란시스코행은 뭔가 풍성한 느낌이다. 물론 바쁜 일정 때문에 비록 수박 겉핥기에 불과했지만, 대부분의 여행이란 게 또 그렇지 않은가? 한 군데 앉아서 진중하게 일주일, 한 달을 볼 수 있는 경우가 얼마나 될까. 오늘 보고 다음에 기회가 되면 또 와서 못 본 것들을 보고 그러면서 궁금증과 호기심을 채워가면 되겠지. 그런 생각을 하면서 샌프란시스코 여행을 정리했다.

2.

지방정부와 손잡고 세계로
: 호주 로열멜버른공과대학교

광산도시에서 교육도시로

호주는 원래 영국의 감옥이었다. 영국은 죄수들을 미국으로 많이 보냈었는데, 1776년 미국독립전쟁이 시작되면서 죄수 처리에 애를 먹었다. 1777년 영국의 탐험가 제임스 쿡이 호주 동부 해안에 상륙해 이 지역에 대한 영유를 선언했다. 이때부터 영국은 죄수들을 호주로 보냈다. 1788년 1월 죄수 726명과 선원을 태운 11척의 영국 선단이 시드니 남쪽 보터니만에 도착했다. 이후에 영국인들의 이주가 계속되었고, 19세기 들어서는 시드니 서쪽 광활한 초원에서 양 목축이 시작돼 시드니를 중심으로 한 뉴사우스웨일스가 빠르게 발전했다.

멜버른은 그보다 50여 년 정도 뒤인 19세기 중반에 금광이 발견되면서 발전하기 시작했다. 골드러시는 돈과 사람을 끌어당겨 멜버른이 급속하게 팽창했다. 1901년 호주가 영국으로부터 독립하면서 멜버른이 임시 수도가 되었다. 금광 개발로 경제수도 역할을 했고, 당시엔 인구도 시드니의 2배 정도 되었기 때문에 임시 수도가 된 것이다. 정식 수도를 정하는 일은 쉽지 않았다. 시드니, 멜버른이 서로 수도가 되어야 한다고 주장했다. 시드니는 호주 개발의 원점임을, 멜버른은 호주 부흥의 상징임을 내세웠다. 10년 이상 논쟁이 계속됐지만 결론은 없었다. 결국 호주 정부는 시드니와 멜버른 사이의 캔버라를 수도로 정했다. 그래서 지금도 호주의 수도는 시드니나 멜버른이 아닌 캔버라다.

멜버른에는 세계적으로 유명한 대학교가 세 곳 있다. 멜버른대학교, 로열멜버른공과대학교, 스윈번공과대학교. 이 대학들은 연구중심대학교로 세계적 수준을 자랑한다. 그 외에도 빅토리아대학교, 모내시대학교, 라트로브대학교, 디킨대학교 등 여러 대학이 있어서 멜버른은 교육도시로 불린다. 광산도시에서 교육도시로 탈바꿈한 것이다.

베트남·유럽 분교를 중심으로 큰 도약

멜버른의 3대 명문대 가운데서도 로열멜버른공과대학교Royal Melbourne Institute of Technology, RMIT는 예술과 디자인 분야는 세계 10위 수준이고, 건축과 건조환경 분야는 세계 20위 수준을 자랑한다. 전체적으로는 세계 190위 수준QS World University Rankings 2023을 유지하고 있다. 2022년 12월 13일 이 대학을 방문할 기회가 생겼다. 그동안 이 대학과는 교류협력이 이뤄지지 않는데, 전북대 공대를 중심으로 꾸준히 접촉해 온 결과 양해각서MOU를 체결하게 된 것이다. 비 오는 오후 시내 가운데 위치한 RMIT에 도착하니 고풍스러운 본부 건물이 우리를 맞는다. 130년의 역사가 느껴지는 건물이다.

본부 1층 회의실에 들어서니 직원들이 기다리고 있다. 쌀쌀한 날씨에 유난히 향이 좋은 커피를 마시고 있자니 국제부총장, 연구부총장, 국제처장, 자연대와 공대 교수들이 들어섰다. 인사를 나누고 마주 앉아 정식으로 소개를 했다. 국제부총장이 전반적으로 RMIT를 소개해 주었다. 이를 받아 나도 전북대를 개략적으로 설명했다. 국제부총장이 다음 일정이

로열멜버른공과대학교 본부

있어서 먼저 MOU 서명식을 했다. 이어서 본격적인 설명과 협의의 시간. RMIT 연구부총장이 PPT를 띄워 놓고 학교 설명을 자세하게 들려주었다. 전체 학생이 9만 6,000여 명, 교직원이 9,500여 명, 동창회 구성원이 48만여 명으로 엄청난 규모다. 대략 전북대의 4~5배는 되는 대규모 대학이다. 그런 큰 규모 가운데서도 컴퓨터기술대학, 공과대학, 생의학대학, 자연과학대학 등을 중심으로 대학 발전 계획을 추진하고 있다. 이를 위해 정부와 기업으로부터 많은 연구비를 수주하고 있다. 연구비의 60%는 기업으로부터 오는 것이다. 기업의 성장 속도가 빠르고 R&D에 대한 투자가 더 커지고 있기에 대규모 기업들로부터의 연구비 수주를 통해 대학을 발전시킨다는 전략은 지금까지 주효했고, 앞으로도 이를 더 확대하기 위해 노력하고 있다.

이런 국내적인 발전 계획도 중요하지만, RMIT 발전 계획의 핵심은 국제화를 통한 큰 도약이다. 유럽과 동남아 지역으로 영역을 확장해 획기적인 발전을 추진하는 것이다. 이를 위해 스페인과 베트남에 분교를 이미 설치했고, 이를 더 확대하려 하고 있다. 스페인 바르셀로나에 세워진 유럽 분교는 유럽의 대학, 연구소들과의 공동연구, 유럽 학생들에 대한 유치를 담당하고 있는데 여기에 더 투자하려는 계획을 착착 진행해 가고 있다. 베트남 분교는 호찌민과 하노이, 다낭에 이미 세워져 있는데, 여기서 학생들을 모집해 직접 교육하고 있다. 경영과 커뮤니케이션, 자연과학, 디자인 분야에 대한 교육이 주로 이뤄지는데, 현재 700여 명의 교직원이 1만여 명의 학생을 교육하고 있다. 베트남의 인구가 지금 1억 명 정도에서 빠르게 늘고 있으므로 베트남 분교들은 점점 그 규모와 교육 영역을 확장할 계획이다.

그 밖에도 중국과 홍콩, 싱가포르, 스리랑카 등을 중심으로 아시아 지역의 학생들을 더욱 많이 유치해 대학의 성장을 도모하겠다는 전략을 세우고 있다. 아시아 시장을 중심으로 양적 성장을 지속하면서 유럽 지역과의 공동연구 등을 통해 질적 성장도 함께 추진하겠다는 양질겸비量質兼備의 전략이다. 세계적으로 잘나가는 대학들이 대부분 이 전략을 추진하는데, RMIT는 특히 국내가 아니라 세계를 상대로 이 전략을 본격 실행하는것이다. 출산율이 떨어지고 학생 수가 점점 감소하는 우리나라의 대학들이 특별히 눈여겨봐야 하는 발전 방향이 아닐 수 없다.

빅토리아 주정부와 적극 공조

RMIT 측과 협의하는 동안 열심히 메모하는 여성이 있었다. 빅토리아주정부의 국제교육 담당 공무원이었다. RMIT 국제처와 늘 커뮤니케이션을 하는 분으로, 전북대와 회의가 있다니까 일부러 시간을 내서 참석한것이다. 빅토리아 주정부의 대학교육에 대한 지원 방향을 자세히 설명해준다. 주정부에 있는 '글로벌 빅토리아Global Victoria'라는 이름의 부서에서 빅토리아 주정부의 국제업무를 전담하고 있는데, 자신도 그곳 소속이라고 한다. 특히 빅토리아주와 멜버른시가 교육에서는 세계 어느 지역보다 앞서기 때문에 교육 관련 국제업무에 비중을 많이 두고 있다고 한다. RMIT가 베트남의 어느 지역에 분교를 설치할 때 베트남 정부와 접촉해서 도와주고, RMIT가 싱가포르 학생들을 유치하려 할 때 함께 유치 활동을 해 주는 등 대학들의 국제적 활동을 적극적으로 돕는 것이다.

'글로벌 빅토리아'는 빅토리아주 안에 있는 대학들의 세계 진출을 돕고있다. 덕분에 현재 빅토리아주에 있는 대학들에는 160여 개 나라에서 수만 명의 대학생이 와서 공부하고 있다. 빅토리아주에 거주하는 대학생들을 세계 각지로 파견하는 사업도 펼치고 있다. 이런 일들을 하기 위해 세계 15개국에 직원을 파견해 놓고 있다. 서울에도 직원이 나와 있다. 전북대가 RMIT와 협력할 일이 있으면 서울에 있는 '글로벌 빅토리아' 직원에게 연락하면 반갑게 도와줄 거라고 하면서 서울의 연락처를 알려 준다. 참 부러운 시스템이 아닐 수 없다.

우리는 도청의 이런 시스템이나 태도를 언제쯤 보게 될 수 있을지…. 교육부가 대학에 예산을 배정하는 식을 바꿔서 우선 도청으로 예산을 내려보내고 도청에서 대학에 예산을 배정하는 식으로 하겠다는 계획을 교육부 장관이 밝혀 왔는데, 참 걱정이다. 도청이 교육에 대해 전문성이 있는지, 객관적·합리적 시각을 가지고 지역의 백년대계를 세워 가려는 의지는 있는지, 욕먹지 않는 쪽으로 적당히 배정하고 마는 것은 아닌지, 돈 가졌으니 위세를 떨려고 하는 것은 아닌지, 심히 염려스럽지 않을 수 없다. 많은 준비를 해 줬으면 좋겠다. 돈 들여서라도 빅토리아주에 와서 배우고 갈 일이다. 꼭.

3.

해외 대학과 교류협력으로 질적 성장을
: 베트남 퀴논대학교

작지만 강한 베트남 민족

베트남은 처음이다. 2019년 2월 김정은 북한 국무위원장이 트럼프 미국 대통령을 하노이에서 만나 핵 담판을 시도했지만 실패한 것이, 베트남 하면 먼저 떠오른다. 그래서 한번 가 보고 싶었다. 김정은-트럼프 정상회담 장소로 선택될 수 있었던 것은 양쪽에 모두 좋은 인상을 주었기 때문이다. 북한에게 베트남은 여전히 사회주의 동지 국가라는 입지를 갖고 있다. 미국과는 과거 전쟁을 했지만 1995년 수교 이후로는 경제·안보협력을 꾸준히 확대해 왔다. 미국의 대對동남아 외교의 핵심 국가로 떠올라 있다. 그래서 북한도 미국도 거부감이 없고, 오히려 긍정적인 인상이 있는 나라로 선택된 것이다. 그런 베트남을 2022년 4월 처음 가 보게 되었다.

베트남은 동남아 국가 가운데서는 크고 강한 나라다. 1858년 중부지방을 시작으로 프랑스의 지배를 받기 시작해 1883년부터는 전체가 프랑스 식민지가 되었지만, 베트남은 독립투쟁을 계속했다. 2차 세계대전 당시에는 일본이 들어와 지배했고, 일제가 망한 뒤 1945년 9월에 독립을 선언했다. 일본이 물러가자 다시 들어온 프랑스와 또다시 독립전쟁을 벌였고, 1954년 5월 디엔비엔푸 전투에서 프랑스군을 격파해 결국 완전한 독립을 얻어냈다. 독립전쟁의 핵심 지도자는 베트남 공산주의 세력의 리더 호찌민이었다. 호찌민은 프랑스와 전쟁을 하면서 베트남의 중북부 지역을 장악하고 있었다. 프랑스와의 전쟁에서 승리했지만, 그 직후 열린 제네바 회의에서 베트남은 북위 17도선을 경계로 남북이 분단됐다. 미국과 영국, 프랑스, 소련, 중국 등 열강들이 그렇게 결정한 것이다. 주로 미국의 의사가 많이 작용했다. 당시 미국은 베트남 전체가 공산화될 것을 걱정했다. 호찌민의 공산주의 세력이 남쪽까지 완전히 장악하지 않을까 염려한 것이다. 또, 베트남이 공산화되면 인도차이나반도에서 공산화 도미노 현상이 발생하지 않을까 우려했다. 그래서 베트남의 남북 분단을 추진했다. 남쪽이라도 친미 자유주의 국가로 유지하려고 한 나라를 두 개로 나눈 것이다.

북쪽에는 사회주의 국가 '베트남민주공화국'이 세워졌다. 남쪽에는 자본주의 체제인 '베트남공화국'이 수립되었다. 베트남공화국 정부는 부패했고 시민들의 지지를 받지 못했다. 그 바람에 남베트남 내에서 '남베트남 민족해방전선'(흔히 '베트콩'이라고 부른다)이 결성되어 정부와 투쟁했다. 북에는 사회주의 국가가 버티고 있고, 남쪽에는 '베트콩'이 세력을 확장해 가자 미국은 북베트남을 상대로 1964년부터 본격 전쟁을 시작한다. 하지만 이기지 못하고 1973년 파리평화협정을 체결하고 물러난다. 미군이 물러나자 남북 베트남 사이에 다시 전쟁이 벌어져 1975년에야 끝난다. 북쪽의 사회주의 세력이 승리하고, 사회주의 국가가 되었다. 베트남은 결국 프랑스를 몰아내고, 일본도 물러나게 했고, 미국과의 전쟁에서도 이겼다. 덩치는 작지만 강한 민족이 아닐 수 없다.

활력 넘치는 베트남

나는 기자 시절에 외교부를 출입한 적이 있다. 당시 베트남과 외교를 오래 담당했던 외교관한테 들었던 얘기 한 토막. 베트남전쟁에 미국과 함께 참전했던 우리나라는 탈냉전 상황이 되면서 1990년대 들어 베트남과 수교를 추진했다. 그런데 미국과 함께 베트남을 못살게 굴었던 과오가 있어 고민을 많이 했다. "어떻게 하면 베트남의 마음을 풀어 주면서 원만하게 수교로 갈 수 있을까?" 걱정을 많이 한 것이다. 고민 고민을 해서 병원 건설 지원, 학교 건설 지원 등 여러 가지 지원책을 준비해 베트남 외교관들을 만났다. "그동안 소원했는데, 이제 관계를 시작하고 싶다." 어렵게 얘기를 꺼냈다. 한국군 파견, 라이따이한(베트남전 당시 한국인과 베트남인 사이에서 태어난 자녀) 문제 등에 대해서도 유감을 표명했다. 그러자 베트남 외교관들은 선선히 답했다. "과거는 잊고 미래를 봅시다. 서로 협력, 발전해 나갑시다." 이렇게 시원하게 답을 한 것이다. 그래서 수교 협상은 속히 진전됐고, 1992년 12월 양국 관계를 정상화하게 되었다.

나는 당시 그 얘기를 들으면서 '베트남 사람들이 배짱이 대단하구나! 그러니 미국을 이기고 다시 일어선 거겠지'라고 생각했었다. 그게 1990년대 말이니까, 그 이후 25년 만에 처음으로 베트남을 가게 됐다. 2022년 4월 24일 저녁 7시 반 인천공항을 이륙하는 아시아나 비행기에 몸을 실었다. 2020년 초부터 코로나19가 여행길을 막기 시작했으니 비행기를 타는 것 자체가 오랜만이었다. 비행기에 탄 모두가 들뜬 모습이었다. 우선 어린아이가 많다는 게 느껴졌다. 한국 남자-베트남 여자 커플이 많이 탔고, 한두 명의 아이들을 데리고 있었다. 여기저기 울음소리가 들렸다. 내가 사는 전주에서도 아이들 울음소리 들으려면 소아과병원이나 가야 하는데 반갑기도 하고, 한편으로는 걱정도 됐다. '이 애들이 돌아가면서 울

면 잠자기는 틀렸다.'

부단히 들려오는 아이들 울음소리와 전쟁을 벌이며 책을 보고, 영화도 보다 보니 어느새 비행기는 호찌민 하늘에 떠 있다. 인구 900만 명이 넘는 베트남 최대 도시인 만큼 야경이 화려하다. 밝은 빛이 시 전체에 빛나고 가로등을 길게 끌고 가는 큰 도로들이 도시를 가로세로로 갈라놓고 있다. 곧 탄손누트 국제공항에 착륙한다. 베트남 최대 공항으로 한 해 천만 명이 이용하는 곳이다. 1930년대 프랑스가 작은 마을 탄손누트에 세운 공항은 베트남전쟁 당시에는 미군의 핵심 군사시설이기도 했다. 밤 10시 반. 인천에서 5시간이 걸렸다. 시차는 우리보다 2시간 느리다. 가방을 찾는 데 한 시간이나 걸렸다. 우리나라처럼 착착 조직적으로 일 처리가 안 되는 느낌이 들었다.

버스를 타고 소피텔 호텔로 향했다. 공항 바로 근처에 한인타운이 있다. 베트남 전체에 한인이 17만 명 정도 살고 있는데, 그중 약 13만 명인

상공에서 본 호찌민 야경

80%는 경제수도 호찌민에 산다. 그 대부분은 한인타운과 주변에 살고 있다고 봐야 할 것이다. 1975년 사이공(호찌민의 옛 이름)이 함락될 당시 외국인들이 경험했고, 2021년 탈레반의 아프가니스탄 점령에 따른 난민 탈출에서 세계인들이 목격했듯이 비상시에는 공항으로 가야 한다. 그래서 한인들도 공항 근처에 많이 산다고 한다.

호텔에 도착하니 밤 12시가 넘었다. 일행들이 방을 받아야 하는데, 모두 여권을 제출하라고 한다. 복사해 놓는지, 아니면 여권번호 등을 적어 놓는 것인지 또 시간이 꽤 걸린다. 아직은 완전한 개방이나 자유로운 시스템과는 거리가 있어 보인다. 사회주의 체제의 관료주의가 남아 있는 것이다. 소피텔 호텔은 5성급. 807호 키를 받아 방으로 들어가 보니 가구가 오래돼 보인다. 하지만 화장실은 깨끗하다. 세면대, 화장실, 샤워실 공간이 따로 분리되어 문까지 달린 건 다른 호텔과 구분되는 점이다.

다음 날인 4월 25일 아침 6시에 눈을 떴다. 알람이 울리기도 전에 시차 때문에 잠에서 깼다. 얼른 나가 호텔 주변을 돌아본다. 엄청난 수의 오토바이들은 어디서 나오는지 셀 수가 없다. 사거리에 대기하고 있다가 신호가 바뀌자마자 한꺼번에 굉음과 함께 내달린다. 태풍에 밀려오는 거대한 파도 같다. 하나하나 살펴보면 재미있다. 남편과 그 허리춤을 꽉 잡은 아내, 아빠와 아들, 엄마와 딸, 다양한 사람들이 두 바퀴 위에 올라 어디론가 부지런히 간다. 그 작은 공간에 4명까지 타고 있는 게 보인다. 아빠가 운전대를 잡고 앞에 아들, 뒤에 아이를 안은 엄마가 함께 타고 있다. 여기저기서 부딪혀 사고 나고 서로 싸우고 할 법도 한데 그런 모습은 안 보인다. 아침부터 30도까지 올라가는 더위에 그늘에 오토바이를 세우고선 그 위에서 달콤한 잠을 한껏 누리는 사람도 보인다. 거대한 무질서 속에 어떤 보이지 않는 손이 착착 교통정리를 하는 듯하다.

아침 일찍부터 거리를 누비는 엄청난 오토바이의 물결이 베트남의 역

오토바이를 탄 호찌민 시민들

오토바이 위에서 자는 호찌민 시민

동성을 말해 준다. 베트남은 출산율이 높고 청년인구가 많다. 2020년 베트남의 합계출산율은 2.09명이다. 우리나라의 0.84(2021년 우리나라 합계출산율은 0.81)보다 두 배 이상 높다. 초혼 연령도 남자 27세, 여자 23세다. 우리나라는 남자 33세, 여자 30세니까, 베트남 사람들은 우리보다 6년 정도 일찍 결혼한다. 그만큼 초산 연령이 낮은 것이다. 생산가능인구(15~64세)는 베트남 전체 인구 9,620만 명 가운데 68%에 이른다. 일하는 사람 2명이 1명씩을 부양하면 된다는 얘기다. 이런 인구구조가 2040년까지는 계속될 것이라고 한다.

인구가 늘 뿐만 아니라 경제도 꾸준히 성장하고 있다. 최근 5년간 GDP(국내총생산) 성장률을 보면, 2017년 6.8%, 2018년 7.1%, 2019년 7.0%, 2020년 2.91%, 2021년 2.58%였다. 같은 기간 우리나라는 3.2%, 2.9%, 2.2%, −0.9%, 4.0%였으니까 우리보다 훨씬 발전 속도가 빠른 것이다. 베트남에 거주하는 한인들이 느끼는 체감 베트남 경제도 "아주 좋다"는 것이다. 현지에서 공장과 건물을 전문적으로 짓는 건설업체를 운영하는 사장을 만났는데, "실제 느끼는 건설 수요가 계속 늘어나고 있고, 성장 속도도 아주 빠르다"고 말했다. 직원 50여 명을 데리고 일하는데 눈코 뜰 새 없이 바쁘다고 한다. 베트남에서 19년째 사업하고 있는 이 건설업체 대표는 "코로나19가 극복되어 가는 상황이어서 더 좋은 기회가 많이 있을 것"이라며, 장기적으로 추후 15년 정도는 지속 성장할 것으로 보았다. 지금 1인당 GDP가 3,000달러 정도인데, 1만 달러 될 때까지는 계속 성장할 것으로 본다는 얘기다. 베트남 경제를 관찰하는 국제경제 전문가들도 대체로 그렇게 보고 있다.

게다가 현지에서 오래 산 사람들이 전해 주는 변화는 "부지런히 일하는 사람이 정말 늘어나고 있다"는 것이다. 전통적으로 베트남 남자들은 부지런한 편이 아니었다고 한다. 현지에서 흔히 듣는 말로 베트남 남자들은 두 가지만 했다고 한다. 하나는 전쟁, 다른 하나는 밭일. 찻집에서 차나 커피를 마시거나 그늘에서 낮잠을 자면서 소일하는 남자들이 많았다고 한다. 요즘도 그런 남자들이 적지는 않지만, 그런 남자들이 줄어들고 일터로 향하는 사람들이 점점 많아지고 있다고 한다. 더 일하고 더 빠르게 움직이는 사회가 되어 간다는 것이다. 현지에서 사업하는 사람들이 전하는 특이한 점은 베트남 사람들이 개인주의적인 성향이 강하다는 것이다. 회사에서도 선배가 후배를 붙잡고 뭘 가르쳐 주는 모습은 보기 힘들고, 후배도 선배에게 일일이 물어보지 않는다고 한다. 알아서 매뉴얼을 보고 배우는 식이란다. 그래서 팀워크가 필요할 때 애를 먹기도 한단다. 미국을 물리친 민족인 만큼 똘똘 뭉쳐 함께 일하고 함께 먹는 식이리라 생각했는데, 의외다. 이런 성향이 지속적인 경제성장에 어떻게 작용할지 궁금하다. 개인주의 성향을 잘 활용해 성과급제를 더욱 철저하게 하면 성장에 도움이 될 듯도 하다. 반면에 똘똘 뭉치지 못하는 면은, 함께 신바람 나게 일하고 성과도 함께 즐기는 분위기를 만들어 내는 데는 방해가 될 것 같다.

소피텔 호텔 정문을 나서 바로 만날 수 있는 오토바이 물결을 한참 바라보다 호텔 뒤쪽으로 갔다. 서민들의 생활이 진솔하게 펼쳐진다. 고깃국물에 국수를 말아 파는 쌀국수집이 먼저 보인다. 이른 아침인데도 몇몇이 벌써 쌀국수 그릇을 놓고 부지런히 젓가락질을 한다. 옆에 있는 채소 가게에서는 상추, 가지, 오이 등 여러 가지 채소를 판다. 망고, 구아바, 코코넛 등 과일도 있다. 과일을 갈아 주스로 팔기도 한다. 그뿐만 아니라 생선도 함께 판다. 붕어처럼 생긴 생선도 보이고, 작은 참게도 있다. 허름하고 작은 구멍가겐데 없는 게 없다. 큰길가에 오토바이를 세워 놓고 수리하는 사람도 있다. 어떤 사람은 직접 고치고, 어떤 사람은 출장 서비스를 받아 수리를 한다. 녹색 헬멧에 제복을 입은 남자들이 눈에 많이 띄는데,

오토바이 전문 출장 서비스 업체로 보인다. 당연히 그런 업체가 여럿 있어야 할 것 같다. 베트남의 첫 번째 교통수단이면서 베트남 역동성의 상징인 오토바이의 물결이 그야말로 물 흐르듯 흘러가는 것을 보면, 오토바이 주변 산업도 충분히 발달했을 것이다.

활기 넘치는 청년들

이른 아침 동네 한 바퀴를 돌고 호텔로 돌아오니 7시 반. 호텔 조식은 2층 레스토랑이다. 검은색 가구들이 고풍스럽다. 가운데 뷔페 음식이 차려져 있고, 하얀 식탁보 위에 포크와 나이프, 젓가락까지 놓여 있다. 한쪽에는 단상처럼 높은 곳에 8명이 앉는 식탁이 마련돼 있다. 영국 사람으로 보이는 이들이 뭔가 아침부터 진지한 모습으로 대화하며 아침을 먹는다. 그중 한 사람은 이른 아침인데도 큰 맥주병을 옆에 놓고 따라 마시면서 열심히 얘기한다. 비즈니스를 위해 베트남에 출장 온 대기업 임직원인 듯하다. 그런 사람들이 주변에 많다. 세계 경제가 어려운 가운데 잘나가는 나라는 몇 안 되고, 그중 대표적인 나라가 남미의 브라질, 남아시아의 인도, 동남아의 리더 격인 베트남 정도인데, 호텔 레스토랑이 아침부터 비즈니스맨으로 북적이는 모습을 보니 '성장하는 베트남'을 새삼 느끼게 된다.

식사는 베트남식, 서양식이 합쳐진 퓨전식. 먼저 눈에 띄는 쌀국수엔 고깃국물에 커다란 고기까지 들어 있다. 꼬리 부분인데 돼지고기인지, 소고기인지 잘 구분이 안 된다. 진한 국물 맛이 일품이다. 좀 짜긴 하다. 더운 지방이라 음식이 상하는 걸 막으려고 짜게 만드는 것 같다. 만두도 고기를 넣은 것, 채소를 넣은 것, 종류별로 있다. 만두피는 밀가루로 된 것도 있고, 쌀가루로 만든 것도 있다. 쌀가루로 만든 떡 비슷한 음식도 여러 종류다. 가래떡처럼 속에 아무것도 없는 것, 팥 같은 것을 넣은 것도 있다. 나는 최근에 체중을 좀 줄일 생각으로 소식을 하는데, 여행 중에도 계속 소식하기는 여간 어렵지 않다. 조금은 먹어 봐야 하지 않겠나, 하다 보니 나도 모르게 과식해 버린다. 특히 베트남까지 와서 열대과일을 안 먹을 수는 없다. 망고, 수박, 구아바, 이름도 잘 모르는 것들을 몇 가지 맛본다. 망고는 엄청 달고, 구아바는 맹한 맛이다. 작은 당근처럼 생긴 것도 별맛이 없다. 모닝커피를 하려 커피를 찾았더니 없다. 종업원에게 물으니 주문해야 한단다. 카페라테를 주문하니, "핫 오어 콜드Hot or cold?"라고 묻는다. 핫으로 주문. 베트남 사람들은 단것을 좋아한다는데, 시럽을 잔뜩 넣지 않을까 걱정했는데 다행히 그렇지는 않다. 세계 커피 생산에서 1등은 브라질로 37%를 차지하고, 베트남이 17%로 2위인데, 그에 걸맞게 커피 맛이 좋다. 고소한 향이 진하게 풍겨 온다.

여유 있게 아침 식사를 즐기고 9시 반에 호텔을 나섰다. 30분 정도 가니 어젯밤에 도착했던 탄손누트 공항이다. 한쪽은 국제선 터미널, 다른 쪽은 국내선 터미널이다. 국내선 터미널은 작다. 20년 전에는 이곳이 국제선 터미널이었는데 국제선 수요가 늘면서 옆쪽에 새로 지은 건물로 이사하고, 과거 국제선 터미널이 국내선 터미널로 바뀌었다. 우리가 타는 비행기는 퀴논(영어로 Quy Nhon이라고 표기하는데, 현지에서는 '꾸이년'에 가깝게 발음한다)까지 가는 '베트남에어라인'이다. 비행기에 오르니 경쾌한 베트남 노래가 흐른다. 아오자이를 차려입은 스튜어디스들이 반긴다. 베트남 말로 '아오'는 '옷', '자이'는 '길다'는 뜻이니 긴 옷이라는 말이다. 옆이 트인 하늘색의 긴 상의에 하얀 바지. 베트남풍 노래에 전통의상까지 갖추어 "우리가 베트남의 대표 항공사"라고 역설하는 것 같다. 베트남에어라인은 국영기업이었는데, 1996년 유한회사로 바뀌었다. 유한회사가 된 이

푸깟 공항

후에도 베트남 총리가 임명하는 위원으로 구성된 관리위원회가 이 회사를 감독한다. 우리나라의 대한항공 같은 베트남의 대표 항공사, 즉 국적 항공이다.

비행기는 11시 50분에 이륙해서 한 시간 동안 비행한 뒤 푸깟 공항에 착륙했다. 베트남 중남부 빈딘성 푸깟현에 있는 작은 공항이다. 베트남전쟁 중이던 1967년 미국이 지었는데, 미군이 전쟁 수행을 위해 대량으로 살포했던 고엽제를 미국에서 들여와 베트남 각지로 분배하던 중간기지 역할을 하던 곳이다. 지금도 베트남군이 관리하고 있다. 2018년에 청사를 새로 지어 아주 깔끔하다. 군산 공항보다 조금 큰 규모이다.

곧바로 차에 올라 점심도 미룬 채 열심히 달렸다. 2시에 빈딘성 당서기, 성장과 면담이 예정되어 있었다. 승합차는 왕복 2차선 도로를 아주 빠른 속도로 주행한다. 중앙선을 넘어 추월하고, 신호도 무시한다. 한 시간 정도를 그렇게 달려 빈딘성의 성도 퀴논에 들어왔는데, 면담이 연기됐단다. 별 설명은 없다. 사회주의 국가라 관에서 결정하고 통보하는 경우가 많다고 한다.

한편 다행이었다. 점심을 거를 생각이었는데 먹을 수 있게 됐으니. 큰 식당으로 들어갔다. 현지 가이드가 음식을 시켜 놓았다. 쑥갓처럼 보이는 채소를 많이 넣고 끓인 맑은 생선탕이 가운에 놓여 있고, 그 주변으로 붕어와 비슷한 생선튀김, 오징어야채볶음, 제육볶음, 모듬야채 등이 차려져 있다. 소스도 단것, 매운 것, 새콤한 것 세 가지가 자리마다 놓여 있다. 각자 취향대로 찍어 먹으면 된다. 나는 생선탕의 야채는 매운 소스에, 생선은 새콤한 소스에, 오징어볶음은 달콤한 소스에 찍어 먹었다. 남방 음식이어서 향이 강할까 싶었는데, 그렇지 않다. 생선탕은 진한 우럭지리 같은 맛이다. 튀긴 생선은 생각보다 담백하고, 오징어볶음은 살짝 데친 오징어가 파슬리, 양파 등 채소와 잘 어울린다. 제육볶음은 우리식 제육볶음에서 고추장과 고춧가루를 뺀 맛이다. 기름지고 고소했다. 모듬야채는 오이, 가지, 양파, 고추 등을 한 접시에 모아 놓은 것이다. 가지가 특이하다. 하얀색에 둥근 모양이다. 처음엔 이것도 양파인가 했는데, 먹어 보니 가지다. 고추는 2~3센티밖에 안 되어 보이는 게 아주 맵다. 중국 가서 사천 고추도 먹어 봤는데, 그에 못지않다. 디저트는 망고. 아주 달다. 그런데 바로 옆에 소금이 있다. 망고를 소금에 찍어 먹어 보란다. 단짠맛이 상큼하다. 땀을 많이 흘리는 더운 날씨에 염분 보충을 위해 망고를 소금에 찍어 먹는 게 아닌가 생각된다.

늦은 점심을 먹고 호텔로 향했다. 멀지 않았다. 이름은 '안야 프리미어 Anya Premier'. 로비에 들어서자 제복을 입은 여직원들이 당근주스를 준다. '웰컴 드링크'란다. 그동안 해외 출장을 많이 다녀 봤지만, 웰컴 드링크를 받아 보긴 처음이다. 미국이나 영국, 독일 등 주로 선진국을 다녔고, 회사나 대학의 출장비로 고급 호텔에 묵을 수는 없었기 때문이었을까. 베트남은 아직 개도국 수준이니 비교적 물가가 싸다. 이 호텔도 5성급인데, 하루 7만 원이다. 키를 받아 18층 1807호에 들어섰다. 유리문 너머로 에메랄드빛 남중국해가 끝없이 펼쳐졌다. 컨테이너선과 어선 몇 척이 보일 뿐 시야를 방해하는 것이 아예 없다. 시야를 앞쪽으로 당기자 연한 빛의 바다는 끝을 알 수 없을 것같이 긴 모래사장과 맞닿아 있다. 해운대의 몇 배는 될 것 같다. 그냥 보긴 아깝다. 방을 둘러보니 커피포트와 커피가 있다. 얼른 물을 끓여 커피를 진하게 타서 의자에 앉는다. 발은 앞의 소파 위에 걸치고 눈을 들어 바다를 보며 커피 향을 맡는다. 눈으론 청록의 바다, 입으론 고소한 커피, 나도 모르게 엷은 미소를 짓게 된다. 지은 지 얼마 안 되는 호텔인지 방이 아주 깔끔하다. 욕조가 화장실 바깥으로 나와 침대 옆에 붙어 있는 게 특이하다.

오후 일정을 소화하고, 즐거운 저녁 식사. 물가 싼 곳을 여행하는 즐거움은 역시 풍성한 음식이다. 이번에도 여러 가지 요리가 차려졌다. 군만두처럼 생긴 음식이 먼저 나온다. 바삭하고 고소하다. 많이 먹으면 다음 것을 못 먹으니 되도록 적게 먹어야지 생각했지만, 어느새 젓가락이 나간다. 역시 굽고 튀긴 건 맛있다. 다음엔 야채볶음. 쑥갓, 양파, 파 등을 기름에 살짝 볶았다. 여러 가지 야채가 함께 씹히면서 아삭한 식감과 함께 맑은 풍미가 전해진다. 이어 고깃국물을 준다. 소고기와 채소를 넣고 끓인 국으로 우리의 소고기무국 같다. 앞접시가 좀 지저분해지거나 입을 닦은 냅킨이 식탁에 있으면 여성 종업원이 얼른 와서 치워 준다. 종업원이 여럿이다. 아직은 인건비가 싸니 고용을 많이 하고 있다. 근로자 한 달 평균임금이 35만 원이란다. 베트남 인구가 1억 명 정도에 출산율이 높으니 일자리 경쟁도 만만치 않다. 그러니 고용을 많이 해서 서비스를 충분히 하는 것이다.

구수한 고깃국으로 입을 호강시키고 나니 오징어야채볶음이 나온다. 싱싱한 오징어를 살짝 데쳐 야채와 소스를 넣고 버무린 것이다. 오징어의 풍미가 우리 것보다는 조금 덜한 것 같지만, 야채와 어우러진 해물이 청량한 향미를 전한다. 베트남 성찬의 특징 같기도 한데, 마지막 음식으로는 맑은 생선탕이 나온다. 생선이 크게 보이지는 않고 작은 생선 살과 야채가 섞인 생선탕이다. 기름기 많은 민어로 끓이지 않았을까. 그만큼 풍미가 진하다. 듬뿍 들어 있는 야채와 구수한 생선지리에 속이 시원해진다. 디저트는 과일 냉채. 얼음물에 망고, 수박, 멜론 등을 작게 썰어 넣은 것이다. 시원하고 달콤해서 몇 번이나 떠먹었다. 맥주는 하이네켄. 이곳 사람들은 맥주를 실온에 두었다가 마신다. 우리가 먹기엔 닝닝하다. 차갑게 된 게 없냐 물으니 그런 건 없고, 얼음을 담은 컵을 준다. 거기에 맥주를 따라 마시란다. 그제야 시원한 맥주 맛이 났지만, 금방 얼음이 녹아 맛이 싱거워진다. "참 이상한 사람들이네. 맥주는 냉장고에 넣어서 시원하게 먹어야지." 이런 소리가 절로 난다. 맥주를 마시고 있는데, 잔에 맥주가 조금 줄어들면 종업원이 와서 계속 채워 준다. 이것도 우리와 많이 다른 모습이다. '음식문화는 참 제각각'이라는 생각이 든다. 퀴논시 공산 측에서 보내 준 인삼양주도 맛을 본다. 나는 양주 같은 독주를 별로 좋아하진 않는데, 인삼 향이 가득한 양주는 특별하다. 인삼에 소주를 부어 만든 인삼주는 여러 번 마셔 봤는데, 그때마다 들쩍지근한 소주 맛이 별로였다. 그런데 27도의 인삼양주는 인삼 향이 좀 향긋하게 느껴진다. 베트남 인삼 향을 맡아 보니 궁금해진다. 베트남에서 인삼이 재배되나? 현지인에게 물어보니, 많이 재배된단다. 중서부와 북서부 산간지대에서 주로 나는데, 약재로 많이 쓰이고 수출도 한단다.

밤엔 바닷가로 나갔다. 길고 긴 해변에 간간이 사람이 앉아 있다. 연인들이 많고, 부부로 보이는 커플들, 친구끼리 어울린 청년들도 여기저기 있다. 핸드폰을 보면서 웃고, 어린아이의 몸짓, 손짓에 즐거워한다. 청춘남녀 10여 명은 크게 음악을 틀어 놓고 춤을 춘다. 노래를 큰 소리로 따라 부르기도 한다. 앰프까지 갖다 놓고 신나게 노는 모습이 1970~1980년대 우리 청년들의 모습을 연상시킨다. 다만 우리는 카세트테이프였는데, 이들은 USB가 꽂힌 앰프다. 주변을 깨우는 이들의 함성이 베트남의 활력을 보여 주는 듯하다.

모래사장에 바로 붙어 있는 음식점에 들어가 봤다. 뭘 먹어야 하느냐고 물어보니 조개가 맛있단다. 백합처럼 생긴 조개를 시켰다. 하나는 구운 것, 하나는 삶은 것. 맥주는 타이거를 시켰다. 싱가포르 맥주로 이 지역에서 많이 먹는 맥주 중 하나다. 버터를 발라 구운 조개는 고소한 맛이 일품이다. 삶은 것은 꼬막 같다. 큰 그릇에 푸짐하게 주는데, 각각 8,000원 정도이니 역시 싸다. 맥주는 우리의 카스 비슷하다. 캔 하나에 1,000원. 남중국해의 야경을 감상하며, 젊은이들의 활기 넘치는 노래를 들으면서 베트남에서 싱가포르 맥주를 마시니, 게다가 높은 가성비에 마음도 가벼워지니 동남아 여행의 묘미가 이런 것이구나 하는 생각이 든다.

남중국해에서 보는 한반도

남중국해를 바로 앞에 두고 보니 저 어둠 너머 전개되는 치열한 국제 정치의 경쟁 상황이 새삼 몸으로 느껴진다. 지금의 세계 질서를 설명하는 키워드는 미·중 전략 경쟁이다. 패권국 미국에 중국이 강력한 도전국으로 맞서면서 지구촌 곳곳에서 미국과 중국이 경쟁하고 있다. 그러면서 여기저기서 긴장이 조성되고, 다른 나라들도 미국, 중국의 움직임에 대응하지 않을 수 없게 되었다. 남중국해는 미국과 중국의 이해가 첨예하게 충돌하는 해양 전쟁의 현장이다. 중국은 베트남, 말레이시아, 필리핀 등 남중국해 연안 국가의 섬들을 자신들의 영토라며 지배를 강화하고 있다. 미국은 이에 반발하며 이 지역에 수시로 함대를 파견한다. 미·중이 군사적으로 충돌한다면 이곳이 처음이 될 가능성이 크다. 더욱이 미국은 중국의 영향력 확대를 막기 위해 베트남, 필리핀 등과의 관계를 더욱 강화하려 해 남중국해를 둘러싼 미·중 경쟁은 날로 뜨거워지고 있다.

실제 미·중 전략 경쟁의 현장은 여기뿐만이 아니다. 우크라이나 전쟁은 러시아가 우크라이나를 침공하면서 발생했지만, 우크라이나의 뒤에는 미국이 있고, 러시아의 후방에는 중국이 있다. 미국은 우크라이나에 무기를 지원하고, 유럽연합EU과 함께 경제적·외교적 지원도 하고 있다. 중국은 미국이 주도하는 대對러시아 제재에 참여하지 않으면서 러시아와의 협력을 강화하고 있다. 한반도는 어떤가? 미국은 한미동맹을 더 강화하려 하고, 중국은 한미동맹이 냉전의 산물이라며 한국에게 계속 자신들과의 협력을 강조한다. 중국은 또 북한에 대한 지원을 계속하면서 북중동맹 강화에 힘쓰면서 미국에 맞서고 있다. 남쪽의 한·미·일, 북쪽의 북·중·러가 한반도의 군사분계선을 경계로 대결하는 모습도 더 심화되고 있다. 미국은 일본, 인도, 호주와 쿼드를 구성해 중국을 포위해 가고 있는데, 여기에 한국도 참여하기를 바라고 있어 우리의 외교적 입지는 더 어려워졌다. 미국과 중국이 경쟁하면서 우리의 입장이 난처하고 불리해지는 상황은 앞으로도 더욱 심화할 것이다.

어둠이 짙게 깔린 남중국해가 우리의 불투명한 미래로 보인다. 게다가 윤석열 정부의 외교안보 마인드와 정책이 친미, 한미동맹 중심이어서 우려가 깊어지지 않을 수 없다. 대통령 자신도 그렇고, 청와대 안보실장, 외교부 장관 등 모두가 '미국과 잘 지내는 게 무엇보다 중요하다', '문재인 정부는 지나치게 친중이었다'고 인식하고 있다. 걱정, 또 걱정이 아닐 수 없다. 2017년 사드 배치 당시에 확인하지 않았는가? 미국의 요구에 따라 사드 배치를 들어주자 중국은 곧바로 경제보복에 나섰다. 당장 우리 기업과 근로자들이 엄청난 피해를 봤고, 악화된 관계 복원에 많은 시간이 걸렸다. 미국만 보고 가면 그런 상황은 언제든 재연될 수 있다. 윤석열 정부의 외교안보 라인은 한미동맹 중심이어서 또다시 그런 외교적 재앙을 만들 가능성이 농후하다. 북한과의 관계도 개선하면서 한반도 내부의 역량을 축적해 강대국의 천권擅權을 억지해 가야 할 텐데, 그런 비전을 보여 주지 못한다. '북한의 버르장머리를 고쳐야 한다', '북한이 발가벗고 손들고 나올 때까지 봉쇄를 계속해야 한다', '북한과의 관계는 안 해도 된다'고 인식하고 있는 것 같아 심히 우려스럽다. 북한이 뭘 원하는지 들어 보고, 들어줄 수 있는 것은 들어주면서 우리가 요구할 것은 요구하고, 필요하다면 먼저 양보한 뒤 나중에 받고, 미국이 교의처럼 내세우는 경제제재도 필요하다면 풀어서 북한과의 협상을 활성화하고, 이렇게 할 태세가 되어 있는지 의심스럽다.

그저 바랄 뿐이다. 지금까지 말해 왔던 것과는 다른 길을 가 주기를. 믿고 싶을 뿐이다. 보수가 빅딜은 잘한다고, 미국의 공화당이 그랬다. 엄혹한 냉전 시대인 1970년대 초 중국과 관계 개선의 빅딜을 했던 것도 닉슨의 공화당 행정부였다. 1980년대 중반 소련의 고르바초프를 개혁개방으로 이끈 것도 공화당 레이건 행정부였다. 돌다리를 너무 두드리기만 하면 냇물을 못 건넌다. 민주당 행정부는 따지는 게 너무 많다. 공화당 행정부는 큰 틀을 보고 크게 지르는 경우가 있다. 한국도 보수 정당의 정부가 그런 길을 가 보길 기대해 본다. 하긴 보수 진영의 대통령들도 남북정상회담은 해 보고 싶어 했다. 이명박 대통령도 정상회담을 추진했었다. 정권 내부에서 의견이 통일되지 않았고, 북한에 대해 뭔가를 주는 것을 부담스러워해 결국 성사되지는 않았지만, 구체적으로 추진을 하긴 했었다. 윤석열 대통령도 역사에 남는 대통령이 되고 싶은 욕구는 충만할 것이고, 정상회담을 통해 남북관계를 크게 개선하는 것은 그 길로 가는 첩경이기 때문에 그런 선택을 할 가능성도 있어 보인다. 바라건대 그랬으면 좋겠다.

밤 10시쯤 호텔로 돌아와 일행들은 방으로 들어갔다. 나는 늦은 시간 이곳 사람들은 뭘 하며 지내나 궁금해 호텔 주변을 돌아봤다. 작은 식당들이 아직 문을 열고 있다. 손님은 별로 없다. 주인은 대부분 여성이다. 찻집도 마찬가지로 손님이 별로 없다. 가끔 차를 마시는 손님들이 있는데, 대부분 남자다. 찻집도 주인은 대부분 여성이다. 작은 모텔들 문 앞에서 손님을 기다리는 주인들도 여성이다. 남자는 놀고 여자는 일한다더니 실제로 그런 모습이다.

국제화로 질적 성장을 추구하는 퀴논대학교

4월 26일. 아침에 일어나 먼저 해야 할 일이 있다. 코로나19 감염 여부를 확인하는 PCR 검사. 한국으로 다시 돌아가기 위해서는 베트남에서 검사해 음성확인서를 받아야 한다. 퀴논시의 배려로 병원 간호사가 호텔 로비로 와 줬다. 간호사 복장도 아니고, 큰 가방을 들지도 않았고, 간단한 검사 키트만 몇 개 들고 와 좀 허술해 보인다. 코에 면봉을 밀어넣는데, 깊이 넣지도 않는다. 우리나라에서는 아주 깊숙이 집어넣었는데…. 일행 6명의 검사가 불과 5분도 안 돼 간단히 끝난다.

조식은 2층 레스토랑이다. 입구에서 방 번호를 확인하는 사람도 없다. 그냥 들어가면 된다. 느긋하고 관대한 베트남 사람들의 국민성을 이런 데서도 확인할 수 있다. 체크하고 확인하고 하는 것보다는 믿고 맡기는 쪽이다. 우리나라 호텔들은 보통 방 번호를 묻고, 방 키를 보자고도 하는

데…. 역시 음식은 풍성하다. 만두는 골고루 여러 가지가 있다. 돼지갈비, 소고기볶음 등 고기 종류도 몇 가지 있다. 얘기만 하면 햄, 양파 등을 넣은 오믈렛도 만들어 준다. 그거 하나만 먹어도 아침 식사가 될 것처럼 크다. 그래도 내 눈은 쌀국수를 찾는다. 고기 한 덩어리 들어 있는 뜨끈한 쌀국수를 그 자리에서 말아 준다. 열대과일과 케이크, 쿠키도 종류별로 여러 가지다.

10시에 한옥정자 준공식이 열렸다. 베트남에 출장 온 이유 중 하나다. 서울시 용산구가 나서고 전북대 건축학과 남해경 교수가 한옥정자를 지어 퀴논시에 기증하게 되었다. 그 준공식이 열려서 전북대 대표단이 참석한 것이다. 전북대 김동원 총장이 참석했고, 퀴논 시장과 퀴논 조국전선 위원장 등도 참석했다. 조국전선은 베트남공산당의 전위기구로 청년, 농민, 여성, 종교 등과 관련한 사회단체를 관할하면서 민의를 수렴하고, 지

베트남 퀴논시에 전북대가 지은 한옥정자

역에서 국회의원과 지방의원 입후보자를 지명하는 권한까지 있는 기관이다. 남해경 교수팀은 이곳에 한옥정자를 짓기 위해 목재뿐만 아니라 주춧돌과 기와 등 주요 재료를 모두 한국에서 가져왔다. 오랫동안 바다를 건너오는 사이 목재가 변질하지 않도록, 또 열대지방의 기후를 잘 견뎌낼 수 있도록 특별하게 건조했다. 수많은 사람의 박수 속에 개관한 한옥정자는 퀴논 지역 사람들에게 새로운 볼거리를 제공하면서 한국 문화를 홍보하는 역할을 할 것으로 기대된다.

시내 식당에서 점심을 먹고 오후엔 퀴논대학교로 향했다. 출장 온 두 번째 목적, 전북대학교-퀴논대학교의 MOU 체결을 위해서였다. 높은 본부 건물에 도착하자 40여 명의 여학생이 건물 입구에서부터 로비를 지나 엘리베이터 입구까지 줄지어 서 있다. 하늘색, 주황색, 붉은색 등 다양한 아오자이를 입었다. 바닥엔 붉은 양탄자까지 깔렸다. 안내를 받아 행사장으로 향하니 커다란 강당이 나왔다. 퀴논대, 전북대, 서울 용산구 관계자들이 자리를 잡고 앉았다. 먼저 퀴논대 참석자들이 소개됐다. 총장, 부총장, 학장 등이 차례로 인사를 했다. 용산구청 관계자도 소개되고, 전북대 대표단은 내가 소개했다. 총장, 부총장, 한옥 건축 담당 교수 등을 차례로 소개했다. 사회주의 국가는 의식이 길었다. 퀴논대 총장의 연설은 유난히 길었다. 용산구에 대한 감사 인사, 전북대에 대한 감사 말씀, 퀴논대의 발전 과정 등을 자세히 소개했다. 15분은 한 것 같다. 용산구청장도 연설을 꽤 길게 했다. 전북대 김동원 총장도 인사말을 했다. 그러고는 전북대와 퀴논대의 MOU 서명식이 진행됐다. 두 총장이 앉아 사인하고 전북대, 퀴논대 관계자들이 뒤에 서서 이를 지켜보았다. 이렇게 전북대와 베트남 중남부 고등교육의 핵심 역할을 하는 퀴논대가 학생 교류와 연구 교류를 위한 협약을 하게 되었다. 베트남 사람들이 한국에 관심이 많은 만큼 점점 더 많은 퀴논대 학생들이 전북대에 교환학생으로 올 것 같다.

퀴논을 성도로 하는 빈딘성은 2세기부터 19세기까지 오랫동안 유지되었던 참파왕국의 본거지로, 베트남 58개 성 가운데 하나다. 중남부의 해안에 위치해 교통의 요지인데, 남북을 길게 연결하는 1번 국도와 라오스·캄보디아로 가는 19번 국도가 교차하고, 2개의 국제무역항과 공항도 갖추고 있다. 농수산업과 관광업뿐만 아니라 의료, 에너지, 가구제조 관련 기업도 점차 늘고 있다. 빈딘성의 인구는 180만 명, 퀴논시에는 45만 명이 산다. 베트남전쟁 당시에는 한국의 맹호부대 사령부가 있던 곳이다. 그래서 이 지역에도 라이따이한이 꽤 된다. 정확한 숫자는 잘 알려지지 않았는데, 베트남 전체 라이따이한이 1만~2만 명 정도인 것으로 보아 퀴논에도 상당수 있을 것으로 추정할 뿐이다. 베트남이 공산화된 이후 적성국 한국의 국민을 친아버지로 둔 라이따이한들이 스스로 그런 사실을 숨긴 채 살아왔기 때문에 정확한 숫자는 여전히 파악하기 어렵다. 그렇게 퀴논은 우리와 연결된 도시다.

퀴논대학교는 1977년 설립된 이후 베트남 중남부 교육과 문화의 중심 역할을 해 왔다. 학생이 1만 2,000여 명, 교직원은 1,300여 명이다. 수학부, 자연과학부, 공학기술부, 정보통신학부, 정치교육 및 국가관리학부, 인문사회과학부, 외국어학부, 경제회계학부, 재무경영학부, 체육국방교육부, 교육학부, 초등교육학부 등 12개 학부가 있고, 세부적으로는 46개 학과가 운영되고 있다. 수학과 기초과학, 정보기술을 중심으로 한 공학 분야가 강하다. 빈딘성과 퀴논시가 빠르게 발전하고 있으므로, 퀴논대도 성장 가능성이 크다.

MOU 서명식을 끝내고 퀴논대 구석구석을 돌아봤다. 대학에서 연구하고 학생들을 가르치다 보니 다른 대학을 방문할 때면 연구실이나 실험실 등 학교 이곳저곳을 둘러보는 데 관심이 많을 수밖에 없다. 우리와 비교해 보고, 도입하면 좋은 것들이 있는지도 유심히 보게 된다. 화학공학과,

퀴논대학교 대학본부

토목공학과 등의 실험실을 둘러봤다. 좀 낡은 것도 있고, 아주 깔끔하게 새로 만들어진 것도 있다. 컴퓨터와 실험장비들이 생각보단 잘 갖추어져 있다. 하지만 아직 우리나라 대학들보다는 좀 떨어진다. 그래도 점차 첨단 장비들이 들어오고 실험실을 운용하기 위한 예산도 늘어나고 있다고 한다. 베트남의 경제 상황이 좋은 것과 연동되었을 것이다. 연구개발이 일단은 돈이 있어야 하는데, 베트남은 앞으로 경제가 꾸준히 좋을 것으로 예상되는 만큼 연구개발에 투여되는 돈도 크게 늘 것으로 보이고, 그에 비례해 대학들도 빠르게 성장할 것이다.

해외 대학과 공동연구도 적극적으로 진행하고 있다. 퀴논대의 공대와 벨기에의 대학이 공동연구를 진행하기로 하고, 유럽연합EU에서 6억 원을 지원받기로 하는 등 국제공동연구 확대에 박차를 가하고 있다. 이런 프로젝트의 확대를 위해 퀴논대는 해외에서 유학한 연구자들을 적극적으로 유치하고 있다. 우리 일행을 안내해 주는 교수들도 캐나다, 네덜란드 등 해외에서 유학한 사람들이었다. 한국의 충북대에서 박사학위를 한 사람도 있었다. 우수한 인재를 모아 해외 대학의 연구진과 네트워크를 형성하고, 이를 바탕으로 공동연구팀을 만들어 해외 연구 프로젝트를 많이 수주하려는 것이다. 이런 전략은 일석이조다. 해외의 학자들과 공동으로 연구를 진행하면서 연구 능력을 높일 수 있다. 또 돈을 벌어 학교 재정에 큰 도움을 줄 수 있다. 그러니 이런 프로젝트를 적극적으로 추진하는 것이다.

베트남 대학들은 아직 외국 유학생을 유치하는 데에는 신경을 못 쓰고 있다. 우선은 외국의 학생들이 찾아올 만큼 연구나 교육 수준이 높은 대학이 많지 않다. 베트남에 유학을 오는 학생은 바로 서쪽에 붙어 있는 라오스 학생이 가장 많아 3,000명가량이다. 다음으로는 역시 베트남 서남쪽과 국경을 접한 캄보디아에서 오는 학생이 500명 정도다. 그다음으로 한국 학생이 400여 명. 발전하는 베트남을 일부러 공부하러 가는 학생도 있고, 주재원들의 자녀도 있다. 중국, 프랑스, 몽골에서도 각각 50여 명 정도 와서 공부하고 있다. 퀴논대에도 라오스에서 온 학생 100여 명이 있다. 퀴논대보다 약간 북쪽에 있는 다낭대학교에도 라오스와 캄보디아 학생들이 유학을 와 있다. 베트남 학생이 유학 가는 곳은 미국이 가장 많은데 2만 5,000명 정도라고 한다. 다음은 일본으로 2만여 명. 그다음은 호주 1만 5,000여 명, 프랑스 5,000여 명, 영국 4,000여 명, 한국 4,000여 명 정도다. 캐나다와 핀란드에 각각 2,000여 명, 러시아와 뉴질랜드에도 각각 1,500여 명이 나가 있다.

베트남은 여전히 출산율이 높고 젊은이가 많아 입학자원은 충분한 편이다. 그렇지만 세계화의 조류에 부응하면서 외국 학생을 초청하고, 외국으로 학생을 파견하는 작업을 차츰 확대할 계획을 세우고 있다. 지금까지 양적 성장에 치중했다면, 앞으로는 질적 성장을 추구하겠다는 것인데, 그 지향점이 국제화이다. 세계로 나가 공동연구도 하고, 해외 프로젝트도 따오고, 학생 교류도 하면서 대학을 한 단계 업그레이드하려는 것이다.

퀴논대의 여기저기를 돌아보는데 남학생보다는 여학생이 훨씬 많다. 여성들이 생활력이 강하고 일을 많이 하는 베트남의 전통이 대학에서도 그대로 보인다. 아직은 앳돼 보이는 여학생들이 벤치와 잔디밭에 앉아 책을 읽고, 삼삼오오 모여 이야기꽃을 피운다. 지은 지 40년이 넘었다는 고풍스러운 도서관을 지나 뒷마당 쪽으로 가 보니 300명은 족히 되어 보이는 여학생들이 녹색 제복을 입고 서 있다. 자세히 보니 목총을 들고 있고, 간간이 군복을 입은 남자들도 보인다. 군사훈련 중이라는데, 교관들의 지휘에 따라 교련을 받고 있다. 훈련이라지만 질서 있게 착착 어떤 동작을 하거나 총검술 같은 특별한 기능을 배우는 것은 아닌 것 같다. 잠시 모여서 있더니 군복 입은 교관의 지휘에 따라 서서히 어디론가 이동한다. 여

군사훈련 중인 퀴논대 여학생들

학생들도 훈련받는 표정은 아니고 소풍 나온 소녀들 같다. 사진을 찍자 V
자를 그리며 손을 흔든다. 대학생들은 여학생, 남학생 구분 없이 2학년,
4학년 때 각각 한 달씩 군사훈련을 받는다. 베트남도 징병제라서 남자는
18~25살 사이에 군에 가서 육군과 방공군은 1년 6개월, 해군과 공군은
2년을 복무해야 한다. 대학생은 군사훈련을 완료하면 군대를 면제해 준
다. 청년인구가 많아 대학 졸업자를 면제해도 병력 확보에 문제가 없기에
이런 제도가 만들어졌다.

　베트남 대학생들은, 교육과 의료를 정부의 책임으로 여기는 사회주의
의 특성 덕분에 비교적 적은 비용으로 공부하고 있다. 1년 등록금이 50만
~200만 원에 불과하다. 퀴논대도 연 50만 원 정도의 등록금을 받는다.
기숙사비는 월 20만 원가량이다. 근로자들의 한 달 평균임금이 35만 원
이니, 등록금은 아주 싼 편이고, 기숙사비는 싸다고 보기 어려운 수준이

다. 그래도 하노이, 호찌민 등 대도시에 비해서는 등록금도 기숙사비도 저렴한 편이다. 대도시 대학은 1년 등록금이 200여만 원, 한 달 기숙사비가 30만 원 정도란다. 전체적으로 베트남 대학은 아직은 미흡한 점이 많지만 날로 개선되면서 경쟁력을 강화하고 있는 모습이다.

영어 하면 돈 잘 번다

4월 27일 수요일. 새벽 5시부터 쿵쿵 울리는 소리에 잠에서 깼다. 밖을 내다보니 해변에 20여 명의 여성이 모여 크게 음악을 틀어 놓고 춤을 춘다. 체조인지 춤인지 헷갈리는데 단순한 동작을 반복한다. 중국 사람들도 아침이면 공원에 모여 춤을 추는데, 중국이 좀 느리고 정적이라면 베트남은 아주 경쾌하다. 온 동네 사람들을 다 깨울 정도로 시끄럽기까지 하다. 덕분에 부지런을 떨게 돼 일찍 호텔 식당으로 향했다. 어제와는 메뉴가 좀 다르다. 어제는 쌀국수에 고기 덩어리가 들어 있었는데, 오늘은 빨간 양념이 돼 있어 좀 얼큰한 맛이다. 개운하다. 숙성을 시킨 것인지 검은 계란이 있다. 고소한 맛이 진하다. 야채해물볶음 약간으로 고소함을 마저 즐겼다. 달달한 빵 조각, 작은 코코넛, 자두, 미니귤로 입안이 온통 달다. 마지막은 고소한 카페라테.

마지막 날 일정은 지역의 유적지 등을 방문하는 문화탐방. 영어를 잘하는 가이드의 안내를 받아 나선다. 27살의 이 청년은 다낭대학교를 나왔는데, 처음엔 공과대학에 입학했단다. 다낭이 관광도시로 각광을 받자 관광학을 복수 전공했다. 영어는 독학. 신문, 잡지를 보고 영화도 보면서 혼자서 계속 큰 소리로 영어를 중얼거렸단다. 근데 아주 잘한다. 다낭에서 관광 가이드를 하다가 퀴논으로 왔다는 그에게 물었다. "다낭에 외국 관광객이 더 많을 텐데 왜 퀴논으로 온 거예요?" "다낭에는 영어 하는 관광 가이드가 많아요. 근데 퀴논에는 거의 없어요. 다섯 명도 안 돼요. 그래서 돈도 많이 받을 수 있고, 주변 사람들이 좀 높게 봐주기도 해요. 영어 한다고." 솔직하게 답한다. 실제 꽤 많은 돈을 번다. 하루 관광 안내에 한 사람당 6만 원을 받는다. 우리 일행 8명을 안내하고 48만 원을 받아 갔다. 운전기사에게 좀 나눠 줘도 꽤 큰 벌이다. 일반 근로자 한 달 월급 (35만 원 정도)에 가까운 돈을 하루에 버는 것이니.

베트남에서 관광 가이드를 하려면 자격증을 받아야 한다. 내국인 관광 안내 자격증과 외국인 관광안내 자격증이 따로 있다. 시험이 다르다. 외국인 관광안내 자격증은 외국어 시험도 봐야 한다. 훨씬 어렵고, 합격하면 더 많은 벌이가 가능하다. 자격증 없이 하는 경우도 있다는데, 당국도 이를 알고 가끔 단속한다고 한다. 걸리면 큰 벌금을 내야 한다.

영어 잘하는 밝은 청년의 안내로 처음 간 곳은 참파왕국의 유적인 쌍둥이 탑. 원래는 세 개였는데, 하나는 전쟁 때 파괴되었다고 한다. 참파왕국의 수도였던 퀴논에 우뚝 서 있는 참파왕국의 상징 같은 유적이다. 3층 아파트 높이는 돼 보인다. 12~13세기에 지은 붉은 벽돌탑인데, 그동안의 많은 전쟁으로 파손돼 여러 번 손을 본 것이다. 오른쪽 것이 더 높은데, 시바신을 모신 탑이란다. 시바신은 힌두교의 주신 가운데 하나로 파괴와 생식을 주관하는 신이다. 참파인들은 초기에 힌두교를 주로 믿다가 7세기에 접어들면서 불교를 많이 믿었다. 그러다가 15세기쯤부터는 이슬람교를 믿는 사람이 많아졌다. 현재는 16만 명 규모의 소수민족으로 남아 베트남의 동남부 해안지역에 사는데, 대부분 무슬림이다. 시바신을 모신 큰 탑은 참파인들 사이에 힌두교 전통이 12~13세기까지도 많이 남아 있었음을 말해 준다.

시바신을 모신 큰 탑의 내부로 들어갔다. 뻥 뚫려 하늘이 보인다. 가운데에는 넓은 돌이 있고 그 위에 또 하나의 돌이 놓여 있다. 넓은 돌은 음, 올려져 있는 돌은 양을 상징한다. 양을 상징하는 돌에 물을 부어 넓은 돌을 지나서 흘러내리는 물을 받아 마시기도 하고 목욕도 했다고 한다. 그렇게 하면 아이를 가질 수 있다고 믿었다. 그러니 시바신은 생식과 생명의 신이다. 생명과 종족 보존을 중시하고, 이를 기원하기 위한 종교와 상징들이 존재하는 것은 어디나 비슷한가 보다.

거기서 30분 정도 걸려 작은 산을 넘어간다. 정상에서 내려가는 길은 아찔하다. 경사가 급한 길이니까 지그재그로 만들었어야 할 텐데 그냥 쭉 내려간다. 무서운 길을 다 내려가니 아담한 해변이 나온다. '키코' 해변이다. 엷은 에메랄드빛 바다가 무한한 청량감을 준다. '베트남의 몰디브'로 소문난 곳이란다. 명성답게 사람도 많다. 베트남 사람도 많고 외국인들도 보인다. 벌써 외국인들에게 알려지기 시작한 것이다. 여기까지 왔는데, 이 맑은 바다에 손은 한번 담가 보고 가야지! 바다로 향한다. 가까이 다가가자 갑자기 파도가 밀려온다. 신발이 몽땅 젖는다. 엎어진 김에 쉬어 가자. 시원한 바닷물에 손발을 푹 담근다. 마음까지 맑고 상쾌해진다. 해변 가게에 자리를 잡고 앉아 코코넛 주스 한잔. 달콤하다. 고소한 맛이 약간 섞인 달콤함이다. '베트남의 몰디브'에서 쾌속 보트를 타고 나간다. 보트가 솟구쳤다 떨어지기를 반복한다. 물이 와서 부딪히며 쿵쿵 소리를 낸다. 배를 타 보는 것도 오랜만이거니와 베트남까지 와서 푸른 바다를 누비니 가슴이 탁 트인다. 15분 정도를 달리니 작은 항구에 닿는다. 생선 냄새가 유난히 진하다. 내리는 곳은 옹색하다. 겨우 대놓은 배에서 발을 뻗어 시멘트 방파제 같은 곳에 댄다. 방파제에 있는 손잡이를 얼른 잡고 올라선다. 잘못하면 바다에 빠질 판이다. 관광지라곤 하지만 아직은 어설프다.

거기서 놀이공원 이동 차량처럼 보이는 것을 타고 음식점으로 갔다. 점심은 해물 세트. 굴구이, 조개무침, 데친 오징어, 야채해물볶음밥, 생선탕까지 온통 해물이다. 문화유적지에 '가짜 몰디브'까지 구경을 해서 그런지 해물 세트가 더 감칠맛이 난다. 식후 두리안을 먹으려 했다. 음식점에는 없다. 근처에서 사다 달라고 부탁했다. 두리안을 여기저기서 팔지는 않았다. 좀 전까지 행상이 있었는데, 더운 날씨에 두리안의 상태가 안 좋아져 그만 들어가 버렸단다. 동남아에 오면 꼭 먹어 봐야 할 게 두리안인데 아쉬웠다. 대신 맛있는 연유커피를 파는 곳이 있다고 가이드가 일러 준다. 시골 다방 같다. 에어컨도 안 틀고 선풍기를 우리 쪽으로 돌린다. 약간 걸쭉해 보이는 냉연유커피를 한 모금 마셔 본다. 고소한 커피 맛이 먼저 온다. 곧 진한 달콤함도 같이 온다. 옆을 보니 고등학생처럼 보이는 남녀 4명이 카드놀이를 하고 있다. 오후 1시 반이니 학교에 있을 시간일 텐데…. 내가 상관할 일은 아니지만 걱정스럽기도 하고 동남아 사람들의 여유가 이런 것인가 하는 생각도 든다. 암튼 베트남의 시골 다방에서 유명한 연유커피를 마시는 것도 괜찮다.

먹고 마셨으니 다시 눈을 호강할 시간. 20분 정도 가니 바닷가 멋진 절벽이 나온다. '바람의 언덕.' 오랜 세월 풍화작용으로 생겨서 그런 이름이 붙었단다. 사진 찍는 사람들이 유난히 많다. 우리도 단체 사진 한 방 찍고 이동. 다시 30분 정도 가니 거대한 불상이 나온다. 린풍사라는 절이 아래쪽에 있고, 600여 개의 계단 위에 69미터짜리 엄청난 불상이 앉아 있다. 좀 과장하면 웬만한 산 같다. 불상이 위치한 산에 옛날에 한 스님이 살았다고 한다. 나뭇잎으로 된 옷을 입고 가진 것이 전혀 없는 스님은 매일 여염에 내려가 탁발을 했다. 아집我執과 아만我慢을 없애 주고, 보시하는 이의 복과 덕을 길러 준다고 해서 불교에서 매우 중시하는 행위이니, 우리나라와 마찬가지로 베트남에서도 수도하는 스님들이 많이 행했을 터이다. 그 스님은 행걸로 모은 쌀이며 음식들을 지역의 가난한 사람

높이 69미터의 린퐁사 불상

들에게 나누어 주었다. 진정한 무소유와 자비의 삶을 산 것이다. 이 스님
은 이 훈훈한 이야기의 주인공으로 오랫동안 퀴논 지역에서 회자되고 있
다. 이 지역에서 큰돈을 번 사업가가 그 스님의 공덕을 기리기 위해 이렇
게 큰 불상을 지었다. 내부는 시멘트, 바깥은 대리석. 큰 부처님이 퀴논을
내려다보면서 주민들에게 복을 베풀어 주시길 기원하는 의미가 담겨 있
다고 한다.

　베트남 사람들이 믿는 종교는 불교가 12%로 가장 많고, 다음으로 가
톨릭이 7%, 개신교는 1.6% 정도다. 일반인들의 삶 속에는 토속신앙과 미
신도 많이 남아 있다. 가정이나 가게, 사무실 등에 나름의 신을 모셔 놓
고 복을 빌고, 길일을 택해 중요한 행사를 하는 관습도 남아 있다. 고사
를 지내거나 굿을 하는 사람들도 여전히 있다. 불교, 유교, 도교 등의 영
향을 오랫동안 받으면서 베트남인 사이에서 자연스럽게 형성된 토속신앙

이 아직도 존재하는 것이다. 불교는 신자가 가장 많은 종교이면서 불교와 연결된 민간신앙도 널리 퍼져 있어, 베트남의 일반 사회에 불교가 미치는 영향이 매우 크다. 린퐁사 거대불상에 얽힌 얘기가 베트남 사회에서 불교가 차지하는 위치를 잘 설명해 준다.

푸꽛 공항으로 가는 길에 작은 동네 해수욕장에 들렀다. 작은 마을이 있고, 가게는 하나다. 아이들은 바다에 들락거리며 깔깔 웃고, 달리고, 쫓고 하면서 논다. 모래사장에 바로 붙어 있는 가게에서 뭘 사서 맛나게 먹기도 한다. 꼬치에 끼워진 것인데, 닭고기처럼 보인다. 물어보니 닭고기는 아니고 당근과 버섯 등 야채를 갈아 고기 모양으로 만든 뒤 꼬치에 끼워 구운 것이란다. 하나에 100원. 이 지역 아이들이 제일 좋아하는 간식이다. 바다에서 놀다 배고프면 하나씩 사 먹는다. 용돈이 좀 두둑한 날엔 거기에 사탕수수 주스를 함께 사 먹는다. 사탕수수 주스는 500원. 나도 한 잔 시켰다. 설탕물같이 아주 달다. 가게 아저씨가 사탕수수를 직접 압착기에 넣고 손으로 돌려 한 잔씩 만들어 내준다.

바다에는 어선들이 둥둥 떠 있다. 한가로이 떠 있는 것처럼 보이지만 고기들을 열심히 잡고 있을 게다. 그 어선들과 해안 사이를 작은 배들이 분주히 오간다. 베트남 특유의 '대야 보트'다. 큰 고무대야처럼 생긴 배들인데 어떤 것은 엔진이 달려 빨리 가고, 어떤 것은 노를 저어 간다. 어선에서 잡은 고기를 해안으로 가져오고, 어선에 먹을 것을 전해 주기도 한다. 좀 허술해 보이기는 해도 정겹다.

작은 바닷가 마을을 뒤로하고 공항으로 향한다. 도착하니 오후 4시 반. 5시 40분부터 체크인. 작은 공항이라 한 바퀴를 돌아도 시간은 한참 남는다. 체크인 시간까지 기다렸다가 짐을 부치고 들어가니 안쪽에 특산물을 파는 상점들이 좀 있다. 건어물이 많다. 멸치도 있고, 오징어포도 있고, 쥐포처럼 생긴 것도 있다. 우리와 먹는 게 비슷하다는 생각을 새삼 하게 된다. 7시 40분에 이륙.

호찌민 공항에 도착하니 밤 9시다. 다행히 국내선 터미널에서 국제선 터미널까지 멀지는 않다. 국내선 터미널 정문으로 나가 왼쪽으로 200여 미터 걸어가니 국제선 터미널이 나온다. 사람이 많아 체크인에도 꽤 시간이 걸린다. 보안검색대를 통과하는 데는 더 걸린다. 허리띠를 풀고, 신발까지 벗어 바구니에 넣으란다. 한참이 걸려 통과. 베트남 여행을 정리하는 마당이니 커피를 안 마실 수 없다. 카페라테 한잔으로 코로나 상황에서 며칠간의 베트남 여행을 반추해 본다. 베트남 입국 전 PCR 검사를 받고, 출국 전에도 다시 PCR 검사를 받아야 했지만, 오랜만에 이국의 공기를 쐬는 느낌은 상큼했다. 베트남의 대학을 살펴보고, 베트남 문화도 조금은 엿볼 수 있었다.

호찌민 공항은 국제선 터미널도 그다지 크지 않다. 면세점도 많지 않다. 그래도 코로나19가 조금은 잦아드는 분위기여서 상점마다 사람들이 꽤 많다. 나도 한 군데 들러 말린 과일과 커피, 머플러, 수제 핸드백을 샀다.

날짜를 바꿔 4월 28일 0시 10분에 인천행 아시아나 비행기는 이륙했다. 베트남에 올 때처럼 아이들이 많다. 나의 왼쪽에 베트남인 엄마가 아이를 안고 있고, 그 앞쪽에 한국인 아빠가 다른 아이를 안고 있는데, 그 왼쪽에는 다른 베트남인 엄마가 아이를 안고 있다. 나의 왼쪽 뒷자리에도 베트남인 엄마가 아이를 데리고 탔다. '잠은 다 잤구나' 싶으면서도 '출산율이 떨어져 학령인구가 급격히 줄어드는 상황이니 아이들을 더 반가운 마음으로 대해야지' 이렇게 마인드 컨트롤을 했다. 아이들이 돌아가면서 울어 30분 정도는 고생했지만 12시가 넘으니 모두 잠들었다. 덕분에 나도 잘 자면서 왔다.

곧 인천공항에 도착한다는 승무원의 안내방송이 나를 깨웠다. 아침 7시였다. 시차가 2시간이니 역시 5시간 걸렸다. 관찰하고 배우고 느끼고 일도 하고, 짧지만 알찬 베트남 출장이었다.

4장

전문화를 추구하는 대학

1.
사회과학 분야 세계 톱10을 꿈꾸다
: 싱가포르 사회과학대학교

작지만 당찬 나라 싱가포르

싱가포르에 대해서는 어릴 적부터 무수히 많은 얘기를 들었다. 침 뱉으면 벌금 낸다, 껌 버려도 벌금 내야 한다 등등 엄격하고 답답한 얘기들이다. 통제가 유난히 심하다는 것과 함께 2차 세계대전 후 가장 빨리 발전한 나라 싱가포르에 대해서도 들었다. 리콴유李光耀 총리의 카리스마를 바탕으로 한 통치, 한국, 타이완, 홍콩과 함께 아시아의 네 마리 용으로서의 싱가포르의 위상에 대해서도 많이 듣고 관련 자료도 더러 봤다. 자원도 없고, 영토도 좁은 나라가 단기간에 1인당 연 국민소득 6만 달러가 넘는 선진국이 되었으니 관심이 없을 수가 없다. 정치적 자유와 민주주의 발전 정도는 낮지만, 잘 살고, 복지 수준 높고, 질서 있는 나라로 싱가포르는 우리뿐만 아니라 전 세계에 잘 알려져 있다. 이렇게 전반적으로 세계적 주목거리인 데다가 나의 전공인 국제정치 분야에서도 싱가포르는 매우 흥미롭고, 연구 가치가 높다.

1993년 '마이클 페이 사건'이 있었다. 싱가포르의 한 국제학교에 다니던 마이클 페이Michael Fay와 관련된 사건이다. 당시 페이는 18살이었다. 1993년 9월 홍콩에서 온 친구와 함께 자동차 18대에 빨간 페인트로 낙서를 했다. 곧 붙잡혀 재판을 받고 태형과 벌금이 선고됐다. 태형, 그러니까 곤장이 지금도 남아 있는 나라가 싱가포르다. 길이 1.2미터, 지름 1.27 센티미터의 등나무 회초리로 엉덩이를 때린다. 미국 시민에게 곤장을 친다니 미국이 들끓었다. 당시 대통령 빌 클린턴Bill Clinton도 나서지 않을 수 없었다. 싱가포르 총리 고촉동에게 직접 전화를 했다. 미국 시민에 대한 태형 집행은 곤란하다는 의사를 전했지만, 고 총리는 외국인이라고 해서 자국민과 다르게 법을 집행할 수는 없다고 했다. 결국 1994년 5월 페이에게 4대의 태형이 집행됐다.

태형은 아직 남아 있다. 기물파괴, 강도, 성폭력 등의 범죄에 태형을 선고하는 경우가 많다. 선진국 싱가포르에서 여전히 태형이 이루어지는 것에 대해서는 논란이 있다. '비문명적'이라는 비난이 여기저기서 나온다. 하지만 싱가포르는 '공포감을 통해 범죄 예방에 효과가 있다'는 주장을 견지하면서 태형을 유지하고 있다. 싱가포르의 엄한 법과 법 집행은 사형제도 시행에서도 보인다. 2022년 8월에는 마약 소지 등의 혐의로 사형을 선고받은 두 명을 사형시켰다. 2022년 3월부터 7월 사이에도 마약사범 8명에 대해 사형을 집행했다. 우리나라에서도 사형제도 폐지 여론이 높지만, 아직 사형제도가 있는 나라가 꽤 있다. 우리나라도 그중 하나이고, 미국, 일본, 중국, 타이완, 싱가포르, 말레이시아, 이란, 북한 등이 여전히 사형제도를 유지하고 있다. 다만 우리나라는 1997년 이후 사형 집행을 하지 않고 있어 실질적 사형폐지국으로 분류된다. 영국, 프랑스, 독일 등 유럽연합EU 국가들과 캐나다, 호주, 뉴질랜드, 멕시코 등은 사형을 완전히 폐지했다. 싱가포르는 사형제 유지 국가 중에서도 중국, 북한, 이란 등과 함께 실제 사형을 집행하는 빈도가 높은 나라다. 어쨌든 이렇게 엄하게 법을 적용하는 나라라고 하더라도 미국의 요구까지 거절하면서 그야말로 '법대로'를 외치는 싱가포르는 작지만 당찬 나라, 작아도 무시할 수 없는 국가임이 틀림없다.

선진국 싱가포르, 한편엔 낙후 지역도

그렇게 우리에게 익숙한 싱가포르인데, 2022년 7월 24일에야 처음 가게 되었다. 일요일 오후 인천공항은 한가한 모습이다. 넓은 공항 로비에 흩어져 있는 사람들은 코로나 이전 북적이던 모습에 비하면 겨우 적막을 깨는 정도에 불과하다. 항공사들의 체크인 데스크도 여유 있는 모습이다. 보안검색과 출국심사를 마치고 면세구역으로 들어서니 사람이 더 적다. 사람보다 화장품, 술, 담배, 커피 등을 파는 상점들이 더 많아 보인다. 여행은 사람의 본능이라고 하는데, 본능을 억제하고 사는 사람들이 너무 많겠구나….

오후 4시 10분 인천공항을 이륙한 비행기는 6시간 20분이 걸려 싱가포르 창이공항에 도착했다. 현지는 밤 9시 30분(싱가포르가 우리보다 한 시간 느리다). 싱가포르 이미지에 어울리게 창이공항은 깔끔하고 깨끗하다. 늦은 시간이어서인지 사람이 별로 없다. 입국심사 절차도 간단하다. 여권 보고, 사진 찍고, 양손 검지 지문 찍으니 오케이란다. 3분 정도에 끝난다. 백신접종 증명서를 보자는 얘기도 안 한다. 짐 검사도 단순하다. 책상 하나 놓고 앉아 있는 세관 직원의 앞으로 지나가면 끝이다. 비행기에서 나와 입국심사대까지 10분 남짓 걸었는데, 그 시간까지 모두 합쳐서 계산해도 공항 로비까지 나오는 데 15분 정도밖에 걸리지 않았다. 미국, 영국, 프랑스, 일본 등 많은 나라를 가 봤지만, 공항 나가는 데 이렇게 시간이 적게 걸리는 것은 보지 못했다. 이래서 아시아 교통과 물류의 허브라고 하는구나 싶었다.

택시를 타려고 차들이 있는 쪽으로 가니 줄을 서란다. 그런데 줄이 건물 안에 있단다. 안에 들어가 보니, 에어컨이 나오는 건물에서 줄을 서 있다가 택시가 오면 나가는 시스템이다. 이런 것도 처음 본다. 기다렸다 차례가 돼 나가니 택시가 주차 칸에 들어선다. 기사가 내려서 짐을 싣는다. 승차를 하자 바로 직진해서 나간다. 택시가 들어오는 차선으로 들어와 오른쪽 주차 칸에 서고, 거기서 손님을 태운 뒤 바로 직진해서 나가는 차선을 타는 것이다. 들어오는 차선에 그대로 서서 손님을 태우느라 혼잡스러운 상황을 만드는 일이 없게 되어 있다. 작은 나라 싱가포르에 도착하자마자 처음 보는 광경이 많다.

호텔에 도착하니 한국인 직원이 맞아 준다. 친절하게 와이파이 세팅까지 해 준다. 한국 청년들이 싱가포르 호텔로 취직하러 온다는 얘기를 들은 적 있는데, 실제로 보니 반갑다. 싱가포르는 영어를 공용어로 쓰고 호텔산업이 크게 발달해서, 한국인에 대한 차별이 없어 한국 청년들이 꽤 온다고 한다. 하지만 이곳 생활이 만만치는 않다. 한 달 월급이 180만 원 정도인데, 집세로 70만 원 내고 먹는 데 60만 원쯤 쓰고 나면 별로 남는 것이 없다. 어디서든 힘겨운 우리의 청년들이다. 얼른 청년들에게 희망을 주는 나라가 되어야 할 텐데… 이국에서 우리 청년을 보니 나라의 미래를 생각하지 않을 수 없다. 지구촌 시대 세계 각지로 진출해야 하는 것은 맞지만, 일하는 만큼 대우를 받는다는 전제가 있어야 한다. 열심히 일하면 사는 건 웬만큼 보장되어야 한다. 물론 국내에서도 성실하게 일하면 먹고사는 문제가 자연스레 해결되는 그런 단계가 빨라 와야 하겠다.

싱가포르 물가는 비싸다. 경제 수준이 높으니 비쌀 수밖에. 우리가 묵은 호텔은 3성급인데 하루 숙박비가 30만 원이었다. 이 호텔은 조식도 변변치가 않았다. 7월 25일 월요일 7시쯤 일어나 호텔 6층의 레스토랑으로 향했다. 한쪽에 식사, 다른 쪽에 빵, 또 다른 쪽에는 과일과 커피가 있다. 식사는 동남아 사람들이 즐기는 나시르막(코코넛우유 넣고 지은 밥에 멸치와 땅콩, 소스 등을 곁들여 먹는 식사), 카레, 흰죽, 베이컨 등이 있다. 식빵과 크루아상 등 빵이 몇 가지 있고, 과일과 커피도 먹을 수 있다. 소소한 조식이다. 커피는 라테를 주문하니 만들어 준다. 그건 좋다. 외국에 다니다 보면 각 나라의 경제, 물가, 생활 수준 등을 여러 가지 경로로 느끼게 되는데, 호텔의 조식도 그중 하나다. 베트남, 말레이시아 등의 호텔 조식은 풍요롭다. 음식이 신선하고 다채롭고 풍성하다. 미국, 영국, 싱가포르 등 선진국의 호텔 조식은 단출하다. 베이글, 식빵, 베이컨, 계란, 과일, 커피 등이다. 우리나라는 중간 정도라고 할 수 있는데, 점점 선진국형이 되어 간다. 선진국이 된다는 게 뭔지, 물가는 높아지는데 수입도 높아지는 것인지, 복지 수준은 나아지고 있는 것인지, 선진국이 된들 뒤처지는 사람들이 많으면 국민 전체의 삶의 질이 높아지는 건 아닐 텐데 부의 분배가 더 효과적으로 되어 가는지…. 물가 비싼 싱가포르에서 단순한 조식을 마주하니 이런 화두들이 어지럽게 머리를 스친다.

호텔에서 조금 나가니 리틀인디아. 인도계 사람들이 모여 사는 곳이다. 인도 식당, 인도 식료품점, 옷가게 등이 죽 늘어서 있다. 다른 지역은 깨끗하고 깔끔한데 여긴 좀 우중충하다. 어느 나라나 이런 곳은 있는가 보다. 싱가포르는 온 나라가 반지르르할 걸로 생각했는데 꼭 그렇지는 않다. 싱가포르의 주류는 중국계이지만, 말레이계와 인도계도 살고, 최근에는 미얀마와 라오스, 캄보디아 등에서 일거리를 찾아 들어온 사람들도 꽤 많다. 상류층은 중국계가 대부분이고 말레이계도 좀 있다. 인도계를 비롯한 최빈국 출신들은 여기서도 여전히 힘든 삶을 살아간다. 싱가포르 다운타운의 빌딩 숲과는 다른 낮고 오래된 건물들, 덜 세련돼 보이는 간판들, 어깨가 처져 보이는 사람들의 모습이 싱가포르 하면 떠오르는 이미지와 대비되면서 생경하다.

전당포가 보이고, 특히 보석상이 많다. 인도인 가운데는 실리에 밝은 사람들이 많다. 수학과 정보기술IT 분야에서 세계적으로 이름을 떨치는 사람들도 많다. 미국의 실리콘밸리에도 인도인이 많이 진출해 있다. 보석

싱가포르 리틀인디아

상이 많은 걸 보니 여기에도 그런 사람들이 상당히 자리를 잡고 있겠구
나 하는 생각이 든다. 영국에서 유학을 마치고 돌아올 때 기억이 떠오른
다. 2년 동안 쓰던 차를 팔려고 생활정보지에 내놨다. 영국인 몇 명이 차
를 보고 갔다. 차를 둘러보고, 시동을 걸어 보고, 시운전해 보고, 가격도
물어봤다. 우리와 별다르지 않았다. 어느 날은 인도인 서너 명이 왔다. 차
를 둘러보고는 운전을 한번 해 보겠단다. 동네를 한 바퀴 돌고 오더니 차
의 마일리지를 표시하는 계기가 고장 났단다. 내가 운전을 하면서 자세히
보니 정말 고장이 나서 계기판이 정지돼 있었다. 2년 동안 전혀 모르고
지낸 걸 그제야 알게 됐다. 앞서 시운전을 해 본 영국인들도 발견하지 못
했는데, 그걸 발견한 것이다. 그때 실리에 밝은 인도인의 특성을 새삼 알
게 됐다. 싱가포르 리틀인디아의 거리 한쪽을 메우고 있는 보석상들을 보
니 그때의 느낌이 새롭게 떠오른다.

상가 건물 한편에는 큰 식당가도 있다. 한쪽에는 인도식, 다른 쪽에는 중국식이다. 누구나 들러 간단히 먹을 수 있는 간편한 카레, 덮밥, 만두, 국수 등을 파는데, 한 그릇에 3,000원 정도다. 물가가 비싼 싱가포르지만 서민들이 한 끼를 해결할 수 있는 식당가도 잘 마련돼 있는 것이다.

세계 지성의 리더를 지향하는 싱가포르 사회과학대학교

주변을 더 둘러보다 큰길가 중국식당에서 간단히 점심을 해결하고 싱가포르 사회과학대학교Singapore University of Social Sciences, SUSS로 향했다. 싱가포르는 대학 설립을 적절한 수로 제한하고, 철저하게 관리해 수준 높은 대학으로 육성하는 정책 방향을 취한다. 그래서 대학교 6개, 전문대 5개가 전부이다. 6개 대학교는 싱가포르국립대학교National University of Singapore, NUS, 난양공과대학교Nanyang Technological University, NTU, 싱가포르경영대학교Singapore Management University, SMU, 싱가포르기술디자인대학교Singapore University of Technology and Design, SUTD, 싱가포르이공대학교Singapore Institute of Technology, SIT, 그리고 싱가포르 사회과학대학교이다. 모두 국립대이다. NUS는 학생과 교수의 수준, 연구 성과, 평판도 등이 세계 수준의 대학으로 세계 랭킹 11위QS World University Rankings 2023를 유지하고 있다. NTU도 비슷한 수준의 세계적인 대학이다.

5개 전문대는 싱가포르 폴리테크닉Singapore Polytechnic, 느기안 폴리테크닉Ngee Ann Polytechnic, 테마섹 폴리테크닉Temasek Polytechnic, 난양 폴리테크닉Nanyang Polytechnic, 리퍼블릭 폴리테크닉Republic Polytechnic인데, 이 학교들도 모두 국립이다. 싱가포르는 이렇게 고등교육기관을 국가가 설립, 운영하면서 철저하게 관리를 하고 있다.

SUSS는 2017년에 신설된 대학이다. 학생은 1만 7,000여 명, 교직원은 800명 정도다. 법과대학과 상경대학, 인류개발대학, 인문행동과학대학, 과학기술대학 등 5개 단과대학에 80여 개의 학과가 있다.

싱가포르의 중남부에 위치한 SUSS를 찾아가니 국제처 직원이 나와 있다. 안내에 따라 회의실에 들어서니 부총장, 국제처장, 대학원장, 글로벌센터장 등이 벌써 자리를 잡고 있다. 명함을 교환하면서 인사를 나누고 나서, 국제처장이 학교를 자세히 소개한다. 국제처장은 교수는 아니란다. 행정직원으로 간부가 된 것이다. 실용적인 사회과학 연구와 교육을 통해 사회의 변화를 추구하는 것이 이 대학의 목표다. 3H가 구체적인 교육 목표인데, Head(머리)와 Heart(가슴), Habit(습관)이다. 응용지식으로 무장된 머리, 인간과 사회를 깊이 느낄 수 있는 가슴, 평생 지치지 않고 학습하는 습관을 갖춘 인간을 양성하려는 것이다. 싱가포르는 4년제 대학교를 종합대학교, 과학기술 분야, 상경 분야, 예술 분야, 사회과학 분야 등으로 나눠서 설립한 다음 집중 지원을 하기 때문에 SUSS도 빠른 속도로 성장하고 있다는 게 국제처장의 설명이다.

SUSS는 사회과학 분야에 관한 한 아시아를 넘어 세계를 지향하고 있다. NUS와 NTU가 세계 톱10 수준에 이른 것처럼 SUSS는 사회과학 분야에서 세계 톱10을 꿈꾸며 세계 지성의 리더를 향해 계속 나아가고 있다. 대학원장은 대학원의 프로그램들을 따로 자세히 설명하고, 글로벌센터장은 학생들의 글로벌네트워크 구성, 이를 통한 토론대회 등 구체적인 계획을 브리핑했다. 신생 대학이어서 국제교류에도 아주 적극적이다. 이들의 태도에서 학생들에게 더욱 알찬 교육, 더 많은 경험을 제공하려는 모습이 잘 보인다.

우리도 전북대에 대한 개요, 국제교류의 추진 방향 등을 설명하고, 바

싱가포르 사회과학대학교

로 좀 더 구체적인 논의를 시작했다. SUSS는 신생 대학으로 국제교류를 별로 안 해 본 대학이어서 우선 쉽게 시작할 수 있는 것을 먼저 하잔다. 쉽게 시작할 수 있는 게 한 학기 교환학생 교류이니 이를 먼저 하자는 것이다. 우리도 필요한 부분이어서 큰 문제는 없을 것 같은데, 다만 SUSS가 기숙사가 부족해 교환학생의 기숙사 수용은 어렵단다. 대안으로 홈스테이를 제안한다. 싱가포르 대학들은 부지가 적어 기숙사가 많지 않다. 그래서 SUSS는 전북대에서 교환학생을 보내면 홈스테이를 안내해 기숙사 못지않게 편히 지낼 수 있도록 하겠다는 것이다. 그게 최선일 것 같다. 싱가포르의 일반인 가정에서 지내며 문화와 관습을 직접 배울 기회도 될 것 같다.

교환학생 교류는 그렇게 추진하기로 하고, 복수학위에 대해 논의하는데 이 사안에 관심이 대단하다. 특히 행정학과, 사회복지학과, 전자공학과 등에서 복수학위에 관심이 많으니 학과들 사이의 회의를 주선해 달란다. 복수학위는 학과 사이의 긴 협의와 협약이 필요한 만큼 추후 논의가 더 필요하겠지만, 뭔가 새로운 것을 해 보려는 열정이 대단하다. SUSS 단기 프로그램도 운영하고 있으니 학생들을 많이 보내 달란다. 예컨대 서머스쿨에 많이 참여시켜서 학점도 따고 싱가포르도 경험할 수 있게 해 달라는 것이다. 마찬가지로 우리도 여름·겨울 방학 동안 단기 프로그램을 운영하고 있으니 학생들을 많이 파견해 달라고 요청하니 그렇게 하겠단다.

두 대학이 처음 만나는 만큼, 앞으로 교류협력을 지속적으로 추진해 간다는 내용의 양해각서MOU를 체결했다. 이어서 커피와 빵, 과자 등을 함께하는 간단한 다과회로 이어졌다. 실제로 교류해 보면 이런 자리가 중요하다. 이런 과정에서 이야기가 잘되는 사람을 만나게 되면 추후 자연스럽게 연락을 자주 하게 되고, 그러다 보면 교류가 더 넓어진다. 자연스러운 대화의 시간이 시작되자 좀 더 구체적인 얘기들을 하게 된다. 한국 학생들이 싱가포르에 관심이 많은지, 그래서 많은 학생이 싱가포르에 올 수 있을지, 싱가포르 학생들은 한국에 관심이 많은데 어떤 대학들과 더 교류를 추진하면 좋을지 등등 관심 사항이 한둘이 아니다.

부총장은 미국의 시카고대학교 출신인데, 출신 학교에 대한 자부심이 대단해 보인다. 명함에 '시카고대학교 박사'라고 쓰여 있으니 말이다. 그래서 슬쩍 "시카고대학교 출신이에요?" 물으니, 준비하고 있었다는 듯 술술 말을 풀어놓는다. 자신은 영문과 출신인데 인문사회 분야는 시카고대학교가 특히 강하다, 박사학위 받기가 진짜 어려워서 얼마나 고생했는지 모른다, 이런 얘기가 끝없이 이어진다. 그런 얘기 많이 들었다, 내가 아는 사람은 시카고대학교에서 박사학위를 못 받고 옥스퍼드대학교로 옮겨 박사과정을 하고 있다, 이렇게 맞장구를 치니 신이 난 모양이다. 시카고대 교수들은 학생들을 고문하는 것을 즐기는 것 같다면서 고생했던 얘기를 더 리얼하게 들려준다.

시간이 지나니 얘기는 한류로 흐른다. BTS, 아이돌 그룹, 한국 드라마, 한국 음식 등. 한국 노래 뭘 들었다, 한국 드라마 뭘 본다, 싱가포르에도 한국 식당 많은데 어디가 특히 좋다 등등. 한국에 대해 나보다 더 많이 알고 있는 것 같다. 싱가포르는 선진국인데도 한류의 영향을 이렇게 많이 받고 있다니…. 우리 대중문화의 힘을 새삼 느끼지 않을 수 없다. 그 덕분에 대학 간 교류도 더 잘되어 간다는 생각을 새삼 하게 된다. 이런 환경을 활용해 지방의 대학들도 세계로 더 나아가 학생을 유치하고, 우리 학생들이 더 넓은 세계를 경험할 기회도 넓혀야겠다는 생각이 절실해진다.

내가 전북대 국제협력처장으로 일하기 시작한 게 2021년 2월인데, 그때부터 바로 싱가포르 대학과의 교류를 추진했다. 말레이시아, 인도네시아, 필리핀 등 동남아 여러 나라와의 교류는 많은데 싱가포르와는 교류가 없었다. 우리와 거리가 가깝고, 선진국 경험을 해 보고 싶어 하는 학생들의 욕구도 충족시켜 줄 수 있는 나라가 싱가포르다. 그런데 MOU를 맺고 있는 대학이 없었다. 그래서 6개 대학교의 문을 계속 두드렸다. 이 대학들의 수준이 높고, 또 아시아, 아프리카 등에서 많은 교류 요청을 받고 있어 오랫동안 답이 없었지만 계속 노크를 했다. 그 결과 SUSS와 대화의 기회가 열렸고, MOU를 하게 됐다. 싱가포르 대학들은 자존심이 강하고 아쉬운 게 없는 편이지만, 그들이 필요한 것 가운데 우리가 제공할 수 있는 것을 잘 파악해서 제시하면 교류의 장이 열릴 수 있음을 알게 됐다. 이런 방향으로 싱가포르의 다른 대학교들과도 교류를 추진하면 되리라는 인식도 더욱 분명해졌다.

싱가포르도 사람 사는 곳

싱가포르에 온 소기의 목표를 달성했으니, 싱가포르강 주변을 둘러보자. 싱가포르강은 싱가포르의 남쪽을 서에서 동으로 흐른다. 주변에 들어선 멋진 카페와 술집들로 유명하다. 그런 카페와 술집들을 유유히 감상하면서 강변을 걸었다. 커피와 차를 파는 집, 베이징덕을 파는 음식점, 소주까지 파는 술집 등이 길게 이어져 있다. 거리의 끝에는 공원이 이어진다. 공원이나 길거리에서 담배는 일절 금지일 것 같은데 담배를 피우는 사람들이 있다. 지정된 곳에서는 피울 수가 있단다. 담배꽁초가 버려진 것도 가끔 보인다. 벌금이 센데도 버리는 사람들이 있는 모양이다. 역시 싱가포르도 사람 사는 곳임이 분명하다. 아무리 단속해도 위반은 있기 마련이고, 순사 10명이 도둑 1명 못 잡는 게 인간 세상 아닌가. 엄하다 무섭다해도 싱가포르에도 우리와 다를 바 없는 사람들이 이런저런 사연을 갖고 살아가고 있다.

저녁은 현지식을 찾았다. 싱가포르강 연안에 바쿠테Bat Kut Teh. 肉骨茶로 유명한 집이 있다. '송파松發'라는 식당인데, 미슐랭 가이드에도 선정된 곳이다. 가 보니 벌써 줄을 서 있다. 한국 사람도 있다. 바쿠테를 시키고 15분 정도 기다리니 앉을 수 있다. 조금 더 기다리자 음식이 나왔는데 향이 좋다. 그릇에 국물이 가득하고 큼직한 돼지갈비가 들어 있다. 맑은 국물을 떠먹어 보니 아주 고소하면서도 시원하다. 그도 그럴 것이 바쿠테는 솥에 돼지갈비를 넣고 마늘과 버섯, 당귀, 계피 등을 넣어 푹 곤 것이다. 말하자면 돼지갈비탕이다. 소갈비탕보다 오히려 깊은 맛이 난다. 오래전 중국 푸젠성福建省 사람들이 말레이시아, 싱가포르 지역으로 건너와 항구에서 짐을 나르는 일을 많이 했다. 이 사람들이 고향에서 먹던 방식으로 바쿠테를 만들어 보양식으로 먹었다. 그것이 말레이시아, 싱가포르, 인도네시아 등으로 퍼져 지금도 보양식으로, 별미로 많이들 먹는다. 싱가포르식은 맑은 국물, 말레이시아식은 한약재 등을 더 넣어 검은색이 도는 국물이다. 물론 돼지고기여서 이슬람교도는 안 먹는다. 푹 고아진 돼지갈비가 아주 부드럽고, 고소하다. 삼겹살 수육도 시켰는데, 모양, 양념, 맛이 동파육이다. 감칠맛이 난다.

거기서 마리나베이샌즈 전망대까지는 멀지 않다. 걸어서 다니다 보면 그 나라에서 볼 수 있는 특이한 모습이 더 잘 보인다. 우선 보이는 게 배달 오토바이에 걸려 있는 핸드폰 우산이다. 오토바이 앞부분에 핸드폰을 씌우는 미니 우산이 걸려 있다. 비가 자주 오는 곳이다 보니 이런 것까지 생긴 것 같다. 우리도 이런 걸 만들어 걸면 비나 눈이 오는 날 아주 유용하겠다는 생각이 든다. 공유택시를 탔을 때 기사가 충전기를 핸드폰에 끼우는 게 아니라 자석으로 된 충전기를 붙이는 걸 봤다. 운전하면서 충전기를 끼우는 게 아주 불편한 일인데, 편리하게 자석식으로 만들어 낸 것이다. 실용적인 지혜를 엿볼 수 있다.

또 하나 눈에 띄는 것은 건물들의 1층이 도로로 이용된다는 것이다. 건물의 1층을 안쪽으로 쑥 들어가게 지어 그렇게 생기는 긴 복도를 공용 도로로 활용하고 있다. 유심히 보니 웬만한 건물들이 모두 그렇게 되어 있다. 지은 지 오래된 건물은 처마를 길게 달아내 복도를 만들었다. 계절 변화 없이 사시사철 낮 기온이 30도를 넘는 더운 나라이니 사람들의 이동이 편리하게 고안해 낸 것이다. 큰 거리에도 지붕이 있는 작은 길이 달린 경우가 많다. 더운 나라에서 사람들이 조금이라도 더 활력 있게 움직일 수 있도록 한 싱가포르 정부의 고심이 잘 묻어난 장치다. 이렇게 해놓으니 더위를 피하고 보통 하루 한 번씩 내리는 소나기도 피할 수 있어 무척 실용적이다.

싱가포르 거리를 걸으면 또 하나, 노숙자가 눈에 띄지 않는다. 노숙자는 선진국, 후진국 할 것 없이 미국도, 영국도, 일본도 예외가 아닐 정도

건물 1층의 복도식 도로

로 많다. 특히 샌프란시스코에 갔을 때는 노숙자가 참 많았다. 거리 한편에 노숙자들이 단체로 모여 있는 곳도 있었다. 따뜻한 도시라서 노숙자들이 많이 모였나 싶기도 했다. 햄버거집이나 식당의 문에는 '시급 17달러'라는 구인광고가 붙었는데, 바로 주변에 노숙자들이 자리를 잡고 있었다. 시급 2만 원이면 하루 10만 원 버는 건 어려운 일이 아니고, 그 정도만 일해도 노숙은 면할 수 있을 텐데 도대체 어떤 사연이 있길래…. 암튼 싱가포르에는 노숙자가 보이지 않는다. 그래서 여행자들이 느끼는 편안함과 안도감이 큰 듯하다.

싱가포르가 자랑하는 57층 높이의 마리나베이샌즈 전망대에 오르니 싱가포르가 한눈에 들어왔다. 도시가 참 맑고 산뜻하다는 느낌이 들었다. 그렇게 싱가포르의 야경까지 보고 하루를 마무리했다.

한반도 문제와도 연결된 싱가포르

7월 26일 화요일. 이제 싱가포르를 떠나야 한다. 싱가포르까지 왔는데 역사적인 첫 북미정상회담이 열린 곳을 못 보고 갈 수는 없다. 2018년 초 미국과 북한이 천신만고 끝에 평화 무드를 만들어 내면서 정상회담을 거론하고 있을 때, 첫 정상회담 장소를 두고 양국이 한동안 실랑이를 벌였다. 스위스, 중국, 판문점 등이 오갔다. 상당한 밀고 당기기 끝에 합의된 장소가 싱가포르였다. 국제금융과 물류의 허브로 개방적인 성격을 가진 것이 결정적으로 작용했다. 싱가포르가 작은 섬나라인 데다가 남쪽에는 섬 휴양지가 있어 치안과 보안 확보에 매우 유리하다. 실제 첫 북미정상회담은 남쪽에 있는 인공섬 센토사에서 열렸다. 센토사섬의 카펠라 호텔에서 역사적인 회담이 열렸다.

택시를 타고 카펠라 호텔에 내려 직원에게 북미정상회담이 열렸던 곳을 물으니 바로 안내해 준다. 호텔의 메인 건물을 왼쪽으로 조금 돌아가니 옆 건물과의 사이에 있는 공간이 나온다. 그 가운데 동판이 박혀 있다. 동판 가운데에 '12. 06. 2018 SUMMIT IN SINGAPORE'라고 쓰여 있고, 그 아래에 사람 손 둘이 악수하는 모습이 새겨져 있다. 동판을 둥글게 돌면서 'UNITED STATES OF AMERICA·DEMOCRATIC PEOPLE'S PEPUBLIC OF KOREA'라고 선명하게 양각돼 있다. 우리에게 아주 익숙한 김정은 북한 국무위원장과 도널드 트럼프Donald Trump 미국 대통령이 처음 악수하는 그 장면이 바로 여기서 만들어진 것이다.

남북관계를 꽤 오랫동안 공부해 온 나는 감회가 남달랐다. 우리의 고민인 남북통일 문제와 싱가포르가 깊이 연결되어 있다는 느낌도 들었다. 그래서 싱가포르가 더 가깝게 여겨졌다. 당시 그 역사적인 장면이 얼마나 많은 기대를 낳았던가? 실제 두 정상은 북미 합의를 만들어 냈다. 비핵화, 새로운 북미관계 수립, 평화체제 구축 노력에 합의한 것이다. 하지만 그게 오래가진 못했다. 이듬해인 2019년 2월 베트남 하노이에서 열린 두 번째 북미정상회담이 결렬되면서 북미는 다시 대결의 국면으로 들어서 버렸다. 비핵화에 대해 적극적인 것처럼 보였던 트럼프는 북한과 진정성 있는 협의나 합의보다는 사진 찍고, 세계의 이목을 집중시키는 데에만 관심이 있었다. 이건 내 얘기가 아니라 그의 국가안보보좌관이었던 존 볼턴John Bolton이 한 말이다. 북한에 줄 건 주고 받을 건 받는 식의 협상을 진지하게 할 생각이 없었다. 북한에 조금도 양보할 생각이 없었고, 그 바람에 북한이 가지고 나온 영변 핵단지 폐기라는 큰 카드도 받지 않고 회담장을 나와 버린 것이다.

세기적인 회담이 열렸던 카펠라 호텔에 와서 북미 정상이 만났던 장소에 서니 우리의 현실이 다시 체감된다. 답답해졌다. 우리가 할 수 있는 게

2018년 6월 첫 북미정상회담이 열린 카펠라 호텔

김정은-트럼프가 처음 만난 장소에 새겨진 기념 동판

별로 없고, 미국을 쳐다봐야 하고, 중국에 기대야 하고, 그런 상황이 답답하다. 그럴수록 역시 답은 하나밖에 없다는 생각 또한 절실해졌다. 남북이 더 가까워지는 것이다. 그러면 뭐든 할 수 있다. 물론 강대국의 반발과 반대도 있을 수 있다. 하지만 설득하면서 전진하면 강대국도 어쩔 수 없는 것이 국제관계의 현실이기도 하다. 어떻게든 북한과 만나고, 얘기하고, 작은 것부터 합의해서 만들어 가야 한다. 그러면 주도권이 한반도에 주어진다. 그러지 않고 남북이 멀리하고 갈라져 있으면 주변국은 꽃놀이패다. 남북 사이에 쐐기를 더 박으려 한다. 그러면서 남한은 남한대로 북한은 북한대로 이용하려 한다. 어렵더라도 인내심을 가지고 북한에 접근하는 방안 외에는 답이 없다.

호텔을 한 바퀴 둘러봤다. 곳곳에 야외수영장, 수목원 같은 정원, 별장처럼 생긴 독립된 객실 등 고급 호텔의 요소를 모두 갖추었다. 김정은은 여기 머무는 동안 어떤 생각을 했을까? 어떻게 하면 북한을 싱가포르처럼 잘사는 나라로 만들 수 있을지를 고민했을까? 이런 것들을 감상하고 즐길 수 있는 여유나 있었을까? 남북이든 북미든 다시 여기서 정상회담이 열리면 좋겠다는 생각이다. 만나야 서로의 의도와 의사를 확인할 수 있고, 큰 문제가 풀릴 가능성이 있는 것이다. 마주 앉지 못하고 서로 으르렁거리기만 해서는 평행선을 벗어날 수 없다. 거리를 좁힐 수 없는 것이다.

그렇게 역사적인 공간 관찰까지 마친 뒤 공항으로 향했다. 싱가포르가 2년 전 야심 차게 만든 '주얼 창이 에어포트Jewel Changi Airport'에 잠깐 들렀다. 1, 2, 3 여객터미널 사이에 만든 어마어마한 규모의 쇼핑센터. 중앙에는 세계 최대의 실내 폭포가 떨어지고, 그 주변에는 5층 규모로 식물원이 잘 조성돼 있다. 그 외곽으로 명품점, 중저가 매장, 음식점, 카페 등이 들어서 있다. 볼거리가 많다. 관광객들이 나가기 전에 들러서 실컷 돈

을 쓰게 하려고 싱가포르 정부가 만든 것이다. 1조 7,000억 원이 들었다고 한다. 자연 관광자원이 별로 없는 싱가포르는 이렇게 끊임없이 뭘 만들어 내서 사람들을 모으려 한다. 실제로 이곳은 구경도 하고 쇼핑도 하고 먹을 수도 있고, 여객터미널 접근성도 좋아 사람들을 많이 모을 수 있다. 이런 걸 보면서, 지속적으로 새로운 것을 추구하고 자국의 매력을 증대시키려는 싱가포르의 노력은 충분히 보상받을 만하다는 생각이 들었다.

창이공항은 출국도 아주 간단하다. 보안검색은 들고 있는 가방만 올려 놓으면 끝. 출국심사는 자동심사기로 하는데, 여권 스캔하고 사진 찍으면 문이 열린다. 이것으로 출국심사대 심사는 끝이다. 대신 비행기 타기 직전에 게이트에서 짐 검사를 한다. 보안검색과 출국심사를 간결하게 해서 줄 서지 않게 하고, 대신 승객들이 각 게이트로 분산된 상태에서 게이트에서 짐 검사를 하니 혼잡하지 않고 좋다. 이런 시스템을 우리도 도입하면 좋을 것 같다.

짧은 싱가포르 방문이었지만, SUSS와의 협의도 원만하게 이뤄졌고, 우리가 배울 만한 것도 여러 가지 보았다. 작지만 알찬 나라 싱가포르는 언제 다시 한번 여유 있게 가 봐야겠다. 차근차근 깊이 보면 새로운 것, 배울 것이 더 많을 것 같다. Fine City(멋진 도시 또는 벌금 도시) 싱가포르에서 벌금 내는 일만 피하면, 멋지고 좋은 면을 많이 발견할 수 있으리라.

2.
세계 최고의 농과대학을 향하여
: 말레이시아푸트라대학교

446년을 식민지로

정치체제로 보면 말레이시아는 입헌군주제이다. 국왕이 있고, 행정부, 입법부, 사법부가 있다. 물론 총리가 국정의 실질적인 권한과 책임을 지고 있고, 국왕은 상징적인 존재이다. 군림하되 통치하지 않는 입헌제 국가 국왕의 지위를 그대로 가지고 있다. 특이한 것은 왕의 가문이 하나로 정해져서 그 집안에서 대를 이어 왕이 나오는 체제가 아니라는 것이다. 말레이시아는 13개 주로 이루어져 있다. 그중 9개 주에서는 이슬람 최고지도자인 술탄이 주지사이다. 나머지 4개 주의 최고지도자는 국왕이 겸임한다. 그러니까 술탄이 통치하는 9개 주가 통합해 하나의 연방국가를 만든 것이다. 국왕은 9개 주의 술탄이 모여 호선으로 선출한다. 임기는 5년. 실제로는 9명이 돌아가면서 국왕을 맡는다. 국왕의 정식 호칭은 '양 디페르투안 아공Yang di-Pertuan Agong', 줄여서 '아공'이라고 부른다.

지금의 국왕은 '압둘라 이브니 술탄 아흐맛 샤Abdullah ibni Sultan Ahmad Shah'로 말레이반도 중동부 파항Pahang주의 술탄이다. 주의 술탄이지만 살아 있는 동안 순서가 돌아오지 않아 국왕을 해 보지 못하는 경우도 있다. 그런 국왕을 두 번 했던 사람도 있는데, 말레이반도 서북부 케다Kedah주의 술탄이었던 '투안쿠 압둘 할림 무아드잠 샤Tuanku Abdul Halim

^{Mu'adzam Shah}'이다. 1970년 43세에 국왕이 되어서 5년간 재임했다. 이후 다른 8개 주의 술탄들이 돌아가면서 국왕을 한 뒤, 2011년 다시 케다주 차례가 되어서 84세에 국왕이 됐고, 2016년 말까지 재임했다. 장수하고 볼 일이다.

2022년 7월 13일 아침 일찍 말레이시아 왕궁을 향한다. 공식 이름은 '이스타나 네가라Istana Negara'. '이스타나'는 궁전, '네가라'는 국가, 그러니까 '국가의 공식 궁전'이라는 뜻이다. 쿠알라룸푸르 북서쪽 100헥타르의 넓은 땅에 아늑하게 자리하고 있다. 22개의 돔을 가진 큰 왕궁 건물은 이슬람 양식과 말레이 전통 양식을 혼합해 지었다. 가운데 제일 높은 곳에 황금색 돔이 자리를 잡고, 그 주변을 층별로 작은 돔들이 둥그렇게 둘러싸고 있다. 정원도 단아하게 꾸며져 있다. 2012년 3,000억 원을 들여 새로 지은 것이다. 내부로 들어갈 수는 없고, 밖에서 보게 돼 있다. 근위병들이 멋진 제복을 차려입은 채 지키고 서 있다. 말 탄 기마병도 보인다.

말레이시아 왕궁 '이스타나 네가라'

메르데카 광장

   그다음에 '메르데카 광장Merdeka Square'으로 갔다. '메르데카'는 말레이어로 독립, 자유라는 뜻이니, 독립광장이다. 1957년 영국으로부터 독립할 당시 독립이 선포된 곳이다. 말레이시아는 446년이라는 긴 역사를 식민지로 살았다. 1511년부터는 포르투갈, 1641년부터는 네덜란드, 1824년부터는 영국의 지배를 받았다. 1942년부터 3년 동안은 일본, 1945년부터 12년 동안은 다시 영국의 식민지였다. 그렇게 1957년까지 446년이란 긴 세월을 식민지인 채 살았다. 우리가 겪은 일제 35년의 100배가 훨씬 넘는다. 말레이시아인들이 느끼는 독립이란 말의 무게를 짐작할 만하다.

   영국 식민지 시절 고위층들의 사교장인 셀랑고르클럽 건물이 그대로 남아 있고, 그 앞에는 영국인들이 크리켓 경기장으로 쓰던 잔디광장이 있다. 말레이시아인들이 여기서 독립을 선포한 뒤 영국 국기 유니언잭을 내리고 말레이시아 국기 '잘루르 그밀랑'을 내걸면서 독립을 맞았다. 잔디

광장 한쪽에 높이 100미터인 국기 게양대가 있고, 거대한 '잘루르 그밀랑'이 걸려 있다. 항상 그렇게 걸려 있다고 한다. 영원히 독립을 잃지 않겠다고 외치기라도 하는 듯.

농과대학을 핵심으로 성장 일로

말레이시아라는 국가의 역사적 숨결을 잠시 느껴 보고서 이번 방문의 주요 목적지 말레이시아푸트라대학교Universiti Putra Malaysia, UPM로 갔다. Putra는 영어로 Prince, 즉 왕자를 의미한다. 말레이시아 왕자와 같은 지위의 대학이라는 뜻을 담고 있다. 말레이시아에는 모두 5개의 연구중심대학이 있다. 말라야대학교Universiti Malaya, UM, 국립말레이시아대학교 Universiti Kebangsaan Malaysia, UKM, 말레이시아세인스대학교Universiti Sains Malaysia, USM, 말레이시아과학기술대학교University Teknologi Malaysia, UTM, 그리고 UPM이다. 이 5개의 연구중심대학은 정부로부터 많은 지원을 받아 질 높은 연구와 교육을 하고 있다. 이 대학들은 세계 랭킹이 모두 높다. UPM도 세계 123위QS World University Rankings 2023를 유지하고 있다. 학생이 2만 5,000여 명, 교수가 1,700여 명이나 된다.

쿠알라룸푸르에서 남쪽으로 30분 정도 가니 UPM이 나온다. 말레이시아의 수도 쿠알라룸푸르를 셀랑고르Selangor주가 둘러싸고 있는데, 셀랑고르주 남부에 세르당Serdan이라는 시가 있고, 그 안에 UPM이 있다. 역시 규모가 아주 크다. UPM에서 먼저 식당으로 안내했는데, 농대에서 운영하는 곳이라고 한다. 이 학교는 원래 영국 식민지 시절인 1931년에 세워진 농업학교를 기원으로 한다. 그래서 농대가 크고 연구, 교육 수준이 아주 높다. 관련 연구소도 많고, 학교기업도 많다. 여기서 개발한 비료,

종자 등이 이 대학의 효자 노릇을 한다. 농대만 따지면 세계 45위 수준이다. 따로 운영하는 음식점이 있다니 농대가 이 대학에서 차지하는 위치를 짐작할 만하다. 농대 학장이 맞아 주었는데, 아이 둘을 키우는 이슬람 커리어 우먼이다. 작은 체구에 말이 분명하고 다부지다.

국제협력처장도 함께 나와 우리를 환영한다. 경영대에서 기업법을 가르치는 교수다. 말레이시아는 교수 정년이 만 60세인데, 6년 남았단다. 그러면 54세. 우리는 정년이 65세여서 나는 8년 남았다고 하니 57세냐고 묻는다. 그렇다고 하니 고개를 끄덕이면서 나를 보고 자기보다 더 젊단다. 정년이 8년이나 남았으니 젊은 거 아니냐는 얘기다. 위트가 있다. 우리나 무슬림이나 정서와 감정은 크게 다르지 않음을 새삼 느꼈다. 이런 게 우스갯소리가 될 수 있으니…. 밥을 먹으면서 대화하다 보니 이런저런 가벼운 얘기들도 많이 하게 된다. 그래서 함께 밥 먹는 게 중요하다. 국가 간 외교에서도, 기업들의 협상에서도, 대학 간 교류에서도. 60세 정년이면 너무 젊은데 뭘 할 거냐고 물으니, 자기는 시골로 간단다. 시골에 두리안 농장이 있는데 두리안 나무가 약 1,000그루 된단다. 한 그루에 60개 정도 열리는데, 한 개에 5,000원쯤 받는다니까 한 그루에 30만 원가량 소득이 생긴다. 열대지방이다 보니 수확을 일 년에 두 번 하니까 60만 원. 1,000그루니까 일 년 수익이 6억여 원. 1인당 국민소득이 1만 달러로 우리의 3분의 1쯤이니까, 우리나라에서 1년에 18억 원 정도 수익을 올리는 수준이다. UPM 국제처장은 자기는 퇴직하면 부자가 된다면서 신나게 이런 설명을 자세히 해 준다. 시골로 나를 초청하겠단다. 반가운 일이다. 그땐 나도 가벼운 마음으로 여유 있게 올 수 있을 것 같다.

대화도 즐겁고 음식도 말레이 전통음식이라 새롭다. 나는 외국에 나가면 현지 음식 맛보기를 좋아하는데, UPM에서 그런 음식을 내놓는다. 큰 양철판이 식탁 가운데에 놓여 있다. 중심에 요리가 하나 있고, 방사형으

말레이시아푸트라대학교

로 나뉜 칸에 각각 다른 요리들이 담겨 있다. 중심에 있는 요리는 소고기를 많이 넣은 카레. 인도식으로 향이 강한 게 아니라 은은한 향이 나는 카레다. 그 옆으로 놓인 것들은 닭고기, 새우, 두부, 야채 등을 역시 말레이 전통식 소소에 볶아 낸 것들이다. 식탁 한쪽에 밥이 따로 놓여 있어 밥과 함께 먹는다. 모든 음식이 우리 입맛에 맞다. 동남아식은 향이 강한 소스나 채소를 쓴다고 생각했는데, 말레이 전통식은 그렇지 않았다.

점심 직후 캠퍼스 투어를 했다. 농대를 비롯해 수의대, 공대, 의대 등을 차례로 보았다. 내려서 볼 시간은 없고 버스를 타고 가면서 살펴보았다. 그러곤 본부로 이동했다. 큰 본부 건물 앞에 간부들이 나와서 환영해 준다.

총장 회의실로 가니 UPM의 부총장들이 앉아 있다. 잠시 후 총장도 들어온다. 양 대학의 교류 확대를 논의하기 위해 전북대와 UPM의 총장과 몇몇 간부들이 마주 앉는다. 할 이야기가 많다. 우선 교환학생들이 많아져야 하는데 서로 많이 파견하자, 그러자면 학생들을 돌볼 수 있는 교수나 직원도 서로 보내자, 공동연구를 활성화하기 위해 교수 파견도 하자 등등 실질적인 논의들이 심층 진행된다.

간간이 가벼운 얘기도 섞인다. 전북대 총장 임기를 묻는다. 2023년 1월까지라니까 임기 끝나기 전에 꼭 초청해 달란다. UPM 총장은 한국에 와 본 적이 없다면서 꼭 초청장을 보내 달란다. UPM의 사무국장에게는 돈을 마련할 수 있도록 해 달라고 한다. 사무국장은 '많이 쪼들리는데…'라며 망설인다. 그러면서도 한국에는 와 보고 싶은지 노력해서 기회를 마련해 보겠단다.

나는 국제협력처장을 하면서 실제 맞닥뜨린 문제들을 제기하지 않을 수 없었다. UPM에서 한 학기에 20명쯤 교환학생을 보내는데, 전북대는 이 학생들에게 무료로 기숙사를 제공한다. 그러면서 전북대도 UPM에 많은 학생을 보내려 하는데, 역시 기숙사가 문제다. 15명 이상 받기가 어렵다면서 많은 학생을 보내는 걸 꺼려 왔다. 이 문제를 총장에게 직접 얘기하는 게 좋을 것 같아 얘기를 꺼냈다. 총장은 전북대와 교류를 확대하려면 해결돼야 하는 문제라면서 노력하겠단다. 나는 내친김에 좀 더 얘기해야겠다 싶어서 전북대 학생들이 기숙사 시설이 낡아서 불편을 호소한다는 얘기도 전했다. 가능하면 일반 학생 기숙사보다는 시설이 좋은 게스트하우스에 전북대 학생들을 수용해 달라고도 했다. 총장은 수요가 많아 고민이지만 충분히 고려해 보겠다고 했다.

UPM 총장은 수의과대학 교수인데, 세부전공으로는 병리학을 했단다. 그러면서 전북대 손님 중 수의학을 하신 분이 있는지 묻는다. 학생처장이 수의학과 교수라 손을 드니 세부전공은 뭔지, 수술을 직접 하기도 하는지 등 자세히 묻는다. 딱딱하지 않게 대화를 술술 풀어 가는 능력이 있다.

세계의 대학들을 다니면서 총장, 부총장 등 고위 관계자들을 많이 만나 봤는데, 이들의 공통적인 특징은 밝은 표정으로 말을 쉽게 하고 친근감이 있다는 것이다. 사람들에게 편하게 다가가 대화하고, 그를 통해 어려운 문제도 비교적 쉽게 풀어 가는 능력을 갖추고 있다. 사실 대학처럼 끌어가기 어려운 조직도 없다. 기자 시절 서울에서 부산까지 군대의 사단하나를 끌고 가는 것보다 기자 세 명 데리고 가기가 더 어려울 거라는 얘기를 많이 들었다. 근데 기자보다 어려운 직업군이 교수다. 생각이 다양하고 고집들이 세다. 게다가 남들과 거의 대화하지 않고 지내는 분들도 많다. 그러니 협의하고 협력하기가 보통 어려운 게 아니다. 교수 한두 명 데리고 서울에서 부산 가기가 기자 세 명 데리고 가기보다 어려우면 어려웠지 쉽지는 않을 것 같다. 그런 조직을 조화롭게 끌고 가면서 성과들을 만들어 내려면 보통의 능력으론 안 된다. 첫째는 체력, 둘째는 인내력, 셋째는 포용력, 넷째는 판단력, 다섯째는 세상의 흐름을 파악하는 능력까지 모두 갖추어야 대학의 총장을 잘할 수 있을 것이다. 그냥 총장을 하려면 모르겠지만, 총장을 잘하려면 이런 능력을 모두 갖추고 있어야 한다. UPM도 날로 발전하는 것을 보면 총장이 그런 능력을 분명 갖추고 있는 모양이다.

협의를 마치고 내려오니 다른 회의실에서는 전북대 학장들과 UPM의 학장들이 논의 중이다. UPM 학장들은 여전히 궁금한 게 많다. 전북대 학생들을 교환학생으로 받아 가르치다 보니 실제로 해 줘야 될 것들이 많고, 그러다 보니 전북대에서 어떤 생각과 정책을 지니고 있는지 궁금한 것이다. 마침 들어가니 UPM의 농대 학장이 묻는다. 전북대 학생들이 UPM에 와서 영어 강의를 듣다 보니 부담이 많은 것 같다며, 학생들이 UPM에서 공부하는 동안 교과목을 최소한으로 듣기를 권장한단다. 적은

말레이시아푸트라대학교 대학본부

과목을 들으면서 내실을 기하고 다른 나라 학생들을 많이 사귀는 시간을 갖는 것도 중요하다는 얘기다. 그러면서 교환학생이 한 학기에 가장 적은 학점을 듣도록 하려면 몇 학점까지 내려갈 수 있는지 질문한다. 이 문제를 따로 정해 놓은 것은 없지만, 바로 생각을 정리해 말해 줬다. 전북대 학생은 한 학기를 마치려면 최소한으로 들어야 하는 학점이 12학점이고, 이건 교환학생에게도 그대로 적용된다고 답했다. 그랬더니 명쾌하게 정리해 줘서 감사하다고, 앞으로 그렇게 학생들을 지도하겠단다.

이렇게 큰 문제, 작은 문제들을 조금씩 협의하고 해결하면서 대학의 교류는 더 잘되고 그 속에서 학생들은 더 좋은 기회를 찾을 수 있을 것이다. 그런 점에서 UPM과의 협의는 생산적이었다. 물론 코로나19가 사그라들고 학생들이 맘 놓고 나갈 수 있는 상황이 되어야 한다.

꽤 오랜 시간 얘기를 하다 보니 금세 친근해져서 섭섭한 마음으로 작별을 했다. 가져온 선물을 주고 선물도 받았는데, 그냥 보내긴 섭섭하다면서 캠퍼스에서 못 본 부분을 보여 주겠단다. 도서관, 학생회관을 지나 학교 내 학술림(연구용 숲)에서는 아예 차를 세운다. 내려서 보고 사진도 찍고 하란다. 숲이 어마어마하다. 그 속으로 들어갔다가는 몇 시간이 걸릴지 모를 일이다. 그래서 입구에서 보고 사진 찍고 이동. 박물관에 들러 잠깐 본 뒤, 손수 내주는 사탕수수 주스를 마시고, 이제 정말 헤어질 시간이다. 국제처장은 코로나19 이후 이렇게 큰손님은 처음인데, 우리가 모자란 점은 없었는지 모르겠다면서 그런 점이 있더라도 양해해 달라고 얘기했다. 너무 환대를 받아서 미안할 지경이었다. 말레이인들은 기본적으로 겸손하고, 자신들을 내세우기보다는 남을 추켜세우고 대접하는 것을 좋아하는 민족인 것 같다. 우리의 정서와 맞닿는 부분이 많음을 새삼 또 느꼈다.

짧은 방문이지만 UPM은 인상적이었다. 우선 방향성이 분명하다. 농과

대학을 전면에 내세우고, 그 바로 아래 수의과대학을 받쳐 놓았다. 최고의 특장으로 농대를 자랑스럽게 내세우면서 연구, 개발, 산학협력, 교육을 모두 열심히 한다. 농학에 관한 한 세계 최고를 지향한다. 연관 학문인 수의학도 동시에 발전시켜 동물백신 등의 개발에도 선도적인 역할을 하고 있다. 연구 결과의 산업화를 통해 벌어들이는 수익은 정부 지원과 함께 대학을 더 성장시키는 데 핵심적인 역할을 한다. 이를 힘으로 해서 의학, 공학, 경영학, 법학, 사회과학도 전반적으로 발전시켜 간다. UPM을 보면서 대학도 하나의 특징을 분명하게 갖고 있어야 한다는 생각이 절실하게 들었다. 그래야 국내적으로든 국제적으로든 누구나 쉽게 알아볼 수 있고, 재정적으로도 많이 유리해질 것이다. 우리의 대학들도 어려운 상황을 헤쳐 가는 한편, 그와 같은 장기 비전을 만드는 게 꼭 필요하다.

무슬림의 도시 푸트라자야

UPM 방문을 마치고 근처에 있는 푸트라자야에 잠시 들렀다. 2001년에 건설된 말레이시아의 새로운 행정수도다. 쿠알라룸푸르가 과밀화되어 그 남쪽 25킬로미터 위치에 새로운 수도를 만들었다. 세종시를 건설할 당시에도 크게 참고가 된 도시다. 총리실을 비롯한 부총리실, 내무부, 재무부, 외무부 등 각 부처와 사법부 등 주요 국가기관을 이리로 옮겼다. 다만 상징적인 의미가 큰 왕궁과 입법부는 쿠알라룸푸르에 남아 있다.

푸트라자야는 당초 인구 30만 명의 큰 도시로 계획되었다. 그런데 10만 명 정도에서 정체되어 있다. 원인은 1980년대부터 말레이시아 정치를 좌지우지해 온 마하티르 모하맛Mahathir Mohamad. 총리 재임: 1981~2003, 2018~2020의 이슬람 중심 정치 때문이다. 말레이시아를 말레이인 중심, 이

푸트라자야 총리실 부근 야경

슬람 중심으로 끌어가려 했던 마하티르는 푸트라자야의 정체성을 이슬람 도시로 규정했다. 이 도시에서 돼지고기를 못 팔게 했고, 술도 금지했다. 그러니 중국계, 인도계, 외국인 등은 들어오질 않았다. 외국의 대사관도 쿠알라룸푸르에서 푸트라자야로 옮기지 않았다. 말레이시아 정부에서 옮겨 달라고 공식적으로 요청했는데도 듣지 않았다. 그 바람에 인구가 늘지 않았다.

마하티르가 생각한 대로 이슬람 도시로서의 정체성은 갖게 됐다. 인구의 97%가 무슬림으로 말레이시아에서 무슬림 비중이 가장 높은 도시다. 힌두교도가 1%, 기독교도가 0.9%, 불교도가 0.4%이고, 나머지는 무교 또는 기타 종교이다. 계획한 만큼 사람이 모이지 않아 좀 휑한 느낌이고 빈 사무실도 많다고 한다. 말레이시아는 오랜 역사를 통해 다양한 민족이 섞여 만든 나라이고, 그 다양성과 포용성이 큰 장점인 나라인데, 정치인 마하티르의 정치적 계산으로 그런 정체성과 어울리지 않는 묘한 도시가 만들어졌다는 생각을 할 수밖에 없었다. 마하티르는 말레이 민족주의를 자극해 자신의 정치적 영향력을 지속적으로 유지하려 했고, 그 바람에 푸트라자야는 다양성의 말레이시에서 성격이 다른 하나의 섬으로 남게 된 것이다. 어디나 정치가 문제다. 미국도 일본도 대한민국도. 기업은 늘 혁신을 거듭하면서 세계를 선도하려 하고, 대학도 한발 앞서기 위해, 또는 살아남기 위해 전쟁을 하고 있다. 그런데 정치는 늘 뒤에 있다. 그러면서 앞서가는 기업, 단체, 대학들을 뒤로 당긴다. 때론 규제로, 때론 말로, 때론 실망과 좌절을 안김으로써.

마하티르 얘기가 나왔으니 말인데, 그에 대한 평가도 엇갈린다. 툰쿠 압둘 라만Tunku Abdul Rahman 초대 총리는 독립의 아버지로 불리고, 제2대 총리 압둘 라작Abdul Razak은 개발독재를 해서 개발의 아버지로 알려져 있다. 제3대 총리 후세인 온Hussein Onn은 민족단결을 강조해 단결의 아버지로 불리고, 제4대 총리이자 제7대 총리인 마하티르는 말레이시아 현대화에 앞장서 현대화의 아버지로 인식되고 있다. 실제 말레이시아 경제 발전에 마하티르가 공헌한 바는 크다. 1997년 외환위기 당시에는, 정부 개입을 줄이고 재정투자를 자제해야 한다는 미국과 서방의 조언을 따르지 않고 공적자금을 투입해 위기에서 벗어났다. 미국식 신자유주의를 따른 나라들이 엄청난 외자가 유입되고 대기업이 서방의 자본에 넘어가는 상황을 맞은 것과 달리, 민족주의적 방식으로 문제를 해결해 세계의 주목을 받았다. 하지만 말레이 민족주의자로 말레이인 우선 정책을 펴 민족 분열을 조장한 점에 대해서는 지금도 비판을 받고 있다.

지금 말레이시아 총리는 이스마일 사브리 야콥Ismail Sabri Yaakob이다. 통일말레이국민조직UMNO 소속이다. UMNO는 1957년 독립 이후 줄곧 총리를 내고 있다. 2018년부터 2년간만 다른 정당에서 총리를 맡았는데,

그때 총리가 마하티르이다. 그도 원래 UMNO 출신이지만, 정치적 알력 관계로 신당을 창당해 총리가 됐다. 그러니 말레이시아 현대사는 UMNO 의 일당 독주라 할 수밖에. 민족적·문화적으로는 다양성과 포용성이 특징인데도 정치적으로는 독재와 독선의 길을 걸어왔다. 여하튼 정치는 민간이나 개인, 문화와는 크게 다르다. 보통은 수준이 많이 떨어지게 다르다.

교민사회와 연계하면 한국 대학의 활로도

근 30년 만에 다시 간 말레이시아는 발전을 거듭하고 있었다. 기업도, 대학도 성장 중이다. 인구도 늘고 도시도 커졌다. 좋은 건 점점 많은 사람이 한국을 좋아하고 한국 사람을 반긴다는 것이다. 케이팝, 케이컬처의 영향이다. 그 바람에 교민들도 형편이 괜찮다고 한다. 코로나19 때문에 완전하진 않지만, 현지에서 한국 음식점이나 한국 관련 사업을 하면서 사는 게 나쁘지는 않다고 한다. 일본 교민은 많이 줄고 한국 교민이 많이 늘어나는 것은 이렇게 먹고사는 데 큰 문제가 없기 때문이다. 일본인이 많이 살던 쿠알라룸푸르 동부 암팡 지역은 이제 일본인은 대부분 빠져나가고 그 자리를 우리나라 사람들이 채우고 있다. 부촌으로 알려진 쿠알라룸푸르 중서부 몽키아라에도 한인들이 많이 살고 있다.

말레이시아에 사는 우리 교민이 2만여 명이라고 한다. 아프리카 말리에도 남미의 작은 나라 에콰도르에도 우리나라 교민들은 있고, 현지에서 뭐든 열심히 해서 보통은 자리를 잘 잡고 있다. 그래도 말레이시아가 큰 나라도 아닌데 2만 명씩 살고 있다니 한인의 진취성, 적응력, 근면성을 실감하게 된다. 세계 어디를 가든 교민이 많으면 그 안에서도 내수가 상당해서 먹고사는 문제 해결이 쉽다. 대부분의 나라에서 중국인들은 나름의 커뮤니티를 만들어 그 속에서 웬만한 문제는 해결한다. 물론 너무 자급자족형이 되면 문제가 될 수 있겠지만, 말레이시아에도 벌써 한국 음식점이 수백 개, 한국 슈퍼가 수십 개에 이른다니 우리와 동남아의 친근한 관계를 생각하면 앞으로도 교민은 더욱 늘어날 것 같다.

이런 현상을 보면서 우리 대학들이 해야 할 역할을 새롭게 고민해 보았다. 교민이 많은 지역에 분교를 설치해서 교민과 현지인을 상대로 한국 문화, 한국어, 한국 역사를 교육하는 역할에 대학들이 나서야 한다. 일석이조의 효과를 거둘 수 있을 것이다. 우리 것을 현지에 전하고, 현지의 학생을 우리의 대학으로 유치할 수도 있다. 대학이 살길을 확장하면서 민간 외교관 역할도 하는 것이다. 요즘 외교의 대세가 공공외교인데, 이는 상대 국가의 정부가 아니라 민간을 상대로 하는 외교를 말한다. 대학이 상대 국가의 민간인을 상대로 우리 것을 알리고 보급하는 역할을 확대하는 것은 대세 공공외교에도 적극 기여할 수 있다. 그런 점에서 정부와 대학이 협력하면서 이런 부분에서 할 일을 만들어 가는 게 중요할 것이다.

동남아에서 인천으로 오는 비행기는 밤 12시 즈음에 출발해 아침에 도착하는 게 많다. 비즈니스 때문에 바쁜 사람들이 비행기에서 자면서 하루를 절약하라는 의미다. 여행하는 사람도 현지에서 밤까지 놀고 돌아오는 비행기 안에서 자면 하루 호텔비를 절약할 수 있으니 그런 스케줄이 많은가 보다. 또 대여섯 시간 정도 걸리니까 크게 불편하지 않으리란 이유도 있을 게다. 어쨌든 쿠알라룸푸르에서 인천으로 오는 6시간 반 동안 영화를 보면서 간간이 눈을 감고 동남아의 발전, 교민들의 증가, 대학의 역할 확대 등을 머릿속에 넣었다 뺐다 했다. 그러다 보니 시간도 금세 갔다. '역시 많이 봐야 새로운 생각거리가 생긴다'고 되뇌며 인천공항을 걸어 나왔다.

3.
아시아 어문학의 메카는 바로 여기
: 인도네시아대학교

세계가 주목하는 인도네시아

요즘 인도네시아만큼 핫한 나라도 많지 않다. 미·중 경쟁과 우크라이나 전쟁으로 세계가 자원전쟁 중인데, 지구상 어느 나라보다 자원이 많은 인도네시아에 관심이 쏠리고 있다. 석유, 천연가스를 비롯해 석탄과 주석, 동, 니켈 등 지하자원뿐만 아니라 팜유 등 농산자원도 풍부하다. 이를 바탕으로 최근 경제가 다른 어떤 나라보다 빠르게 성장하고 있다. 인구가 2억 7,000만 명(2022년 IMF 자료)에 이르러 시장으로서의 가치도 매우 높다. 그러니 미국, 중국, 유럽, 일본, 우리나라 모두 인도네시아 진출을 확대하고 있다.

국제정치 연구자로 세계정세 변화에 늘 관심을 기울이고 있는 나로서도 꼭 한번 가고 싶었는데 그동안 기회가 없었다. 2022년 10월 말, 세계유학박람회에 전북대를 홍보하러 가게 되었다. 국제협력처 직원 두 명과 함께 자카르타로 갔다. 10월 28일 오후 3시 인천을 출발해 7시간 후 자카르타 공항에 도착했다. 현지 시간 저녁 8시, 한국 시간으로는 밤 10시. 밤늦은 시간이라서인지 공항이 그다지 복잡하지는 않다. 이민국 쪽으로 가니 우선 비자를 받아야 한단다. 35달러를 받는다. 인도네시아 물가에 비하면 꽤 비싸다. 대한민국은 여권파워지수가 세계 2위(1위는 싱가포르·일본)로 비자 없이 들어갈 수 있는 나라가 110여 개나 되는데, 인도네시아는 여전히 비자를 받아야 입국할 수 있는 나라로 남아 있다. 35달러를 내니 특별히 보는 것도 없이 그냥 비자를 찍어 준다.

버스를 타고 호텔로 가는데, 버스가 좀 특이하다. 옆으로 한 줄에 5명이 앉게 돼 있다. 한쪽에 2명 자리, 다른 쪽에 3명 자리가 만들어져 있다. 체구가 작아서 가능해 보이는데, 그런 줄이 12개 있어 모두 60명이 탈 수 있다. 물론 코로나 상황이고 사람도 많지 않아서 한 줄에 다섯 명이 다 앉지는 않고 좀 널찍하게 앉았다.

한국에 대한 관심은 상상 이상

다음 날인 29일은 토요일. 대규모 컨벤션센터에 'Study In Korea'라는 이름으로 큰 유학박람회가 열렸다. 국립국제교육원과 주인도네시아한국 대사관, 인도네시아 교육부 등이 함께 마련한 행사다. 한국과 인도네시아의 수많은 대학, 인도네시아의 많은 고등학교, 유학원들이 참여했다. 아침 일찍 행사장에 도착하니 입구에 수십 명의 여학생이 바닥에 앉아 있는 모습이 눈에 띈다. 행사장이 열리길 기다리는 학생들이다. 일찍 도착해 편안하게 바닥에 앉아서 수다 떨고 핸드폰도 하면서 기다린다. 한국 유학에 대한 관심이 보통이 아님이 느껴졌다.

거대한 홀에 한국의 대학들이 줄지어 부스를 설치하고 학생들을 맞이 했다. 학생들은 신이 나서 여기저기 다니며 어느 대학은 어떤 특징이 있는지, 내가 관심 있는 학과는 어느 학교가 좋은지 알아보고 다닌다. 카이스트와 한양대 사이에 설치된 전북대 부스에도 끊임없이 학생들이 찾아온다. 국립대라서 등록금이 싸다는데 얼마나 싼지, 장학금은 어떤 것들이

2022 자카르타 한국유학박람회 개회를 기다리는 학생들

2022 자카르타 한국유학박람회

있는지, 사회과학계열 학과도 많이 있는지, 전북대가 있는 전주는 어떤 곳인지, 전주에서 알바도 할 수 있는지, 한국 아이돌의 공연을 직접 볼 기회가 있는지 등등 궁금한 게 너무너무 많다. 직원들과 인도네시아인 통역은 쉴 새가 없다. 직원들은 영어로, 인도네시아인 통역은 한글과 영어로 된 전북대 자료를 보면서 인도네시아어로 끊임없이 설명에 설명을 이어 간다. 영어를 못하는 인도네시아 학생들은 통역을 통해 우리 직원들에게 직접 질문하면서 궁금증을 해결하려 한다. 이런 현장에 있으니 동남아의 한국, 한국 문화에 대한 관심과 열의를 몸으로 체감하게 되었다. 세계에 점점 깊숙이 들어가고 있는 한국이 새삼 느껴졌다. 그러면서 희망과 기대를 더욱 키우게 되었다.

통역을 맡은 인도네시아인은 자카르타에서 동남쪽으로 150킬로미터 떨어진 반둥에서 한국어 학원 교사를 하고 있다. 반둥은 높은 곳에 위치해 시원하고, 휴양도시로 잘 알려져 있다. 1955년 반둥회의라는 유명한 다자회의가 열려 비동맹운동의 시발점이 된 곳이다. 반둥에 있는 대학의 한국어학과를 나온 통역은 거기서 전공을 살려 한국어를 가르치는데, 코로나 상황이 지속되면서 주로 온라인으로 가르친다고 한다. 학생이 얼마나 되느냐고 물으니 3,000명이란다. 잘못 들었나 싶어 다시 물으니, 그렇다고 한다. 어떤 사람들이 배우느냐고 했더니 주로 학생, 직장인들인데 주부들도 많단다. 왜 한국어를 배우는지를 궁금해했더니 한국 드라마를 보고, 한국 노래를 듣기 위해서라고 이야기해 준다. 돈도 많이 버느냐는 말엔 "괜찮게 번다"며 미소를 짓는다. 상상 이상이다. 이런 학원이 한두 개이겠는가?

박람회장을 찾는 학생들은 대부분 여학생으로 80%는 되어 보인다. 일요일까지 계속된 행사에 모두 2만여 명이 다녀갔다. 전북대 부스에만도 1,500여 명이 왔었다. 교환학생보다는 학부나 대학원 정규 과정에 관심 있는 학생들이었다. 출산율이 떨어지고 학령인구가 줄어서 대학뿐만 아니라 나라의 미래가 걱정이고, 아이를 낳을 수 있는 환경을 조성하는 장기적인 정책이 나와야 하겠지만, 우선은 이렇게 한국에 관심 많은 학생을 적극적으로 유치하는 것은 학생 충원 차원이나 지구촌의 교류 증진 차원에서도 더 많이 신경 써야 하는 부분이라는 생각이 새삼 든다.

이슬람-가톨릭-개신교가 나란히 공존하는 자카르타

인도네시아가 한창 발전도상에 있지만, 여전히 빈민들은 많다. 자카르타 시내를 걷다 보면 바로 느낄 수 있다. 동남아 최대의 이슬람 사원 이스띠끄랄 사원은 자카르타 시내 한가운데 있다. 예배당이 1ha에 이르러 한꺼번에 만 명 이상이 기도를 할 수 있을 만큼 거대한 규모다. 네덜란드로부터의 독립을 기념하기 위해 지은 것이다. '이스띠끄랄Istiqral'은 아랍어로 '독립'이란 뜻이다. 네덜란드가 식민통치 시절 요새를 지어 놓고 운영하던 자리이다. 인도네시아 초대 대통령 수카르노가 1961년 짓기 시작해 그다음 대통령 수하르토가 1978년에야 완공했다. 돔 경기장을 연상시킬 만큼 큰데, 돔 위의 첨탑 끝은 높이가 66.66m라고 한다. 코란의 6,666개 구절을 의미한다. 이슬람 국가인 만큼 17년이란 긴 시간 동안 국가가 많은 돈과 공을 들여 만들어 냈고, 지금은 수많은 시민의 기도 장소, 관광코스로도 인기 있는 곳이다.

이 화려한 모스크 앞에는 비닐봉지를 팔아 생계를 이어 가는 소년들이 있다. 사원에는 신발을 벗고 들어가야 하는데, 그 신발을 넣는 비닐봉지를 파는 것이다. 사원 도로에는 노점상이 즐비하다. 예배객과 관광객들을 상대로 나시고랭(볶음밥), 미고랭(볶음면), 소또아얌(닭고기, 야채 등을 넣

이스띠끄랄 사원

이스띠끄랄 사원 앞 노점상

고 끓인 수프) 등 간단한 먹거리와 과일, 옷 등을 파는 사람들이다. 그들이 몇 겹으로 질서 없이 보행자도로를 차지하고 있다. 한쪽에선 음식을 만들고 바로 옆에서는 먹고, 그 바로 옆에서는 설거지하고, 설거지한 물이 길거리에 버려지기도 한다.

길을 지나가기도 쉽지 않을 만큼 많은 노점상이 옹기종기 모여 있다. 인도네시아의 1인당 평균 국민소득이 4,000달러이니 여전히 가난한 사람들은 많을 수밖에 없고, 노점상은 국민들이 생기 있게 살아가는 현장이기도 하다. 나는 다른 나라에 가면 좀 색다른 모습, 우리와 다른 곳들을 관찰하는 것을 즐기는데, 여기서도 그런 모습을 볼 수 있다. 관광객을 태우고 온 버스들이 도로에 죽 서 있는데, 자세히 보니 화물칸에 사람들이 들어가 있다. 낮 기온이 일 년 내내 섭씨 32도 정도이니 워낙 덥기도 한데다 그늘 찾기도 쉽지 않고, 체구가 작아 화물칸에 들어가도 충분하다. 거기서 먹기도 하고 자기도 한다.

이스띠끄랄 사원 바로 맞은편에는 가톨릭 성당인 자카르타 대성당이 있다. 스페인의 레온 대성당과 유사한 모습의 네오고딕 양식의 성당이

버스 화물칸에서 휴식하고 있는 사람들

다. 네덜란드 식민 시절인 1901년 지어졌다. 여기서 좀 떨어져 있긴 하지만 엠마뉴엘 교회라는 개신교 교회도 있다. 인도네시아 국민은 87%가 이슬람교를 믿는다. 개신교가 7%, 가톨릭 3%, 힌두교 2%, 불교 1% 정도다. 이슬람이 이토록 대다수를 차지하면 이슬람 중심으로 사회를 운영할 만도 한데, 그렇지 않다. 인도네시아의 상징과도 같은 대사원과 마주 보는 곳에 가톨릭 성당이 여유롭게 서 있고, 사람들은 자유롭게 거기서 예배를 드린다. 다른 종교들도 마찬가지다. 조화와 관용, 포용의 나라가 아닐 수 없다.

자카르타 대성당

자카르타에서 보는 또 하나 신기한 모습은 오토바이 달인들이다. 자카르타가 워낙 심한 교통지옥이다 보니 오토바이를 많이 탄다. 자가용 오토바이를 가지고 있는 사람도 많고, 차량공유앱 그랩에서도 오토바이를 부를 수 있다. 일반택시보다 싸다. 차 사이사이를 다니니 빠르고, 싸니까 이용객이 많다. 이렇게 오토바이를 생활화하다 보니 오토바이 타기에는 모두 달인 수준이다. 오토바이 택시 뒤에 탄 사람들은 남녀노소 불문하고 대부분 운전사 허리춤을 잡지 않는다. 그냥 앉아 있다. 핸드폰 검색을 하는 사람도 많다. 심지어 어린아이를 안고 탔는데도 아무것도 안 잡고 그냥 앉아서 가는 사람도 있다. 어릴 적부터 그렇게 습관이 들어서 오토바이에 앉으면 편안한 모양이다. 운동신경도 보통이 아닌 것 같다. 하긴 세팍타크로 하는 걸 보면 대부분 운동 재능을 타고난 게 아닌가 하는 생각이 든다. 공을 떨어뜨리지도 않고 발로 어찌 그리 배구를 잘하는지. 돌려차고, 비틀어 차고, 심지어 오버헤드킥까지 하는 걸 보면 오토바이를 잘타는 건 어쩌면 당연한 건지도 모르겠다.

손 놓은 채 오토바이 뒷자리에 탄 여성

어문학만은 아시아 최고 지향

10월의 마지막 날 인도네시아대학교Universitas Indonesia, UI 방문길에 나섰다. UI는 세계 200위권의 대학으로 2억 7,000만 인도네시아인의 희망과 같은 존재이다. 1만 7,000여 개의 섬에 흩어져 사는 수천만 명의 학생이 자카르타 근교에 있는 이 학교를 들어가기 위해 불철주야 애를 쓴다. 그런 만큼 연구에서도, 교육에서도 세계적인 수준을 유지하고 있다. 자카르타 남쪽 데폭Depok에 있다.

교통지옥 자카르타를 빠져나가기 위해 아침 6시에 일어나 길을 재촉했다. 역시 시내는 막힌다. 오토바이들이 차 사이를 씽씽 달린다. 긴 기간이 걸려 시내를 벗어나니 시원하게 달린다. 그래도 일찍 출발한 덕에 약속 시간 9시에 맞출 수 있었다.

인문대 부학장실을 찾아가니 부학장과 교수 한 분이 기다리고 있다. 인도네시아대학교가 월드클래스 대학으로 공학, 의학, 자연과학 등 전 분야에 걸쳐 우수한 성과들을 내고 있지만, 인문학, 그중에서도 어문학 분야는 아시아 최고를 지향하고 있단다. 인문대학에는 철학과, 사학과, 고고학과, 언어학과, 도서관학과 등 다양한 학과가 있고, 특히 어문계열 학과들은 그 다양성과 심층성으로 널리 알려져 있다. 인도네시아 어문학은 물론 영어영문, 중어중문, 일어일문, 독어독문, 노어노문, 불어불문, 아랍어문, 네덜란드 어문학 등을 가르치고 연구하는 학과들이 있다. 한국어문학과도 물론 있다. 이런 어문계열 학과들이 동남아학과, 동아시아학과, 언어학과, 철학과, 사학과 등과 연계되어 더욱 깊은 연구를 진행한다. 인문대 건물이 10개나 되는데, 그 많은 건물 구석구석에서 이 나라 최고의 인재들이 각 나라의 말과 문화, 문학을 열심히 연구하고 있다.

인문대 부학장은 이런 어문계열 학과들을 더욱 발전시켜 명실상부 아

인도네시아대학교 인문대학

시아 최고의 어문학부를 만들려 한다며 자랑과 자부심이 여간 아니었다. 본인은 일어일문과 교수라면서, 일본이 시들해지면서 세계적으로 일본에 대한 관심이 덜해지고 있지만 인도네시아에서는 그렇지도 않다고 여전히 일본어를 배우려는 학생이 많다고 전한다.

한국어문학과가 있는 게 반가워 여러 가지 궁금한 걸 더 물었다. 한 해에 학생 50명이 들어오는 꽤 큰 학과란다. 경쟁률이 10 대 1 정도여서 다른 어떤 학과보다 높다고 한다. 그래서 앞으로는 입학 정원을 더 늘려야 할지도 모르는 상황이란다. 반갑지 않을 수 없다. 이렇게 발전 가능성이 큰 나라의 젊은이들이, 그것도 이 나라 최고 대학의 학생들이 한국어와 한국문학을 배우고 있고, 그 수가 점점 늘고 있다니 가슴 뿌듯한 일이다.

한국어를 배우는 인도네시아 젊은이가 많아지는가 하면, 인도네시아어를 배우는 한국 사람도 점차 늘어나고 있다. 부학장을 만나기 전 잠깐 커

인도네시아대학교 교정의 휴식 공간

피를 마시러 작은 카페에 들렀는데, 거기서 한국 사람들을 만났다. 한 사람은 부산대 학생인데 휴학을 하고 1년간 인도네시아대학교 어학센터에서 인도네시아어를 배우기 위해 왔단다. 인구 많고, 사람 착하고, 발전 가능성 높은 인도네시아에 대해 현지에서 직접 체험하며 배우고, 언어도 현지에서 다양한 경험을 하면서 배우기 위해 자카르타까지 온 것이다. 다른 한 사람은 대학을 졸업하고 직장에 다니다가 역시 인도네시아 자체와 인도네시아어를 배우기 위해 현지에 왔단다. 이들과 함께 이 대학의 1년 코스 인도네시아어 과정을 다니는 한국 사람이 10여 명인데, 해마다 그 수가 늘어나고 있다는 얘기도 전한다. 동남아 현지에 와서 우리와 동남아의 거리가 빠른 속도로 가까워지고 있음을 눈으로 확인하게 되었다.

인문대 부학장과의 미팅을 마치고 부총장과의 면담 장소로 가니 부총장뿐만 아니라 국제처장, 교무처장, 대외협력처장, 국제처 직원 등 여러 사람이 회의실에 자리를 잡고 있다. 우리 일행은 나와 국제처 직원 두 명뿐인데. 특이한 것은 대외협력처장 빼고는 모두 여성이라는 점이다. 대학의 주요 보직을 여성들이 맡고 있었다. 이슬람 국가는 보수적이고 여성들은 얼굴도 제대로 드러내지 못한 채 살아갈 거라는 인식이 일반적이지만, 동남아는 다르다. 말레이시아에서 마라공과대학교UiTM 여성 총장의 부드러운 리더십을 보면서도 느꼈지만, 인도네시아에서도 여성들이 큰 제약 없이 사회에서 역동적으로 활동하고 있음을 인도네시아대학교 여성 보직교수들을 보며 알게 되었다.

부총장은 옷차림이나 말하는 태도가 상대에게 부담을 주지 않게 수더분하면서도 이것저것 세밀하게 챙기는 스타일이었다. 학교를 설명하는 것도 매우 체계적이다. 인도네시아대학교는 크게 보면 의학, 이공학, 인문사회 세 파트로 나뉘어 있고, 그 속에 16개 단과대학이 자리 잡고 있다. 의학계열에는 의대, 치과대, 공중보건대, 간호대, 약대가 있고, 이공학계열에는 자연대, 공대, 컴퓨터과학대가 있으며, 인문사회계열에는 인문대, 사회정치대, 법대, 경상대, 심리학대, 행정대 등이 속해 있다. 모든 부분에서 최고를 추구하지만, 인문사회계열은 세계의 다른 어떤 대학보다 크고, 분야별 단과대학이 세분화되어 있어 연구와 교육에 많은 성과를 내고 있단다. 사회과학 분야를 세분화해 사회정치대와 행정대를 각각 따로 단과대학으로 만들고, 심리학도 단과대학으로 키워 놓은 것을 보면 이 대학이 인문사회 분야에 얼마나 관심과 자원을 쏟고 있는지를 잘 알 수 있다.

실제 이야기를 진행해 보니 그런 점이 더 분명하게 확인된다. 국제처장도 어문계열 학과들이 계속 발전하고 있으니 전북대에서도 학생들을 많이 보내 달란다. 어학센터도 잘되어 있으니 우선 어학센터로 보내 관심 언어를 배우게 한 뒤 학과로 가게 되면 훨씬 효과적이라고 설명해 준다. 그에 앞서서 전북대 학생들이 인도네시아와 동남아시아에 관심을 가질 수있는 서머스쿨, 윈터스쿨도 마련되어 있다면서, 단기 파견 학생을 많이 보내 달라는 말도 잊지 않는다. 교무처장은 대학원의 복수학위, 공동학위 등도 해 보자고 제안한다.

이 모든 게 우리 쪽에서도 환영할 내용이다. 동남아, 인도네시아에 관심이 높아지면서 이쪽으로 진출하려는 학생들은 더 늘어날 것 같으니 이런 좋은 대학과의 협력관계를 더 잘 다져 가는 게 중요하다. 우리도 유학생 유치가 필요한 만큼 한류와 한국어에 관심 있는 학생들을 많이 보내 달라 요청하니까, 그렇지 않아도 많다면서 점점 더 많이 보내겠다고 한다. 우선은 교환학생 가려는 학생이 많으니 교환학생 제도를 더 잘 활용하고, 학위과정에 진출하려는 학생들도 찾아서 많이 보내 주겠다고 한다. 아직은 경제적으로 어려운 학생들이 많다면서 전북대 등록금, 장학금 등에 대해서 구체적인 질문을 한다. 자세히 설명해 주니 사립대보다는 훨씬 조건이 좋다면서 학생들이 이런 정보를 충분히 알 수 있도록 하겠단다.

협의는 잘됐다. 좀 더 많은 학생이 올 수 있을 것 같다. 하지만 아직 인도네시아로 교환학생을 가려는 우리 학생이 많지 않은 게 사실이다. '한 번 있는 기회 미국이나 영국 등 영어권 선진국으로 가야 하는 거 아냐' 이렇게 생각하는 학생들이 많은 것 같다. 하지만 사람이 많이 몰리는 곳은 이미 레드오션이다. 영미권 선진국은 이미 발전된 곳이니 새로운 꿈을 펼칠 수 있는 공간이 부족하기도 하다. 반면 발전도상의 나라에 대해서는 아직 전문가가 부족하고, 계속 발전하기 때문에 좋은 기회들이 많을 수 있다. 우리 학생들이 좀 더 세계를 넓게 보면서 새로운 세상에서 새로운 기회들을 만나기를 기대한다. 하루가 다르게 발전하는 자원부국 인도네시아에 와서 학생들이 더욱더 큰 세계를 볼 수 있는 넓은 시야를 갖추는 게 무엇보다 중요함을 새삼 느꼈다.

4.
산학협력으로 지역 발전 견인
: 호주 스윈번공과대학교

깔끔하고 편리한 도시 멜버른

세계에 살기 좋은 나라가 많은데 호주도 그중 하나다. 선진국이며 기후가 좋고, 치안도 좋은 편이다. 다인종 국가여서 민족이나 종교와 관계없이 섞여 살기 좋다. 멜버른은 세계에서 손꼽히는 '살기 좋은 도시'이다. 영국의 경제전문지 이코노미스트 등 세계 유수의 기관들이 매년 살기 좋은 도시를 선정해 발표하는데, 멜버른은 늘 몇 손가락 안에 든디. 전빈적으로 조용하고 안정된 도시로 교육 시스템과 시설이 잘 갖추어졌고, 교통 등 사회적 인프라도 탄탄하다. 그래서 호주뿐만 아니라 다른 나라에서도 사람들이 지속적으로 이주해 온다. 지금 인구가 520만여 명인데, 꾸준히 늘고 있다.

2022년 말, 호주 대학들과 교류협력을 논의할 일이 생겼다. 12월 11일 저녁 인천공항을 출발해 10시간 가까운 비행 끝에 시드니에 도착했다. 우리보다 시간이 빨리 가는 나라가 많지 않은데, 시드니는 우리보다 2시간 빨리 간다. 밤새도록 비행한 데다가 2시간을 보태니 도착시간이 12일 아침 7시쯤이다. 한국에서 온라인비자ETA를 받아 놓아서 입국 절차는 간단했다. 키오스크에 여권을 넣으니 티켓이 나온다. 이걸 들고 조금 가니 자동입국심사대가 있다. 거기에 티켓을 넣자 문이 열리고, 거기서 마스크를 벗고 카메라를 쳐다보니 사진을 찍은 다음 다시 문이 열린다. 그걸로 끝이다. 입국심사대에 사람이 없다. 모두 기계가 하고, 다만 기계치를 위해 안내인이 몇 사람 있다.

짐을 찾아 호주항공사 Virgin Australia 데스크로 가서 멜버른행 항공편 체크인을 하니 다른 터미널(제2터미널)로 가란다. 한참 걸어서 다시 10분쯤 버스를 타고 제2터미널 도착. 좀 기다렸다 10시에 비행기에 올라서 한 시간 40분쯤 가니 멜버른에 닿는다. 멜버른 하면 뭔가 깔끔한 이미지가 떠오르는데 실제 그랬다. 도시 전체가 정갈한 느낌이다. 고층빌딩은 해안 쪽에 모여 있고, 나머지 지역은 그렇게 높지 않다. 큰 도시이지만 구석구석 녹지가 자리를 차지하고 있다. 날씨는 안 좋다. 호주는 12월이 초여름이어서 좀 더워야 하는데, 그렇지 않다. 비 오고, 바람 불고, 춥다. 이상 기온이라고, 최근엔 이런 일이 많단다.

호텔에 잠깐 들렀다가 시내를 둘러보는데, 좀 작은 런던 느낌이다. 빅토리아 시대 건물 양식이 많이 남아 있어 '남반구의 런던'이라는 별명도 있다. 진한 회색 건물들, 간판 모양, 거리 이름, 심지어 녹색 쓰레기통까지 런던식이다. 시내 한가운데 한국 식당도 많은데 갈비, 김치찌개 등을 파는 집들이 눈에 띈다. 특히 한국 치킨집이 많이 보인다. 한국식으로 튀긴 치킨이 미국, 동남아에서도 인기라더니 호주까지 진출한 모양이다. 페리카나 치킨에 들어가 보니 치킨뿐만 아니라 김치찌개, 순두부찌개도 판다. 직원이 한국 사람은 아닌데 한국말을 좀 한다. 친근하게 느껴진다.

좀 유명하다는 곳들이 시내 가운데 모여 있어 다니긴 좋다. 시내 가운데를 흐르는 야라강은 주변에 멋진 음식점과 술집을 많이 거느리고 있다. 산책로도 그만이다. 강가를 걷다 88층 스카이데크에 오르니 멜버른 전체가 한눈에 보인다. 바닷가부터 안쪽까지 내려다보니 멜버른이 더욱 멋져 보인다. 드라마 〈미안하다 사랑한다〉로 유명해진 호시어 레인엔 비가 오는데도 구경꾼들이 좀 있다. 모두 카메라를 들고 사진 찍기에 여념이 없다. 골목 전체가 그래피티로 꽉 차 있어 어디에서 찍어도 사진은 예쁘다. 빅토리아국립미술관에는 세계 유명 화가들의 작품들이 많다. 렘브란트, 고흐, 고갱, 피카소, 달리 등의 작품들이 즐비하다. 나는 미술에 문외한이어서 작품 특성을 제대로 파악하지는 못하지만 유명 화가들의 그림을 보는 것만으로도 뿌듯한 느낌이 들었다. 게다가 입장료도 무료다.

미국 워싱턴의 스미소니언 박물관에서도 느낀 것이지만, 선진국에서는 돈으로 따지기 어려운 훌륭한 작품들을 무료로 감상할 기회가 많아 좋다. 더 많은 시민이 문화적 욕구를 쉽게 충족할 수 있도록 해 주는 게 국가의 주요 기능 중 하나이고, 선진국이 되면 그걸 할 수 있다. 우리도 선진국의 문턱을 넘어섰다. 앞으로 달리기만 하면 전체가 함께 오래 달리기 어렵다. 앞으로 달리면서 왼쪽, 오른쪽 다 돌아보면서 뒤처지는 사람은 없는지, 쓰러지는 사람은 없는지 살펴서 같이 가는 게 중요한 때가 되었다. 문화적 혜택이든, 경제적 혜택이든, 되도록 많은 시민이 좀 더 고르게 얻을 수 있도록 하는 게 무엇보다 중요해 보인다.

시내에서 호텔로 돌아가는 길에 우버택시를 부를까 하다가 거리 가운데를 다니는 트램을 탔다. 지리도 어둡고 노선도 헷갈려서 물어보니 친절하게 알려 준다. 게다가 공짜다. 깨끗하고 편리하고 빠르다. 당연히 이용자가 많다. 이것만 잘 이용하면 시내를 다니는 데에는 돈이 안 드는 시스템이다. 그래서 멜버른이 살기 좋은 도시구나 하는 생각이 절로 든다.

산학협력으로 지역에 활기를

12월 13일 스윈번공과대학교Swinburne University of Technology를 찾아

갔다. 세계 수준의 대학답게 현대식 건물과 모던한 시설들을 갖추고 있다. 시내에 있어서 캠퍼스가 아주 넓지는 않다. 도시형 캠퍼스다. 회의실에 들어서니 연구담당 부총장, 국제담당 부총장, 공대 학장, 그리고 공대 교수들이 자리를 잡고 있다. 연구부총장이 중심 역할을 한다. 키가 아주 큰 여성으로 서글서글하고 소탈해 보인다. 원래는 화공과 교수인데, 대학의 연구 관련 행정을 오랫동안 맡고 있다. 먼저 인사를 하고 전북대 총장에게 인사할 기회를 준 다음, 바로 스윈번공과대학교 전반에 대한 소개에 들어간다. 연구능력, 연구비 수주, 학생 만족도 등에서 날로 발전하고 있다는 얘기다. 현재 세계 랭킹이 296위QS World University Rankings 2023로 높은 수준이지만, 이를 더 끌어올리기 위해 계속 노력하고 있음을 역설한다.

스윈번에 대한 설명을 들었으니 전북대를 설명할 차례. 준비한 PPT를 이용해 나도 열심히 전북대의 현 위치, 빠른 속도로 늘어나는 연구비 수주, 지역사회에 대한 기여 등을 설명하니 모두 고개를 끄덕이면서 듣는다. 지금까지 공대, 상대를 중심으로 대학원생 복수학위제를 운영해 왔는데, 이를 이어 가면서 발전시켜 가자는 데에도 의견이 일치한다. 역시 얼굴을 보면서 얘기하니까 쉬워진다. 복수학위제도는 박사학위를 하는 학생들이 스윈번에 와서 1~2년 공부하고 실험에도 참여하면서 인식을 확대하고 학위도 양측에서 받을 수 있으니 학생들에게는 아주 필요하고 유용한 것이다. 복수학위제도를 중심으로 해서 교환학생 교류, 교수 교류 등을 더욱 확대해 간다는 데에도 스윈번 역시 적극적이다.

이어서 구체적인 연구협력을 위해 양측에서 교수 몇 분이 자기 연구 분야를 발표했는데, 스윈번대 화공과 교수의 발표가 특히 인상적이었다. 3D프린터로 쿠션 물질을 만들어 내는 연구다. 침대나 소파 등의 속을 채우는 물질인데, 디자인싱킹 방식으로 제품을 생산할 수 있도록 하는 것

스윈번공과대학교

이 목표란다. 디자인싱킹이란 결과물을 정해 놓는 것이 아니라 제품을 만들어 가는 과정에서 소비자의 필요를 충족시키면서 최종 상품을 생산해 내는 것을 말한다. 어떤 소재를 쓸 것인지, 유연성은 어느 정도로 할 것인지 등을 수시로 소비자의 필요를 조사해 반영하면서 그에 맞게 3D프린터를 세팅해 쿠션 물질을 생산하는 방식을 연구하는 것이다.

교수의 발표를 듣고 곧 실험실을 찾아가 봤다. 넓은 실험실에 연구원들이 다양한 방식으로 3D프린터를 작동하고 있다. 유연성을 강화하기 위해서는 소재 사이 공기가 들어갈 수 있는 공간을 어느 정도로 하는 것이 좋은지, 소재에 따라 공간 크기를 표준화할 수 있는 것인지 등 꾸준히 과제를 설정하면서 실험을 계속하고 있다. 이런 연구는 지역의 업체들과 철저히 연계해 진행한다. 연구소들과 산업체가 유기적으로 정보를 주고받고 데이터를 교환하면서 연구를 진행하는 것이다. 그렇게 해서 연구실에서 만들어 낸 결과들은 산업체에서 곧 상품화해 지역 발전에 적극적으로 기여하고 있다. 역으로 산업체에서 실제 생산과 유통과정에서 얻어지는 데이터는 연구실로 전해져 더 좋은 제품을 개발하고, 연관 제품을 새로 구상하는 데 활용된다. 말 그대로 산학협력이 역동적으로 되고 있다.

이 대학은 대학의 연구 능력과 산업체의 제품화 능력을 결합해 혁신적인 지역사회를 만들어 가는 것을 대학의 최대 목표로 삼고 있다. 연구부총장은 수시로 그런 점을 강조하면서 연구의 의미는 상아탑에 머물 때가 아니라 사회에 직접 기여할 때 훨씬 커진다고 역설한다. 대학의 지향점이 아주 명료하다는 느낌이 들었다. 우리의 대학에 주는 시사점도 커 보인다. 지방소멸의 시대에 지역이 사는 길은 새로운 먹거리로 스스로 먹고살면서 외국이나 다른 지역의 사람들도 끌어들여야 한다. 새로운 먹거리를 만들어 내는 일은 끊임없는 연구와 혁신 없이는 불가능하다. 그런 일은 대학이 잘할 수 있다. 특히 거점국립대의 경우 인력, 인프라, 재원 측면에서 유리하다. 방향을 잘 잡고 협력을 잘해 나가면 얼마든지 좋은 결과물들을 만들어 낼 수 있다. 전북대도 그런 방향으로 가고 있지만, 스윈번처럼 이 분야에 앞서가는 대학들을 찾아다니면서 더 많은 걸 배워야 할 것이다.

회의와 실험실 탐방을 마치니 연구부총장이 우리 일행을 식당으로 안내한다. 학교 안에 호텔이 있고, 그 안에 펍이 있는데, 그리로 데려간 것이다. 넓고 시원한 홀에 사람은 많지 않다. 학교에 온 손님들로 보이는 사람들이 몇몇 여기저기서 식사를 하고 있을 뿐이다. 모두 자리를 잡자 연구부총장이 직접 주문을 받는다. 메뉴판을 보고 하나씩 골라 얘기해 달란다. 다른 교수들도 있고, 행정직원도 있는데, 부총장이 직접 나서서 한다. 전에 혹시 알바를 해 봤냐고 물으니 젊은 시절에 비슷한 일을 많이 해 봤단다. 유쾌하다. 좌중을 가볍게 만들어 준다. 나는 스내퍼Snapper를 골랐다. 도미의 일종으로 호주 인근에서 잡히는 생선이란다. 양고기도 있고, 소고기도 있고, 채식주의자 메뉴도 있다. 돼지고기 메뉴도 있는데, 소고기나 양고기보다 비싸다. 호주에서는 돼지보다 소나 양을 많이 길러 싸다고 한다. 스내퍼는 담백하고 깔끔하다. 고구마, 야채와 함께 주는데 잘 어울린다.

식사하는 중에 비가 내리기 시작하더니 그치질 않는다. 우리 일행의 가방이나 수첩 등이 회의실에 있는데 거기까지 가자면 비를 맞아야 할 것 같다. 그러자 스윈번대 직원들이 차를 몰고 가서 회의실에 있는 가방과 소지품들을 몽땅 가져온다. 동양적이다. 영국, 미국에서 살아봤지만 이런 경우는 못 봤다. 보통 서양식은 이럴 때 모두 뛰어가 자기 소지품을 챙겨 온다. 아니면 우산을 살 수 있으면 사서 쓰고 가든지. 손님들 소지품을 한두 사람이 모두 챙겨다 주는 건 개인주의 서양 문화와는 거리가 있어 보인다. 호주는 지리적으로 아시아와 가깝고 교류를 많이 하면서 아시아적인 요소가 많이 들어온 모양이다. 아무튼 좀 가깝게 느껴진다. 신경을 조금만 더 쓰면 교류도 더 활성화될 것 같다.

5장

•

지역을 살리는 대학

1.
석·박사 유학생 확대로 지역 성장 추구
: 말레이시아 말라야대학교

곳곳에 영국 식민지 시절의 유산

말레이시아는 영어 상용 국가이고 교육 수준도 꽤 높아서 좋은 대학교가 많은데, 그중에서도 가장 우수한 대학은 말라야대학교University of Malaya이다. 세계 랭킹이 70위(QS World University Rankings 2023)로 서울대(29위), 카이스트(42위)보다는 낮지만 포항공대(71위), 연세대(73위)보다는 높다. 말하자면 말레이시아의 서울대인 것이다. 말레이시아의 제4대, 제7대 총리를 지낸 마하티르 모하맛Mahathir Mohamad, 재임 기간: 1981~2003, 2018~2020, 제5대 총리 압둘라 바다위Abdullah Badawi, 재임 기간: 2003~2009, 제8대 총리 무히딘 야신Muhyiddin Yassin, 재임 기간: 2020~2021, 제9대 총리 이스마일 야콥Ismail Yaakob. 재임 기간: 2021~ 등 유명한 사람들도 많이 배출했다.

이 대학에 갈 기회가 생겼다. 말레이시아 수도 쿠알라룸푸르는 아침부터 제법 덥다. 2022년 7월 28일 목요일, 객지여서 일찍 눈이 떠졌다. 호텔비는 비싸지 않고, 덕분에 좀 넓은 방을 구해 눈을 뜨는 순간 기분이 상쾌하다. 시내 뷰도 시원하다. 간단히 옷을 챙겨 입고 호텔 주변을 돌아본다.

나는 해외 출장을 가면 꼭 머무는 호텔 주변을 살펴본다. 일정이 시작되기 전인 아침 시간이 좋다. 여유 있게 볼 수 있고 이른 시간이어서 차량과 사람이 적다. 이번 숙소는 쿠알라룸푸르 시내 가운데에 있는 마제스틱 호텔. 1932년 지어진 고풍스러운 호텔이다. 마치 영국의 오래된 저택 같은 느낌이다. 실제 영국에서 공부할 때 잉글랜드 북서쪽에 있는 레이크 디스트릭트Lake District로 가족여행을 간 적이 있는데, 그때 과거 귀족의 저택을 개조한 호텔에 머물렀다. 정원이 예쁘고, 주변 풍광도 멋진 곳이어서 아주 좋았다. 호텔 내부, 주변을 돌아보며 아내, 아이들 모두 신기해하고 재밌어했던 기억이 있다. 마제스틱 호텔이 그와 비슷한 느낌을 준다. 오래됐지만 리모델링을 계속해 이용하는 데 불편은 없게 돼 있다.

호텔을 나가 왼쪽으로 돌아 조금 가니 오래된 회색 건물이 나온다. 안내판을 보니 과거 영국 식민지 시절 철도청 건물이란다. 1917년에 건설된 것이다. 당시 돈으로 78만 달러가 들었으니 어마어마한 규모다. 무어인 양

말레이시아 철도청이 사용하고 있는 영국 식민지 시절 철도청

식과 고딕 양식을 조화시킨 것이라고 한다. 수많은 아치가 건물에 운치를 더하고, 높고 넓은 베란다는 뜨거운 햇볕을 차단해 건물을 식히는 역할을 하고 있다. 2차 세계대전 때 일부 파괴되고, 1968년에는 화재로 일부 소실됐는데, 그때마다 재건해 지금 모습을 유지하고 있단다. 지금도 말레이시아 철도청KTM Berhad이 본부로 이용하고 있다.

그 맞은편은 역시 영국 식민지 시절 지은 쿠알라룸푸르역 청사이다. 하얀색 건물인데, 오래된 탓인지 많이 퇴색되어 있다. 1892년에 지었으니 130년이 되었다. 철도청 건물과 함께 당시 영국의 유명한 건축가 아서 허벅Arthur Hubbock이 설계했다. 무어인 양식에 고딕 양식, 그리스 양식까지 더해졌다. 지붕에 올려진 여러 개의 타워가 웅장한 느낌을 준다. 반면에 입구의 아치들은 푸근한 느낌을 선사한다. 1890년대 영국의 식민지 개발이 더 활성화되고 쿠알라룸푸르에서 서쪽 항구도시 클랑에 이르

옛 쿠알라룸푸르 중앙역

는 철도선이 뚫리면서 더 큰 역사가 필요해졌다. 그래서 지어진 것이 이 건물이다. 철도는 식민지배의 핵심 수단이었다. 제국들은 식민지에서 필요한 것을 빼내 여기저기 필요한 곳에 실어 날라야 했다. 군대도 이동시키고, 식민지배를 위한 인력도 수시로 운송해야 했으니 철도를 놓고 또 확장했다. 이 오랜 역도 제국의 그런 식민지배 역사를 오롯이 보여 준다. 1986년에 크게 리모델링을 했지만, 중요한 부분은 옛 모습 그대로 두었다고 한다. 2001년 쿠알라룸푸르 중앙역이 새로 만들어져 지금 이 역에는 교외선 노선만 남아 있고, 건물은 주로 관광안내소, 우체국, 스낵바 등으로 이용되고 있다.

석·박사 유학생 유치 확대로 지역과 함께 성장 추구

동네를 한 바퀴 돌고 간단히 아침 식사를 한 다음에 말레이시아 최고 대학 말라야대학교로 향한다. 택시를 타고 서남쪽으로 15분을 가니 바로 나온다. 1905년에 세워진 유서 깊은 대학이다 보니 정문에 들어서자 좌우로 오래된 건물들이 즐비하다. 오래됐지만 낡지 않은 건물들이다. 건물들이 다닥다닥 붙어 있는데, 그래도 사이사이 푸른 녹지들이 잘 정돈되어 있다.

대학본부는 9층 건물이다. 1층에 국제처가 있다. 직원이 나와 안내한다. 따라 들어가니 유학생센터 센터장이 기다리고 있다. 악수를 청한다. 무슬림 여성이다. 무슬림 여성들은 보통 악수를 안 하고 대신 오른손을 왼쪽 가슴 쪽에 대면서 인사를 하는데, 오른손을 척 내밀면서 악수를 하잔다. 오히려 내가 당황스럽다. 이슬람 관습에도 불구하고 외국 손님들을 많이 접하는 자리에서 오래 일하다 보니 남성들과도 자연스럽게 악수를

말라야대학교 대학본부

하게 됐다고 한다. 이슬람 전통을 지키면서도 실용적인 태도를 보이는 말레이시아를 다시 느낄 수 있는 모습이다. 센터장은 후덕해 보이면서도 말하는 게 분명하다. PPT로 말라야대학교를 설명해 준다. 아주 세밀하다. 단과대학이 17개나 되고, 학생이 2만 7,000여 명, 교수와 강사가 2,400여 명이다. 세계 수준의 대학임을 수시로 강조한다.

국제교류도 아주 열심이어서 세계 600여 개 대학과 MOU를 맺고 있다. 유학생도 많아서 세계 80여 개국에서 4,400여 명이 와 있단다. 물론 여기에 전북대 학생들도 포함되어 있다. 한국의 대학 가운데서는 부산대, 경북대, 전남대, 세종대 등과 협력이 잘되고 있다고 한다. 이렇게 유학생이 많은데도 유학생을 계속 늘릴 계획이란다. 글로벌 대학으로서의 이미지에 걸맞은 일일 뿐만 아니라 재정에도 도움이 되기 때문일 것이다. 여기도 중국 학생 비중이 높아서 절반 정도 된다고 한다. 앞으로는 한국, 일본 등의 학생들을 더 유치하고 싶다고 한다.

동남아 대학으로서의 약점을 극복하는 것이 관건이라며, 스스로 파악하고 있는 문제점도 분명히 얘기해 준다. 한국이나 일본의 학생들이 미국이나 서구 대학을 선호하고, 대학들도 교수를 채용할 때 그런 학생들을 좋아하기 때문에 유학생 유치에 어려움이 계속될 것도 알고 있다. 이를 극복하기 위해 학부나 석사학위 과정에 유학생을 많이 유치하면서, 말라야대학교에서 학부나 석사학위를 마치고 미국이나 서구의 대학으로 진학하도록 할 생각이라고 한다. 말라야대학교의 높은 교육 수준, 저렴한 학비와 생활비 등이 중요한 인센티브가 될 것으로 생각하고 적극적으로 홍보하고 있단다. 그렇다고 해서 미국·서구로 가는 중간 기착지에 머물러 있을 생각은 결코 아니다. 그런 학생들을 말라야대학교의 석사·박사 과정에 진학하도록 할 계획도 있다. 물론 그 계획의 핵심은 대학의 수준을 더 높여 학생들이 여기서 계속 공부할 의욕이 생기도록 하는 것이다. 그렇게 동남아의 대표적인 국제도시로 발전하고 있는 쿠알라룸푸르의 성장에 기여하면서 함께 커 간다는 계획을 차근차근 추진하고 있다고 한다.

우리와 당장 협력할 사항도 많다. 말라야대학교는 영어 연수생을 많이 보내 달란다. 한국에서 가까운 곳에서 영어를 제대로 배울 수 있으면 학생들도 좋아할 테니 많이 보내 달라는 얘기다. 실제 나쁘지 않은 여건이다. 영어 상용 국가여서 수업뿐만 아니라 생활 속에서도 영어를 배울 수 있고, 미국이나 영국보다 수업료는 저렴하다. 미국·영국에 1명 보낼 돈으로 말라야대학교를 보내면 2명을 보낼 수 있다는 얘기다. 구미가 당기는 제안이다. 필리핀으로도 꽤 가는데, 말레이시아도 괜찮은 대안이 될 것 같다.

나도 우리의 요청사항을 얘기했다. 교환학생을 많이 받아 달라는 요청이다. 동남아로 교환학생을 오는 학생 가운데에는 말레이시아를 지원하는 학생이 많고, 그중에서도 말라야대학교가 많다. 하지만 수용하는 인원은 제한적이다. 그 수를 늘려서 학생들을 많이 받아 달라 요청하니 선뜻 그렇게 해 보겠다고 한다. 다만 기숙사를 제공해야 하는데, 지원자가 많아서 배정이 다 될지는 모르겠다고 한다. 그런 상황까지 다 고려하되 되도록 많이 받겠단다. 대신 한류를 좋아해서 전북대로 가려는 학생도 점점 늘고 있으니 말라야대학교 학생들도 많이 받아 달란다. 우리도 기숙사 사정 등을 감안하면서 되도록 많이 받겠다고 답하니, 이런 식으로 윈윈게임을 계속해 보자 한다.

어느 대학을 가든 꼭 중앙도서관을 둘러봐야 한다. 보통 위치도 한가운데 있고, 대학들이 자랑거리 삼아 시설도 잘 갖추어 놓는다. 국제처에서 나와 중앙도서관을 둘러보았다. 개가식으로 논문을 직접 찾아볼 수 있는 곳, 조용히 공부만 하는 곳, 토론을 할 수 있는 곳, 365일 개방하는 곳 등 다양한 공간들이 갖추어져 있다. 아주 특이한 곳은 창가에 헬스기

말라야대학교 중앙도서관 열람실

말라야대학교 중앙도서관 내부에 갖춰진 운동기구

구까지 갖추고 있는 방이다. 책장들이 있고, 사이사이 책상과 의자가 있고, 창가에는 달리기를 할 수 있는 운동기구들이 놓여 있다. 책을 읽으면서 달리기를 할 수도 있고, 그냥 잠시 달리다가 다시 책을 볼 수도 있다. 도서관에 헬스기구를 갖춘 경우는 처음 본다. 미국에서도 영국에서도 못 봤다. 이용자가 많으냐 물어보니 학기가 한창일 때는 도서관을 이용하는 학생들 자체가 많고 운동기구를 활용하는 학생들도 많다고 한다.

단과대학이 국제 프로그램도 운영

도서관 관람을 마치고 인문·사회과학대학Faculty of Arts and Social Sciences을 찾아갔다. 내가 사회대 소속이라 특히 관심이 많았다. 학장, 부학장, 교수 몇 분, 행정실 직원들이 기다리고 있다. 전북대의 경우는 인문대학과 사회대학이 각각의 단과대학으로 나뉘어 있는데, 여기는 인문·사회과학대학으로 묶여 있다. 학과가 13개나 된다. 정치학, 경제학, 역사학, 영문학 등 인문사회 분야의 다양한 학과들이 들어와 있는 것이다. 정치외교학을 가르치는 학과는 일반적으로 쓰는 Department Politics 나 Department of International Relations를 쓰지 않고, Department of International and Strategic Studies라는 이름을 갖고 있다. 국제문제에 집중하면서 특히 안보와 전략 문제에 대한 교육·연구에 집중하고 있다는 얘기다. 혹시 한국학과도 있나 물었더니 동아시아학과Department of East Asian Studies가 있고, 여기서 중국, 일본, 한국이 집중적으로 교육된다고 한다. 한류의 열풍이 계속 불고 있고, 한국에 대한 관심이 더 높아지고 있어서 이런 분위기가 계속되면 한국학과가 따로 생길 가능성도 있을 거라고 한다.

사학과 교수인 학장은 아주 깔끔한 스타일의 중국계다. 말레이시아 현대사가 전공이다. 관광지인 보르네오섬의 코타키나발루 출신이다. 자신의 고향 주변에도 한국 사람들이 많이 진출해 있단다. 음식점을 하는 사람, 골프장을 운영하는 사람 등 한국 사업가들이 많이 와서 활동하고 있다면서 한국인들의 활력이 대단하다고 칭찬을 아끼지 않는다.

인문·사회대는 잠깐 둘러볼 생각이었는데, 회의실에 자리를 마련해서 교수·직원들도 모아 놓고 있다. 직원이 PPT까지 한다. 인문·사회대에서 자체적으로 운영하는 방학 프로그램을 설명한다. 말하자면 '말레이시아 경험하기' 프로그램이다. 다른 나라 학생들을 모아 말레이어나 영어를 가르치고 주변의 역사적 유적도 탐방하는 내용의 프로그램이다. 그동안 코로나19 때문에 중단됐는데, 곧 다시 운영할 생각이라면서 학생들을 보내 달란다. 단과대학에서 이런 국제 프로그램을 기획하고 운영한다는 게 놀랍다. 그래서 물어보니 말라야대학교는 단과대 중심으로 운영된다고 한다. 예산과 직원도 단과대학으로 상당히 배정해서 스스로 계획을 짜서 운영하도록 하고 있다고 한다. 그러니 이런 국제 프로그램을 만들어 운영할 수 있는 것이다. 단과대 행정실의 직원도 20여 명 된다. 여기에 학생담당, 교무담당, 국제담당 등이 다 있는 것이다. 우리의 경우 대학본부에서 하는 웬만한 일을 단과대 행정실에서 하고 있다. 이렇게 하면 단과대학별로 자율성이 높아지고 다양한 프로그램을 운영할 수 있어 좋을 것 같다. 그런데 대학 전체로 보면 중복되는 프로그램이 많고, 직원이 훨씬 더 많이 필요하게 된다. 말라야대학교는 그런 부담에도 불구하고 이 시스템을 유지하고 있는 것이다.

부학장은 사회복지학과 교수가 맡고 있는데, 외국의 대학과 공동연구, 복수학위 등에 관심이 많다. 단과대 차원의 학생 파견도 해 보고 싶단다. 다만 학과 사이 심층 협의가 필요한 만큼 실제 관심 있는 학과들을 찾아서 전북대의 유사 학과와 연결해 보겠다고 한다. 전북대 사회대에도 젊은 교수들이 국제교류에 관심이 많으니 추후 협력하면 더 좋은 길이 열릴 것 같다는 생각이 든다. 한국에서도 동남아에 대한 관심은 점점 높아지고 있으니 공동연구도 얼마든 확대해 갈 수 있을 것이다.

학장이 한국에 대한 관심이 많아 이런저런 질문을 한다. 부동산 문제, 출산율 하락, 대통령 지지율 하락 등에 대해 왜 그런지, 앞으로는 어떻게 될지 궁금한 게 많다. 그렇게 얘기를 주고받다 보니 점심시간이 훨씬 넘었다. 자리를 파하고 일어서려니 간단히 준비한 게 있으니 먹고 가란다. 한국식 정서다. 손님한테 뭐라도 내놓고 먹게 하려는 게 꼭 우리식이다. 볶음국수, 애플파이, 빵, 과일, 그리고 커피까지 내놓는다. 이걸 먹으면 점심을 따로 먹을 수 없을 것 같아 아예 점심으로 생각하고 느긋하게 대화를 더 한다. 잠시 둘러보고 가려 했는데, 이렇게 많은 대접을 해 줘서 감사하다고 하니 한국과는 더 긴밀히 협력하고 싶은 게 속마음이란다. 일단 자신이 역동적인 한국에 관심이 많고, 말라야대학교의 학생들도 한국을 좋아한단다. 기회가 되면 한국에도 오고 싶단다. 간단하지만 먹을 걸 나누면서 대화를 하니 훨씬 가벼운 마음으로 더 많은 얘기를 하게 된다. 그래서 함께 뭔가를 나눠 먹는 게 중요하다. 국내에서도 그렇지만 외국 사람과 대화할 때는 특히 그렇다. 앞에 있는 음식에 대해 묻고 듣고 우리나라의 비슷한 음식을 얘기해 주고 그러다 보면 쉽게 가까워진다.

아시아 최고 대학을 향해

교환학생 증대에 대해서 협의를 하고, 사회과학 분야에서의 교류 활성화도 논의하고, 작은 연회까지 했으니 말라야대학교 방문은 짧았지만 나름대로 알찼다. 나오는 길에 말라야대학교가 자랑하는 대학병원을 잠깐 둘러보았다.

이 학교의 인상은 "참 짜임새 있다"는 것이었다. 말레이시아는 전반적으로 좀 느슨한 면이 있다. 현지에서 교민들로부터 말레이시아 사람들이 부지런하기만 하면, 많은 자원을 활용해 지금보다 훨씬 잘 살 수 있을 것이란 얘기도 많이 들었다. 현지인 교수들도 그런 얘기를 한다. 그만큼 말레이시아 사람들이 여유 있게 산다는 얘기다. 그런데 말라야대학교에서 보고 느낀 것은 좀 다르다. 잘 정돈된 책장을 보는 느낌이었다. 실제로 그동안 교류하는 동안에도 말라야대학교는 동남아의 다른 대학과는 좀 다른 모습이었다. 교환학생 몇 명을 보내고 몇 명을 받을 수 있냐는 협의를 시작하면 대학별 특성들이 나타나는데, 말라야대학교는 답이 빨랐고 분명했다. 몇 명을 보내고 몇 명을 받겠다는 얘기를 신속하게 했다. 기숙사도 된다, 안된다는 결정을 빨리 했다. 그래서 우리가 일하기 매우 편리했다. 실무자들도 다른 대학들도 말라야대학교처럼 해 주면 아주 편하겠다는 얘기를 자주 한다. 그런 모습을 이번 방문을 통해 일부 확인할 수 있었다.

말라야대학교 방문의 단상을 한마디로 표현하면, "받는 거 없이 예쁜 대학"이다. 괜히 응원하고 싶다. 왠지 잘될 것 같다. 말라야대학교는 지금도 말레이시아 최고의 대학으로, 동남아 3대 명문에 든다. 싱가포르국립대학교NUS, 난양공대NTU와 함께 동남아 최고 대학으로 꼽힌다. 말라야대학교는 이제 그 수준을 넘어 동남아 최고, 또 아시아 최고를 향해 계속 나아가고 있다.

2.
든든한 중국계 지원 속 사립 최고 명문을 향하여
: 말레이시아 유타대학교

신흥 명문 대학교

전북대는 그동안 말레이시아 대학들과 비교적 활발하게 교류해 왔다. 말라야대학교UM, 국립말레이시아대학교UKM, 말레이시아푸트라대학교 UPM, 말레이시아세인스대학교USM, 말레이시아과학기술대학교UTM 등 말레이시아 유수 대학들과 교환학생 교류 등을 해 왔다. 학생들이 더 나은 실력을 갖춰 보다 좋은 일터를 잡을 수 있도록 돕기 위해 동남아 대학들에 학생들을 많이 보냈다. 특히 말레이시아는 우수한 대학이 많고 영어 상용 국가여서 학생들의 선호도가 높다. 실제 교환학생을 보내기 위해 지원을 받아 보면 동남아 국가 중에서는 말레이시아 대학을 원하는 학생들이 많다. 치안도 안정되어 있고, 음식문화도 발달해 선호도가 높다.

그래서 말레이시아의 대학들과 교류를 더 확대하기로 하고, 어느 대학으로 교류를 확장해야 하나 고민해 왔다. 세계 대학들의 랭킹을 매기는 교육 컨설팅 회사의 자료도 살펴보고, 안면이 있는 말레이시아 대학의 교수들에게 자문도 구했다. 그 결과 우리가 우선 교류 대학에 넣은 대학이 유타UTAR, Universiti Tunku Abdul Rahman였다. 말레이시아에서 최근 가장 빠르게 발전하는 대학, 즉 신흥 명문 대학인 것이다. 현지에서는 그냥 유타라고 불리며 많이 알려져 있다. 교류를 논의하고 양해각서를 체결하기 위해 유타를 찾은 것은 2022년 7월 27일 수요일.

　쿠알라룸푸르의 숙소에서 6시에 일어나 간단히 아침을 해결하고 일찍 길을 나섰다. 유타는 쿠알라룸푸르에서 북쪽으로 두 시간쯤 가야 한다. 페락Perak주의 캄파Kampar시에 있다. 유타의 국제처장이 직원과 함께 우리를 데리러 호텔까지 왔다. 고마운 일이다. 유타는 캄파에 메인 캠퍼스가 있고, 쿠알라룸푸르 근교 숭가이롱Sungai Long에도 캠퍼스가 있는데, 국제처장은 숭가이롱 캠퍼스에 사무실이 있고, 한 달에 두세 번 캄파 캠퍼스를 오간다. 중국계인 국제처장은 서글서글하다. 말하기 좋아하고 질문도 많아 차를 타고 가는 길이 지루하지 않다.

　쿠알라룸푸르에서 북쪽으로 뻗어 있는 고속도로는 태국까지 연결된다. 시원하게 달리는 고속도로 양옆으로는 팜나무가 끝없이 이어진다. 이게 다 돈이다. 팜유를 수출해 외화를 버는 것이다. 자연자원이 풍부한 나라

쿠알라룸푸르–캄파 고속도로 휴게소

라고 하지만 이렇게 바로 돈이 되는 자원이 눈에 보이게, 그것도 끝없이 펼쳐져 있으니 참 복 받은 나라다. 한 시간 정도 가니 휴게소가 있다. 규모가 작다. 주유소와 화장실이 있고, 편의점이 하나 있다. 편의점은 우리와 별다르지 않다. 커피, 과자, 껌 등 운전하는 사람들이 주전부리할 만한 것들을 준비해 놓고 있다. 말레이시아 사람들이 많이 마신다는 캔커피 한 잔으로 기분을 전환한다. 많이 달다. 동남아 음식의 특징이다. 보통 동남아 음식들은 달고 기름지다. 커피는 주로 달게 마시고, 웬만한 음식에는 코코넛우유를 넣어 지방이 많으니 고소하다.

단 커피를 마시고 한 시간 남짓 달리니 캄파가 나온다. 인구 5만 명 정도의 작은 도시다. 말레이 음식점, 중국 음식점, 인도 음식점, 오토바이 판매점, 무역상, 작은 슈퍼 등이 도시를 채우고 있다. 아파트들도 보인다. 시내를 지나니 가난한 시골이다. 집들도, 가게도 허름하다. 사람들도 다들 작은 체격에 왠지 힘겨워 보인다. 거리도 깨끗하진 못하다.

영어 강의가 95%

이런 곳을 지나 곧 유타가 나온다. 유타는 아주 다르다. 주변 환경과도 다르고, 그동안 다녀 봤던 말레이시아의 대학들과도 다르다. 일단 건물들이 새것이다. 그러면서 현대적이다. 그도 그럴 것이 유타는 2001년에 생긴 신생 대학이다. 계속 크고 있으니 새 건물들이 들어서고 전체적으로 새롭고 깔끔한 분위기다. 유타는 말레이시아의 유명 대학 중에는 드물게 사립 대학이다. 학생은 2만 3,000여 명, 교직원은 1,100여 명이다. 전북대와 규모가 비슷하다. 캄파 캠퍼스에 대학의 본부, 경영금융대, 정보통신대, 자연과학대, 공학녹색기술대, 인문사회대 등이 있고, 숭가이롱 캠퍼스에 의대, 창조산업대, 회계관리대 등이 있다.

이 대학은 2001년 말레이시아의 중국인협회가 주도해 설립되었다. 1990년대 초까지만 해도 말레이시아에서 민간인이 종합대학을 세우는 것은 허용되지 않았다. 그러다 고등교육 수요의 증가에 따라 1996년 사립 종합대학교 설립이 허용되면서 중국인협회가 나서서 2001년에 유타대학 교를 설립한 것이다. 그런 연원이 있기에 중국인 사업가들의 기부가 계속 이어지고 있다. 곳곳에 기증자들의 이름이 새겨진 건물, 강의실들이 많다. 중국인 학생이 90%로 대부분을 차지한다. 그렇다고 말레이계나 인도계 의 입학을 금지하는 것은 아니다. 중국인협회가 설립한 학교이다 보니 중 국계 교수가 많고, 중국계 학생들이 많이 오는 것이다. 학생은 말레이시아 의 다양한 지역에서 온다. 수업은 95%가 영어로 이루어진다. 다른 나라 언어나 문화에 관한 수업이 그 나라 언어로 진행될 뿐 대부분의 수업은 영어로 하고 있다. 말레이시아가 영어 상용 국가라고 하지만, 국가의 공용 어(공식 언어)로 영어를 사용하는 것은 아니다. 그래서 말라야대학교나 푸 트라대학교 등 유명 대학에서도 영어로 하는 수업이 있는가 하면, 공용어 인 말레이어로 진행하는 수업도 있다. 유타는 말레이시아의 다른 어떤 대 학에 비해 영어 수업 비중이 높다. 유학생에게 아주 좋은 환경이 아닐 수 없다.

본부 건물에 도착해 회의실로 올라가니 간식을 준비해 놓았다. 아침 식사를 제대로 못 하고 일찍 출발했을 것 같아서 준비했다면서 군만두 처럼 보이는 것, 우리의 떡과 비슷한 것, 커피까지 준다. 아침 식사를 거 의 못 했는데, 아주 반갑다. 만두는 고소하고 떡은 달콤하다. 아메리카노 와 함께 먹으니 요깃거리로는 안성맞춤이다. 끼니때가 되면 밥걱정을 해 주는 게 꼭 우리 이웃 같다. 형식적으로 "일찍 출발하느라 식사도 제대로 못 하셨겠네요." 하고 마는 게 아니라 적절한 걸 준비해 뱃속 문제를 해결

캄파에 있는 유타대학교

해 주려는 배려가 세심하고 감사하다.

잠시 커피를 마시고 있으니 여럿이 들어온다. 부총장, 공대 학장, 자연대 학장, 환경공학과 학과장 등이다. 부총장도 학장들도 모두 중국계다. 유타 측에서 먼저 학교 소개를 하고 공대, 자연대는 따로 소개한다. 역사는 얼마 안 됐지만, 성과를 많이 내고 있고, 젊고 유능한 교수들이 많이 와서 앞으로 더 발전할 것이라는 설명이다. 전북대는 역사도 깊고, 그동안 많이 발전해 왔는데, 최근에는 더 빨리 발전하고 있으며, 정부의 연구비도 많이 받아 오고 있다고 설명해 주니 부총장이 익히 들어서 알고 있다고 맞장구를 친다.

유타 교수들은 특히 공동연구에 많은 관심을 표한다. 인식년을 이용해 전북대 교수들을 많이 파견해 달란다. 그러면 자신들이 하는 연구 프로젝트를 같이 할 수 있고, 서로 아이디어를 교환해 많은 성과를 낼 수 있을 것이란다. 한국에 오는 것도 관심이 있다. 우리 대학에 많은 사업단이 있고, 여기서 하는 프로젝트들을 잘 보고 연구책임자와 접촉하면 유타 교수들이 전북대에 와서 함께 연구할 기회도 찾을 수 있을 것이라 안내해 주니 더 궁금한 게 있으면 계속 문의하겠단다. 공동연구를 하려면 우선은 관심이 비슷한 교수들끼리 공동으로 온라인 세미나 같은 것을 열면 좋겠다는 의견도 준다. 적극적으로 추진해 볼 일이다.

학생들의 유학 기회 확대는 어느 대학이나 관심이 있어서 자연스럽게 얘기가 나온다. 유타의 중국계 학생들도 한류에 열광하고 있다며, 많은 학생을 받아 달란다. 전북대 학생들도 유타의 깔끔한 환경, 첨단 건물과 시설, 거의 전면 영어 강의 등을 보고 많이들 지원할 것으로 생각된다. 하지만 우선 시작은 작게 하고 문제점을 보완하면서 확대하는 게 좋을 것 같아 한 학기 5명부터 교환학생을 보내는 것으로 의견을 모았다. 이후에 학생들의 반응을 보면서 점점 확대할 수 있을 것이다. 교환학생을 보내면 귀국 후 간단한 보고서를 내도록 하는데, 거기에 학생들은 자신이 갔던 대학의 장단점을 자세히 적어 준다. 좋은 점은 더 잘하려 하고, 단점은 수정해 간다. 그러면서 대화가 잘되고 학생들의 만족도가 높은 대학은 계속 교환학생 수를 늘려 간다. 유타도 점점 수요가 늘어나는 대학이 될 것 같다는 생각이 든다.

유타에서 공부하고 있는 외국인 유학생은 600여 명 된다. 중국인이 절반 정도이고, 인도네시아, 파키스탄, 미얀마 등에서 온 학생들이 많다. 한국 학생은 거의 없다. 앞으로 한국 학생을 많이 유치하고, 한국으로 학생도 많이 보내겠다는 것이 이 대학의 계획이다. 그런 전략으로 지방도시 캄파의 성장에 적극 기여하면서 대학도 함께 도약하겠다는 생각이다.

좋은 입지, 든든한 지원으로 비약적 발전 추구

추후 더 많은 얘기는 온라인 미팅으로 하기로 하고, MOU 서명식을 했다. 그러고서 캠퍼스를 둘러봤는데 캠퍼스를 둘러싼 호수들이 장관이다. 아주 큰 호수, 좀 작은 호수가 모두 25개나 된다. 호수와 현대적 건물들이 어우러져 세련된 정취를 자아낸다. 가히 호수 위의 대학이라 할 만하다. 중앙도서관은 학생들이 접근하기 좋은 위치에 크게 자리 잡았다. 공대는 나란히 서 있는 큰 건물 두 개를 모두 쓴다. 쌍둥이로 지어서 오래 근무한 교수들도 가끔 헷갈린다고 한다. 강당과 극장도 여러 개다. 중국인 사업가들이 기부한 것들이다.

기숙사는 따로 있질 않다. 그런데 주변의 타운들과 철저한 협력관계를 맺어서 기숙사와 마찬가지 기능을 한다. 주변에 있는 아파트들과 MOU를 체결해 학생들이 쉽게 찾아가 이용할 수 있게 하는 것이다. 실제 우리 학

유타대학교와 그 주변 타운

생들이 교환학생으로 오면 어떤 집에 머무르게 되는지 궁금해 직접 찾아가 봤다. 20층짜리 아파트인데 지은 지 5년 된 것으로 아주 깨끗하다. 수영장, 테니스장, 놀이터까지 갖추고 있다. 방을 보여 달라니 선뜻 보여 준다. 32평쯤 돼 보인다. 방이 3개, 화장실이 2개다. 깔끔하고 이용하기 편리하게 되어 있다. 임대료가 얼마인지 물으니, 월 30만 원 정도란다. 학생 3명이 쓰면 1인당 10만 원만 내면 된다. 큰 방이 4개 있는 아파트는 60만 원이라니까 1인당 15만 원씩 내면 더 큰 방에서 지낼 수 있다. 빨래, 청소 등도 적은 돈으로 해결할 수 있게 되어 있다.

둘러보니 생활 여건은 참 좋다. 우리 학생들이 적은 비용으로 영어 환경에 자신을 완전히 노출시킬 수 있는 기회를 찾는다면 여기로 오면 되겠다는 생각이 들었다. 젊은 학생들이라 도시의 문화적 삶도 누리고 싶어 할 텐데, 이를 위해서는 두 시간 정도 기차 타고 쿠알라룸푸르로 내려가면 된다. 늘 그런 삶을 갈구하는 학생은 안 되겠지만, 조용한 환경에서 공부에 매진하다가 가끔 도회지 바람을 쐬는 것이 괜찮다면 여기도 좋겠다 싶었다.

아파트 바로 옆에는 국제학교도 있다. 초·중·고가 함께 있는 국제학교다. 코로나19 이전에는 한국인도 많았다고 한다. 가족이 함께 와 자녀들이 이 학교에 다녔는데, 지금은 많이 귀국해서 한국인 서너 가족만 남아 있다고 한다. 국제학교에는 여전히 중국인들이 많지만, 최근 중국 정부의 방침이 자녀 유학에 부모 동반을 금지하는 것으로 바뀌어 많이들 돌아갔다고 한다. 그럼에도 남아 있는 가족들도 있단다. '정부의 방침이 있으면 지방은 대책이 있다'는 게 중국 아닌가? 정부의 방침에도 불구하고, 중국 정부가 외국을 돌아다니면서 일일이 조사를 하는 것은 아니기 때문에 남아 있는 부모들이 존재한다는 얘기다. 암튼 코로나19가 좀 잦아들면 한국인들도 다시 오게 될 것이고, 우리 학생들이 유학을 오게 되면 한국인 커뮤니티도 만들어져 서로 필요할 때 도우면서 지낼 수 있겠다는 생각이 든다.

아파트 1층에 중국식당이 하나 있다. 동파육, 소고기볶음, 닭고기볶음, 계란탕, 생선탕, 마파두부 등 여러 가지 메뉴가 다 된다. 값도 싸다. 요리 하나에 5,000원 정도. 양이 많지는 않다. 유타의 부총장, 학장들과 여기서 점심을 함께 했다. 부총장이 아주 유쾌한 사람이다. 한국에 관심이 많고 서울을 몇 차례 다녀간 적도 있다고 한다. 먹는 것도 복스럽게 먹고 술도 좋아한단다. 특히 소주를 좋아하는데 말레이시아에서는 너무 비싸다고 불만이다. 음식점에서 작은 병 하나가 1만 5,000원 정도 하니까 아주 비싸긴 하다. 서울 가면 소주를 실컷 마시고 싶단다. "이슬람 국가에서 술 판매와 유통 자체를 금지해야 하는 것 아니냐"고 슬쩍 떠 본다. 바로 반응한다. "술 금지하면 우리 중국계는 아주 큰일나요. 대부분 술을 좋아하거든요." 실제로 말레이계는 대부분 무슬림으로 술을 안 마시지만, 중국계나 인도계는 술을 좋아한다. 말레이계가 전체 인구의 65%로 큰 비중을 차지해도 중국계와 인도계를 무시하는 정책을 펴서는 말레이시아 자체가 운영되기 어렵다. 특히 경제 영역을 장악한 채 중산층을 형성하고 있는 중국계를 존중하지 않고서는 말레이시아가 온전하게 지탱되기 어렵다. 말레이시아 정부도 그런 걸 잘 알기 때문에 술을 금지하지 않는 것이다. 술을 좋아하고 말하기도 좋아하는 부총장 덕에 점심이 즐겁다. 다음에 가게 되면 소주를 잔뜩 사 가지고 가야겠다.

점심을 마치고 작별을 하려는데 부속병원도 구경하고 가란다. 얼마 전에 개원했는데, 아주 현대식이라며 자랑이 대단하다. 병원에 들어서니 한약 냄새가 진동한다. 웬일인가 물었더니 자기네 대학병원은 양의학과 중의학을 모두 활용해 치료한다고 한다. 1층 한편에 한약을 분류하는 곳이 있다. 들어가 보니 우리 한의원과 비슷하다. 여러 가지 약재들이 상자에 담겨 있고, 다른 쪽에는 약재를 달이는 곳도 있다. 위층으로 올라가니 거긴 완전 양의원이다. 하나의 병원, 하나의 건물에서 아래층은 한방, 위층은 양방을 활용하는 것이다. 말레이시아에서도 중국계는 중의학을 여전히 중시한다. 이 병원의 의사 가운데 중국에서 공부한 사람들도 꽤 많다. 말레이계는 일찍부터 포르투갈, 네덜란드, 영국을 거치면서 서구의 영향을 많이 받아서 양의학을 중시한다. 양자가 말레이시아에서는 공존한다. 그 공존의 현장이 이 병원이기도 하다.

병원은 새로 지어 아주 현대식인데, 손님은 드물다. 이유를 물었더니 생긴 지 얼마 안 돼 아직 시민들이 잘 몰라서 그렇다고, 얼마 있으면 환자들이 몰릴 거라고 한다. 말레이시아도 의사와 병원이 부족해 병원마다 붐비지 않는 곳이 없단다.

다시 국제처장과 직원이 두 시간 남짓한 거리를 데려다준다. 덩치가 큰

유타대학교 부속병원

직원은 에어컨이 나오긴 하지만 더운 날씨에 운전하려니 목이 마른지 큰 물통을 옆에 놓고 연신 마시면서 운전을 한다. 미안한 마음이 들어 휴게 소에 들러 캔커피를 사서 전하니 목례와 미소로 답한다. 쿠알라룸푸르의 호텔에 도착해 작별하자니 아쉽다. 국제처장에게 한국에 오면 꼭 연락해 달라니 말레이시아에 또 오게 되면 전화해 달란다. 이렇게 인연이 된 사 람들이 유학박람회 같은 곳에서 만나면 그렇게 반가울 수 없다. 장시간 차까지 태워 줬으니 다음에 만나면 점심이라도 사야겠다. 그렇게 사람 사 이 인연을 이어 가면서 대학 간 교류도 확대되는 것이다.

방문을 정리하면서 떠오른 유타대학교에 대한 단상도 아주 희망적이 다. 우선 말레이시아의 중국계가 든든하게 받쳐 주고 있다. 대학의 교수, 직원들도 적극적이다. 대학의 입지도 좋다. 캄파에 메인 캠퍼스가 있지만 쿠알라룸푸르 지역의 수요를 채우기 위한 수도권 캠퍼스도 있다. 이런 좋 은 조건을 활용하면 북쪽의 태국, 미얀마, 방글라데시 등의 학생, 그리고 수도권의 학생까지 유치해 더 큰 발전을 이룰 수 있을 것 같다. 앞으로 유타가 어떻게 얼마나 발전하는지 잘 지켜봐야겠다.

3.
아시아 최고의 정치학과 지향
: 태국 출랄롱코른대학교

특이한 나라 태국

태국은 참 특이한 나라다. 우선 19~20세기 격동의 시대를 거치면서 대부분의 동남아 국가들이 강대국의 식민지배를 받았는데, 태국은 독립국가를 지켜 왔다. 또 쿠데타가 자주 일어나는데도 강력한 철권통치로 가지 않고, 시민들의 생활이 비교적 자유롭다. 19세기 말 영국과 프랑스는 태국(당시 국호는 시암Siam)을 지배하기 위해 경쟁했다. 하지만 국왕 라마5세는 농노제를 폐기하는 등 근대적 개혁을 실시하고, 동북쪽과 남쪽으로 영토를 확장해 국력을 신장시켜 독립을 유지할 수 있었다. 영국과 프랑스가 동남아에서 경쟁을 가속화하면서 스스로 위기의식을 느껴 완충지대 확보의 필요성이 높아졌고, 태국이 적지로 꼽힌 것도 독립 유지의 중요한 원인이 되었다. 그렇게 내부적인 노력과 적극적인 외교, 동남아의 국제정세가 어우러져 태국은 강대국의 지배를 피할 수 있었다.

태국이 전제군주제에서 입헌군주제로 전환된 것이 1932년인데, 그때부터 2014년까지 무려 19번의 쿠데타가 일어났다. 4년에 한 번꼴이다. 지금은 2014년 당시 육군총사령관으로 19번째 쿠데타를 일으킨 쁘라윳 짠오차가 총리를 맡고 있다. 1932년 군부가 쿠데타로 집권하면서 왕실과 군부가 손을 잡고 태국을 통치해 왔고, 군부는 사회 전반을 장악하고 있으면서, 주요 정치적 변곡점마다 쿠데타 형태로 등장했다. 그러니 걸핏하면 쿠데타가 발생한 것이다. 군부가 여전히 사회 전반에 영향력을 행사하고 있지만, 철권정치하고는 좀 거리가 있다. 시민들의 생활은 비교적 자유롭다. 물론 군이 정치를 좌지우지하면서 정치적 자유는 많이 제한돼 있다. 하지만 군부가 시민 생활 전반을 통제하지는 않고 있다. 실제 거리나 시장을 다녀 보면 군부 통치의 기미는 느끼기 어려울 정도이다. 상부는 독재, 하부는 자유의 양태라고 하겠는데, 시민들의 경제·사회생활에 대한 통제를 완화함으로써 정치적 욕구를 감소시키려는 전략이 숨어 있을 수도 있을 것 같다.

그런 태국에 처음 가게 됐다. 2022년 11월 11일, 오후 5시에 인천공항을 출발해 6시간 걸려 태국 수도 방콕에 도착했다. 현지 시간 밤 9시, 한국 시간으로는 밤 11시. 밤인데도 공항 밖으로 나오니 훈기가 확 밀려왔다. 섭씨 29도이니 그럴 수밖에. 입고 있던 가을 점퍼를 접어서 가방에 넣었다. 방콕 동쪽의 공항에서 차로 30분 정도 달리니 시내에 이르렀다. 호텔은 대형 쇼핑몰, 백화점, 극장, 마사지숍 등이 바로 옆에 있었다. 꽤 늦은 시간인데도 거리에 사람이 많았다. 금발의 서양 사람들이 특히 많이 눈에 띄었다. 방콕이 세계적인 관광도시임을 실감할 수 있었다. 외양은 비슷하지만 영어, 불어로 이야기하는 사람, 독일어도 들리고, 북유럽 언어인 듯한 말을 주고받는 사람 등 다양했다.

호텔에 들어가 샤워기를 트니 물이 시원하게 나왔다. 물은 풍부한 나라구나. 호텔 샤워기 물의 강도를 보면 그 나라 물 사정을 대충 알 수 있다. 싱가포르 샤워기는 약하고 가늘다. 말레이시아에서 물을 사 올 정도이니 오죽하겠는가. 영국이나 유럽 대부분의 나라도 그렇다. 게다가 영국은 물에 석회질이 많이 섞여 있어 비누가 잘 지워지지 않는다. 물은 쫄쫄 나오지, 비누는 계속 남아 있지, 영국에서 샤워하기는 참 쉽지 않다. 아무

튼 콸콸 나오는 물로 시원하게 샤워를 하고 긴 비행시간의 피로를 풀 수
있었다.

한국에 관심 많은 태국 학생들

다음 날인 12일엔 세계유학박람회에 참여했다. 아침 일찍 나서 15분
정도 걸어가니 행사 장소가 나온다. 조금 걸었는데도 땀이 뻘뻘 났는데,
다행히 행사장은 에어컨이 잘돼 있어 시원하다. 대형 쇼핑몰의 5층에 마
련된 세계유학박람회장으로 들어서니 규모가 어마어마하다. 미국, 영국,
프랑스, 호주 등 세계 수십 개 나라에서 참여한 대학이 300여 개나 된다.
특히 영국에서는 케임브리지대, 임페리얼 칼리지, 요크대, 워릭대 등 유명
대학이 대부분 와 있고, 프랑스는 큰 공간을 따로 마련에 그 속에 자기
나라 대학들을 모아 두었다. 한국에서도 전북대뿐만 아니라 부산대, 경북
대, 한양대 등 많은 학교가 참여했다. 모두 학교 이름을 크게 걸고, 홍보
책자도 마련해 학교 홍보를 한다. 대학들이 자국의 학생만 가지고 생존하
긴 어려운 시대가 되었다. 그래서 대학들은 기회만 있으면 해외의 학생들
을 상대로 자신을 알려 더 많은 유학생을 끌어오려 한다. 대학들도 생존
경쟁의 장에서 누구보다 치열하게 싸워야 하는 시대가 된 것이다. 더구나
인구가 줄어들거나 인구증가율이 떨어지는 선진국의 대학들은 인구가 성
장하는 나라의 학생들을 상대로 적극적으로 홍보하지 않을 수 없게 됐
다. 특히 출산율이 낮은 한국의 대학들은 사활을 걸고 세계시장으로 나
갈 수밖에 없다. 그래서 나도 태국의 학생들을 상대로 전북대를 홍보하기
위해 직원들을 데리고 방콕까지 온 것이다.

방콕은 오래전부터 영국, 프랑스, 네덜란드, 독일, 미국 등 많은 선진국

2022 방콕 세계유학박람회

이 진출해 활동해 왔고, 일찍부터 국제화된 도시이다. 인구의 95%가 불교를 믿고, 도시 곳곳에 유서 깊은 불교사원이 있는 불심의 수도이기도 하다. 서양인 입장에서는 신비하게 느낄 수 있다. 세계 각국에서 관광객이 몰리니 유학박람회를 열기에는 이보다 더 좋은 입지가 없다. 여러 나라에 찾아오고 싶어 하는 사람들이 많으니 열기만 하면 흥행이 보장되는 것이다. 그래서 매년 태국 정부가 나서서 세계유학박람회를 개최한다. 세계의 유수한 대학들을 다 불러 모아 태국 학생들에게 대학 탐방의 기회를 주고, 세계의 대학들에게는 학생 유치와 대학 간 교류의 장을 마련해 주는 것이다. 태국 정부 입장에서도 자국 학생들이 이런 기회를 통해 세계로 나아갈 수 있다면 태국의 장기 인재양성 정책에 크게 도움이 되는 것이니 적극적이다.

태국의 고등학생, 대학생들이 계속 밀려온다. 영국, 프랑스, 호주의 대학 부스들도 방문하지만, 한국 대학들에도 관심이 아주 많다. 하긴 태국

전역에 한국어를 가르치는 고등학교가 200여 개에 이르고, 실제 배우는 학생만 해도 5만여 명에 이른다니 대단하다. 우리가 통역으로 고용한 태국인은 방콕 시내 한 고등학교에서 한국어 교사로 일하는 분인데, 이분이 가르치는 학생이 200여 명이라고 한다. 게다가 한국어를 배우려는 학생은 점점 늘어나는 추세라고 한다. 국내적으로는 물가가 오르고, 경기는 어려워지고, 일자리가 줄어든다고 하지만, 눈을 들어 대양 저쪽을 보면 우리의 영역은 점점 넓어지고 있고, 기회는 많고 할 일도 더 많아지고 있음을 볼 수 있다는 생각이 절로 든다.

방콕의 여기저기를 돌아보았다. 유학박람회가 열리고 있는 사이 틈틈이 여러 곳을 둘러보았다. 왕궁은 태국의 상징과 같은 곳이니 먼저 갔다. 보통 방콕 왕궁이라고 부르는 곳이다. 박람회장 바로 앞에 뚝뚝이가 보인다. 바퀴 3개 달린 삼륜차 택시다. 싸고 빠르다고 해서 타 봤다. 한국에 없는 것이니 신기하기도 하다. 작은 도로를 씽씽 잘 달린다. 창문과 에어컨이 없으니 더운 건 못 막아 준다. 그게 단점이다. 20분을 달려 왕궁 앞에 선다. 요금은 400바트를 달란다. 우리 돈으로는 1만 5,000원 정도. 입구에 들어서니 경비원이 막아선다. 신성한 왕궁에 반바지는 안 된단다. 이런 일이 있을 것 같아서 가방에 넣어 둔 긴바지로 갈아입으니 무사통과다. 그러고 보니 왕궁 입구 근처에는 몸뻬처럼 생긴 긴 바지를 빌려주거나 파는 가게가 죽 늘어서 있다. 현 태국 왕조인 짜끄리 왕조의 시작과 함께 1782년 세워졌으니 250년이나 된 궁전이다. 이곳에서 라마1세부터 라마9세까지(1782년부터 2016년까지) 살았고, 2016년 국왕에 오른 지금의 왕 라마10세는 찟뜨라다궁에 산다. 방콕 왕궁은 20만m²에 이르는 넓은 땅에 사원과 왕실 가족이 거주하던 공간, 국왕의 집무실 등이 자리 잡고 있다.

주로 금색, 붉은색의 태국 전통 문양을 갖춘 건축물들이 저마다 화려함을 뽐낸다. 사람, 원숭이, 도깨비 모양의 다양한 조형물들도 볼거리다. 자세히 보려면 하루 종일 돌아다녀야 할 정도로 넓고 여기저기 볼 게 많다. 왕궁을 나와 옆으로 좀 가니 강이 보인다. 차오프라야강이다. 태국 북부에서 흘러 방콕까지 내려오는 태국의 젖줄과 같은 곳이다. 물은 뿌옇다. 선착장도 있고, 강변엔 음식점들이 고즈넉하게 자리해 있다. 전주에 차오프라야라는 이름의 태국 음식점이 있는데, 상호가 무슨 뜻인가 했더니 방콕에 와서야 그 이름이 이 강에서 온 것을 알게 되었다.

점심때가 돼 작은 식당에 들어섰다. 낡은 탁자가 5개 있는 간이식당이다. 팟타이처럼 생겼는데 국물이 있는 걸 시켰다. 2,500원. 향료가 좀 강하긴 한데 그런대로 먹을 만하다. 물 한 병은 370원, 가성비가 아주 좋다. 카드가 될까 생각하며 카드를 내밀었는데, 문제없이 된다. 역시 우린 지구화 시대의 한가운데 살고 있는 게 맞다.

외국인들이 많이 모인다는 카오산로드로 갔다. 식당, 맥줏집, 카페, 옷가게, 액세서리숍, 마사지숍 등이 수도 없이 늘어서 있다. 길 가운데에는 노점들이 줄지어 있다. 과일과 주스를 팔고, 꼬치를 팔기도 한다. 역시 외국인들이 많다. 백인들이 대부분이다. 중국 사람, 일본 사람, 한국 사람, 아랍 사람도 많이 보인다.

카오산로드 바로 옆에 전통시장이 있다. 어느 나라나 전통시장 구경은 재밌다. 그 나라 서민들이 뭘 먹고, 뭘 입고, 뭘 하고 사는지 알 수 있다. 그 나라 특유의 길거리 음식을 하나씩 맛보는 것도 더없는 재미다. 아니나 다를까, 시장에 들어서니 여기저기서 파는 먹거리가 먼저 눈에 들어온다. 아주머니가 "방콕 팬케이크"라고 외치는 데를 보니 맛있어 보인다. 얇게 구운 과자를 접어서 그 속에 야채, 계란 등을 넣었다. 달콤한 과자와 고소한 계란, 거기에 야채의 식감까지 더해져 아주 맛있다. 좀 지나다 보니 찹쌀도넛도 보인다. 사 먹어 보니 우리 찹쌀도넛과 아주 똑같다. 설탕

방콕 왕궁

방콕 카오산로드

을 듬뿍 찍어 주는 것까지. 배가 좀 차니 구경할 여유가 생긴다. 시장 깊숙이 들어가 본다. 옷도 팔고, 고기도 팔고, 여러 종류의 가게들이 끝없이 이어진다. 그 가운데서도 제일 많은 게 불교용품점이다. 두세 집에 하나는 불교용품점이다. 불상이나 불교의상을 파는 가게도 있고, 사원 모형들을 다양한 형태로 만들어 파는 곳도 있다. 시장에 와 보니 이 나라가 불교국가임을 실감하게 된다. 불교가 종교일 뿐만 아니라 생활이고 하나의 큰 산업인 것이다.

유학박람회장으로 돌아가려 공유택시 그랩Grab을 호출하고 7분을 기다리니 택시가 왔다. 에어컨이 아주 잘되지는 않지만 그래도 시원한 편이다. 20분. 요금은 150바트, 5,500원 정도. 처음 호출 때 찍힌 요금만 그대로 받는다. 그러고 보니 왕궁에 갈 때 탄 뚝뚝이는 바가지를 씌운 거다. 비슷한 거리를 400바트 내고 갔으니. 뚝뚝이를 탈 때는 미터기도 없으니 부르는 게 값이라고, 타기 전에 요금이 얼만지 물어보고 충분히 깎은 뒤에 타야 한다는 것을 여행안내 책자에서 읽었는데…. 그걸 잊어버렸으니 내 잘못이다. 관광지란 으레 그런데….

세계적 관광도시 방콕이 잘나가는 이유

유학박람회 둘째 날(11월 13일)에도 박람회장에는 학생들의 발걸음이 계속 이어진다. 궁금한 것도 많다. 기숙사 시설은 잘돼 있는지, 기숙사비는 얼마인지, 외국 학생들은 많은지, 영어로 진행되는 강의는 있는지 등등. 전북대 부스 바로 앞에는 호주의 유학원이 아주 크게 부스를 차렸는데, 여기도 학생들이 계속 북적인다. 대표가 한국인이다. 20년 전 호주로 건너가 유학원을 차렸고, 지금은 시드니 본사뿐만 아니라 방콕과 서울에

지사를 두고 있단다. 호주는 영어권 선진국으로 동남아에 근접해 있어 대부분 동남아 학생들이 관심이 많다. 태국 학생들도 마찬가지다. 대표의 얘기를 들으니 특히 태국과 인도네시아, 말레이시아에서 호주로 유학 가는 학생들은 계속 늘어나고 있단다. 경제 수준이 조금씩 높아지면서 선진 교육에 대한 수요가 더욱 높아지고 있다. 동남아는 발전도상에 있는 만큼 새롭게 부자가 되는 사람이 많고, 빈부격차가 큰 만큼 큰 부자도 많아서 호주의 대학들도 동남아에 더욱 관심을 기울이지 않을 수 없단다.

중국이 여전히 많은 유학생을 보내고 있지만, 미·중 전략 경쟁이 심화되면서 호주는 미국 편을 들지 않을 수 없고, 그러다 보니 호주-중국의 관계는 소원해져 있다. 이런 현상이 계속되면 중국 유학생도 줄어들 것이다. 호주 대학들은 그런 점까지 염두에 두고 동남아 시장에 더 신경을 쓰는 것이다. 지금의 세계정세를 설명하는 키워드는 미·중 전략 경쟁일 텐데, 이것이 호주 대학 유학생 모집에까지 직접 영향을 미치고 있다. 대학 홍보의 장인 세계유학박람회장에도 세계정세의 긴박한 흐름이 그대로 반영되어 있음을 여실히 확인할 수 있다.

주말에만 열리는 대규모 시장 짜뚜짝 주말시장엔 꼭 가 봐야 한단다. 입구에 들어서니 일단 그 규모가 어마어마하다. 남대문시장의 두세 배는 돼 보인다. 옷, 신발, 액세서리, 건강식품 등을 파는 가게들이 끝도 없이 이어져 있다. 음식을 파는 가게들은 한곳에 크게 모여 있고, 상가 여기저기에도 이런저런 먹거리를 파는 작은 가게들이 박혀 있다. 낙지볶음, 새우튀김, 바나나구이, 꼬치, 소시지구이 등 종류도 다양하다. 돼지고기를 바싹 구워 컵으로 파는 게 맛있어 보여 하나 샀다. 맛있는데 비계가 너무 많다. 200바트니까 7,400원, 비싸기도 하다. 국제관광도시라서 특히 관광객이 많은 곳은 물가가 만만치가 않다. 그런데도 많이들 산다. 물론 외국인이 많다. 여긴 특히 외국인 천지다. 태국인으로 보이는 사람은 찾기 힘

방콕 짜뚜짝 주말시장

들 정도다. 서양 사람이 제일 많고, 한국·일본·중국 사람도 많다. 환전소가 한쪽에 자리를 잡고 척척 돈을 바꿔 준다.

시장 한쪽에 지하철이 보여서 역 안으로 들어섰다. 안내 지도를 보니 유학박람회장을 가려면 '시암역'까지 가야 하는데 바로 가는 게 없다. '모칫역'에서 한 번 갈아타야 한다. 시암역 가는 표를 달라니 거기까지 가는 표는 없단다. 모칫에 가서 시암으로 가는 표를 사야 한다면서, 라인마다 회사가 달라서 그렇단다. 좀 불편하지만 아주 싸다. 모칫까지 세 정류장인데 20바트, 740원이다. 아주 깔끔하고 시원하다. 방콕의 교통체증이 이만저만이 아닌데 그것도 피할 수 있다. 노선만 좀 익숙해지고 자주 타는 노선의 카드를 사서 잘 관리하면 편리하게 이용할 수 있을 것 같다.

여러 나라를 다녀 봤지만, 동남아 다른 어떤 도시보다도 방콕에는 외국 관광객이 많다. 쿠알라룸푸르, 자카르타, 싱가포르 모두 국제적인 도시인데, 관광도시로는 방콕이 훨씬 더 인기 있다. 거리를 걸어 보면 금세 알 수 있다. 몇 가지 이유가 있겠다. 첫째, 19세기 이후 서양의 여러 나라가 방콕에 적극적으로 진출했다. 그만큼 세계인들의 발길이 방콕에 많이 닿아 있는 것이다. 둘째, 불교국가로 사원을 비롯한 불교유산이 많다. 서양과 구분되는 이런 문화와 전통이 서양인들에게는 신비하게 다가갈 수 있다. 사원마다 서양 관광객이 몰려 있음은 이 때문일 것이다. 셋째, 쇼핑천국이다. 쇼핑몰이 곳곳에 있고, 그 규모가 상상 이상이다. 서울에서도 발견할 수 없는 규모들이다. 여기에 명품부터 중저가까지 다종다양한 상품들이 너무너무 많다. 게다가 전통시장도 큰 게 여럿이다. 수상시장, 철길시장 등 특이한 볼거리와 연계된 곳도 많다. 넷째, 맛있는 음식이다. 태국 음식은 프랑스, 이태리, 중국의 음식과 함께 세계 4대 음식으로 꼽힌다. 똠양꿍, 팟타이, 솜땀 등 태국 전통 음식이 세계인을 방콕으로 안내하고 있다. 다섯째, 여전히 싼 물가다. 호텔, 음식, 교통 등이 선진국에 비하면 절반도 안 되는 가격에 제공된다. 여섯째, 비교적 편리한 교통이다. 동남아 여행을 계획할 때 방콕과 함께 쿠알라룸푸르, 자카르타 등도 생각해 볼 수 있을 텐데, 그중 방콕 교통이 많이 앞서 있다. 우선 지하철이 잘 돼 있다. 쿠알라룸푸르, 자카르타와 확실히 다른 점이다. 그랩도 쉽게 이용할 수 있고, 일반택시, 삼륜택시, 버스 등 다양한 교통수단이 있다. 이런 여러 가지 조건을 갖추고 있는 만큼 방콕은 앞으로도 관광도시로 계속 성장할 것이다.

'정치가 잘돼야 한다'는 의미로 정치학과 중시

방콕에서 보낸 마지막 날에는 출랄롱코른대학교를 찾아갔다. 태국 최고의 대학이다. 세계 대학 가운데 200위 정도인 월드클래스 대학이고, 학생 3만 5,000여 명, 교수는 3,000여 명에 이르는 대규모 대학이다. 호텔에서 가까워 걸어서 가니 20분 만에 도착했다. 큰 강당이 보이고 그 앞에는 두 사람의 동상이 있다. 한 사람은 앉아 있고 한 사람은 서 있다. 앉아 있는 이가 라마5세1853~1910, 국왕 재위: 1868~1910, 서 있는 이가 라마6세1881~1925, 국왕 재위: 1910~1925다. 라마6세가 아버지 라마5세를 기리며 이 대학을 세운 것이 1917년이다. 그래서 이 대학은 왕실의 대학으로 알려져 있고, 여전히 왕실과 끈끈한 관계를 이어 가고 있다. 이 동상이 그런 관계를 잘 보여 준다.

동상 옆에 큰 건물이 있어 대학본부인 줄 알았는데, 큰길을 건너가라고 한다. 덕분에 넓은 캠퍼스를 걸으면서 여기저기 살필 수 있었다. 캠퍼스 내부를 운행하는 버스는 예쁜 분홍색이다. 직원들도 분홍색 티셔츠를 입고 있다. 버스 정류장도 분홍색이고 학교가 온통 분홍이다. 학교 색

출랄롱코른대학교의 설립자 라마6세(오른쪽)와 부왕 라마5세 동상

깔이 분홍이라는데, 라마5세와 관련 있다. 태국 전통에 월, 화, 수, 목, 금, 토, 일요일에는 각각 고유의 색깔이 있다. 각 요일에 해당하는 행성이 있고, 그 행성을 관장하는 신이 있으며, 그 신들은 고유의 색깔을 가지고 있다는 것이다. 힌두교 신화에서 영향을 받았는데, 태국은 불교국가이면서도 인도와 교류를 많이 해서 힌두교의 영향도 많이 받았다. 월요일은 노란색으로 권위와 신뢰를 상징한다. 화요일은 분홍색으로 사랑과 우정, 균형을, 수요일은 초록색으로 생명력과 발전을, 목요일은 주황색으로 희망과 충만을, 금요일은 하늘색으로 평화와 꿈을, 토요일은 보라색으로 번영을, 일요일은 빨간색으로 부를 의미한다. 라마5세의 생일이 화요일이어서 출랄롱코른대학교는 분홍색을 상징색으로 쓰고 있다.

15분 정도 걸어가니 본부가 나온다. 다른 건물들은 오래되었는데, 본부는 아주 현대식이다. 국제처 회의실로 들어서니 이 대학의 국제처 부처장이 기다리고 있고, 조금 있으니 처장이 들어온다. 큰 회의실에 나와 출랄롱코른대학교 국제처장이 앞에 나란히 앉고, 왼쪽에 국제처 부처장과 국제처 직원들이 자리를 잡고, 그 반대쪽에 전북대 국제처 총괄팀과 실무팀장이 앉아 논의를 시작한다. 두 대학의 교류를 위한 양해각서는 이미 2012년에 체결되어 있다. 그런데 실제 교류는 거의 이뤄지지 않았다. 출랄롱코른대는 그동안 한국의 대학들과 교류 자체를 그렇게 활발하게 하지 않았다. 서울대를 비롯한 서울 지역의 몇 개 대학에 학생들을 파견했을 뿐이다. 그래서 한국의 다른 지역에 있는 대학들과 교류를 확대해야겠다고 생각하고 있었다고 한다.

최근에는 한국에 대한 관심이 높아져 한국학 연계전공도 생겼단다. 좀더 학생들이 많아지면 정식 학과로 승격될 가능성도 크다고 한다. 학생들의 수요에 따라 학교가 움직여야 하는 만큼, 학생들의 한국과 한국 문화 공부에 대한 관심이 얼마나 더 높아지는지 출랄롱코른대 지도부가 관심을 갖고 예의 주시하고 있다고 한다. 우선은 원하는 학생들을 찾아서 교환학생으로 보내겠다고 한다. 전주는 한국의 전통을 오롯이 간직하고 있는 도시이고 전북대에 오면 한국의 전통을 직접 관찰하고 느끼면서 공부할 수 있다고 설명하니, 더 관심을 표명한다.

우리 학생들을 출랄롱코른대에 파견하는 것도 중요한데, 학생들이 선진국 중심이어서 애를 먹고 있다고 하니 방콕과 출랄롱코른대의 장점을 길게 설명해 준다. 국제도시 방콕의 한가운데 있어서 방콕 문화를 충분히 향유하면서 공부할 수 있고, 물가가 저렴하고, 대학교육 수준이 세계적임을 자랑한다. 영어로 진행되는 강의들도 있단다. 실제 이런 점에 포커스를 두면서 태국을 제대로 공부하려는 학생들을 잘 찾아본다면 일 년에 몇 명쯤은 올 수 있을 것 같다. 그러자면 우선 방콕을 경험하는 것도 중요할 텐데, 이 학교에서 운영하는 서머스쿨, 윈터스쿨 같은 단기 프로그램을 잘 활용하면 좋겠다는 생각이 들었다. 태국 최고의 대학이지만 외국인 유학생이 900명 정도에 불과해 앞으로 유학생을 많이 늘려 국제화지수를 높여야 하는 상황이라고 한다. 그런 만큼 유학생에 대한 지원을 더 늘릴 것이니 되도록 많은 학생을 보내 달란다.

석·박사 과정은 영어 수업이 많고, 두 학교 모두 수준이 높으니 대학원생 교환학생, 복수학위 등도 추진해 보자고 한다. 영어권이 아닌 대학들과의 교류는 오히려 대학원 교류가 쉬울 수 있다. 특정한 분야를 깊이 공부하는 것이니 쉽게 의사소통할 수 있고, 영어로 수업과 연구가 진행되는 경우가 많아 교류가 잘될 수 있는 것이다. 하지만 복수학위를 진행하려면 특정 학과 사이 깊은 토론을 통해 서로 교과과정을 맞추어야 하므로 사전 준비가 많이 필요하다. 여하튼 전북대도 출랄롱코른대도 교류 확대가 필요하고 공통분모를 발견했으니 점차 교류를 확대할 수 있을 것 같다.

국제처장과 회의를 마치고 학교 여기저기를 둘러보았다. 검정 바지에

흰색 블라우스를 입은 학생들이 많이 보인다. 여학생들은 검정 치마에 흰색 블라우스 차림이다. 안내하는 국제처 직원에게 물으니 이 대학의 1학년 학생들이란다. 1학년은 교복을 입는 게 의무다. "안 입으면 어떻게 되나요?" 물으니 이 학교 학생이 된 것이 태국에서는 큰 자랑이기 때문에 안 입는 학생이 없다고 한다. 2학년 이상은 안 입어도 되는데 입는 학생이 꽤 많단다.

캠퍼스를 돌아다니다 보니 눈에 띄는 간판이 있다. 정치학부Faculty of Political Science. 이 대학은 19개 학부Faculty로 되어 있다. 학부라고 이름을 붙였지만, 규모가 단과대학과 같다. 공학부Faculty of Engineering, 의학부Faculty of Medicine 등도 학부라고 되어 있으니 우리나라 대학의 단과대학을 학부라고 부르는 것이다. 그러니 정치학부는 우리식으로 하면 정치대학이다. 실제 그 속에 정부학과, 행정학과, 국제관계학과, 사회·인류학과 등 4개 학과가 있다. 국제대학원도 있다. 세계의 많은 대학을 다녀 봤지만 정치학과가 단과대학으로 되어 있는 대학은 이곳이 처음이다. 그만큼 이 대학이 정치학과를 중시한다는 얘기다. 사연이 있을 것 같아 물어보니 라마6세의 주문이었단다. 옥스퍼드대학교에서 역사와 법학을 전공한 엘리트로 교육의 중요성을 충분히 인식하고 있던 라마6세는 영국식 교육제도를 도입하여 공립고등학교를 설립해서 중등교육을 활성화했다. 그때까지 왕실 직원 교육을 맡고 있던 기관을 종합대학으로 재창설해 출랄롱코른이라는 이름을 준 것도 교육에 대한 그의 관심 때문이었다. 사회 전반에 걸쳐 개혁을 실행해 나가면서 정치의 중요성을 절감했다. 그래서 대학을 설립하면서 정치학과를 특별히 중시할 것을 지시했다. 정치가 잘돼야 나라가 잘될 수 있다는 생각 때문이었다. 그때부터 이 대학은 정치학과 발전에 힘을 쏟았고, 지금은 정치대학 수준으로 커졌다.

라마6세가 정치학과를 중시한 것은 토지개혁과 노예제 폐지 등을 추진

출랄롱코른대학교 정치학부

한 아버지 라마5세의 정치 중시 노선을 기리는 측면도 있었다. 그런 사연과 전통 속에서 출랄롱코른 정치학과는 발전과 성장을 계속해 왔다. 이러한 전통을 바탕으로 정치학과만큼은 세계 어느 대학에도 뒤지지 않도록 발전시킬 계획들을 추진하고 있다. 그게 출랄롱코른대학교 전체 발전 계획과 연결되어 있고, 또한 국제도시 방콕의 장기 성장 계획과도 연계되어 있다.

최근 세계 많은 대학과 마찬가지로 우리나라 대학들도 살아남기 경쟁 중이다. 그 방안으로 돈이 되는 학과들만 중시한다. 공대, 의대 등 취업에 도움이 되고, 학생들이 많이 몰리고, 연구비 따오는 데 도움이 되는 학과들만 중요하게 생각하는 경향이 있는 것이다. 교육부도 그런 학과를 중심으로 대학 발전 계획을 세우고 있다. 인문사회에 대한 연구 지원이 이공계나 의학계에 비해 턱없이 부족한 게 이를 잘 보여 준다. 하지만 대학은 꼭 돈을 버는 기술만 가르치는 기관이 아니다. 더 중요한 것은 우리 사회가 어디로 가야 하는지, 옳은 방향으로 가도록 하려면 어떤 방안들을 마련해야 하는지, 국가의 백년 발전 계획은 어떤 지향점을 가지고 추진되어야 하는지 등 근본적인 문제에 대해 고민하는 것이다. 그런 공부, 그런 연구에 대한 지원도 최소한 돈 버는 곳에 대한 지원만큼은 되어야 한다. 출랄롱코른은 그런 문제에 대한 상당한 고민과 연구를 반영하고 있는 듯하다. 대학 교류를 논의하러 갔던 이곳에서 우리 대학들이 못하는 부분을 본 것 같아 무척 반가웠다.

위기에 처한 한국 대학, 어떻게 살릴 것인가

교수도 자리 지키기 어렵다

지방에 살다 보니 늘 듣는 얘기가 "어렵다", "힘들다", "죽겠다" 등등의 하소연이다. 동네에서 만나는 사람들도, 학교에서 대화하게 되는 사람들도 마찬가지다. KBS전주방송총국의 토론 프로그램 〈생방송 심층토론〉 사회도 꽤 오랫동안 했는데, 여기에 나오는 출연자들도 대부분 죽는소리였다. 도지사도, 국회의원도, 시장도, 군수도 경제가 어렵다, 투자가 안 온다, 이런 얘기들이 대부분이었다. 그도 그럴 것이 전라북도는 경제 규모가 전국의 2% 정도밖에 되지 않는다. 지역 내 총생산 규모가 전국의 2%대에 머물고 있다. 인구도 1970년대에는 250만 명까지 됐었는데, 지금은 178만 명 정도에 불과하다. 정부의 각종 사업과 지원에서도 밀려왔다. 수도권이 우선이고, 호남 중에서도 목소리 큰 광주·전남이 먼저 고려되다 보니 전북은 늘 후순위였다. 그러니 여기저기서 어렵다는 얘기뿐이다.

대학 얘기로 들어가면 문제는 더 심각해진다. 대학에 들어올 학생은 줄어든다. 2023년 전국의 고3 학생은 39만여 명이다. 앞으로도 계속 줄어 2040년에는 28만여 명으로 크게 감소한다. 거의 절반 정도로 주는 것이다. 출산율 자체가 떨어지니 어쩔 수 없는 일이다. 2020년 유엔인구기금UNFPA이 펴낸 〈세계 인구 현황 보고서〉에 따르면, 선진국들의 합계출산율(15~49세 여성 1명이 평생 낳을 것으로 예상되는 출생아 수의 평균)은 1.6명 정도인 반면, 우리나라는 0.84명이었다. 2021년에는 0.81명, 2022년에는 0.78명으로 떨어졌다. 실제로 2012년 48만 4,000여 명이던 우리나라 신생아 수는 2022년 24만 9,000여 명으로 감소했다. 10년 만에 절반 정도로 줄어든 것이다.

그런데 대학의 입학 정원은 여전히 많다. 2023년 입시에서 전국의 60개 개학이 정원을 채우지 못했는데, 이런 현상은 더 심화할 수밖에 없다. 2024년 입시 계획을 보면, 대학의 입학 정원(전문대 포함)은 51만여 명이다. 고3 학생이 39만여 명이니, 이 학생들이 모두 대학에 들어가도 대학 정원이 12만 명 정도 남는 것이다. 재수생들이 채워 준다고 해도 5만여 명은 계속 남아돌게 된다. 2040년이 되면, 수도권 대학과 지방 국립대 정원만 가지고도 대학 진학을 원하는 학생 대부분을 수용할 수 있다. 다시 말하면, 지금 전문대를 포함해 전국에 대학이 385개인데, 2040년에는 그중 절반은 문을 닫아야 한다는 말이다.

2000년 이후 폐교를 한 대학이 전국적으로 19개인데, 앞으로는 어느 대학이 문 닫았다는 얘기를 더 자주 듣게 될 것 같다. 물론 교수 자리도 그만큼 줄어들게 된다. 지금 9만여 명인데, 8만, 7만으로 줄어드는 것은 시간문제다. 이미 대학에 자리 잡은 교수들은 '나는 문제없겠지' 생각할 테지만, 꼭 그렇지도 않다. 입학 정원을 못 채우는 대학은 대학 자체가 위험하다. 비교적 문제가 없어 보이는 대학들도 학과에 따라서는 정원을 많이 못 채우는 학과가 있고, 그 학과들은 입학 정원을 줄여야 하고, 그러면 교수 자리도 당연히 줄어든다. '나는 괜찮겠지'라는 생각을 누구도 할 수 없는 상황이 된 것이다.

대학 문 세계에 활짝 열어라

대학의 위기를 얘기하면서 김영삼 정부에서 '대학설립 준칙주의'를 채택하면서 문제가 생겼다고 주장하는 사람들이 많다. 일정한 기준만 갖추면 대학을 자유롭게 설립할 수 있도록 하는 바람에 문제가 됐다는 말이다. 대학이 많아지고, 정원을 못 채우는 대학들이 생겨나는 상황을 보면, 그런 지적도 일리는 있다. 하지만 돈 있는 사람이 뜻을 갖고 대학을 세워서 운영해 보겠다는데 정부가 일일이 간섭하고 엄격하게 따져서 허가해 줘야 한다면 지나친 규제가 아닐 수 없다. 운영을 잘못해서 피해를 보는 사람이 생길 때 정부가 나서는 정도가 옳을 것이다. 어쨌든 설립을 자유롭게 하는 것 자체를 문제 삼는 것은 현재 대학의 위기에 대한 진단과 처방에 그다지 도움이 되지 않는다.

문제의 핵심은 인구가 줄어드는 것이고, 그런 인구학적 동향을 정부를 비롯한 우리 사회가 인식하지 못했다는 것이다. 그래서 대학을 많이 설립하게 됐고, 지금은 정원을 못 채워 좌불안석이다. 따라서 지금 우리가 가장 우선적으로 고민하고 논의해야 하는 문제는 출산율을 높이는 것이다. 어떻게 하면 젊은이들이 결혼과 출산을 걱정 없이 할 수 있을지를 밤낮 없이 고심해야 한다. 그러려면 좋은 일자리를 많이 만들어야 하고, 아이를 걱정 없이 맡길 수 있는 기관과 시설을 조속히 늘려야 한다. 미래의 산업에 대한 고민, 경제성장과 복지 확장에 대한 숙고, 한반도 통일을 통한 블루오션 창출 등 거대 과제에 대한 논의를 깊이 하면서, 이런 것과 동시에 일자리와 출산율 확대를 연결해야 한다.

이런 과제들은 사실 시간이 많이 걸리고, 관련 분야들이 유기적인 연결과 협력을 해야 하므로 단기간에 진전되기가 쉽지 않다. 그래서 대학들이 바로 집중해야 하는 길은 유학생 유치를 포함한 국제화이다. 그게 당장의 생존을 찾는 길이면서 장기적 활성화에도 크게 도움을 받는 길이다. 한마디로 대학의 문을 외국에 활짝 열어야 한다. 그 열린 문으로 외국 유학생을 많이 받아들여야 한다.

인구절벽, 대학위기, 이런 것들이 우리를 우울하게 하지만, 눈을 세계로 돌리면 얘기는 달라진다. 지금 세계 인구는 약 79억 명인데, 계속 늘어난다. 1초에 4명 정도 아이가 새로 태어나니 늘 수밖에 없다. 1960년 30억 명이었던 인구는 대체로 10년마다 10억 명씩 증가하고 있다. 1999년에는 60억 명이 됐고, 2011년에는 70억 명에 이르렀다. 2030년에는 83억 명, 2040년에는 88억 명, 2050년이면 91억 명에 달할 것으로 보인다. 지역적으로 보면, 동남아시아와 중동, 아프리카, 남미 지역의 인구가 많이 늘고 있다. 이슬람교는 다산을 장려하는 전통이 있고, 가톨릭은 피임을 부정적으로 본다. 그래서 이슬람교도가 많은 동남아와 중동, 아프리카, 그리고 가톨릭교도가 많은 남미 지역의 인구가 증가하고 있다.

대학들도 세계로, 특히 인구가 늘어나는 동남아와 중동, 아프리카, 남미로 눈을 돌려야 한다. 한국에 유학을 오는 학생들이 점점 늘고 있긴 하다. 2003년에 국내 유학생 수는 2,000여 명에 불과했는데, 2016년에는 10만여 명으로 증가했고, 2022년에는 16만여 명이 됐다. 전북대도 세계 여러 나라에서 유학생을 받고 있다. 2022년 4월의 상황을 보면, 유학생은 모두 1,963명이고, 이들의 국적은 세계 64개 나라로 다양하다. 중국 학생이 958명으로 절반 정도이고, 다음으로는 베트남 222명, 우즈베키스탄 169명, 몽골 139명, 방글라데시 72명, 인도 62명, 말레이시아 56명, 인도네시아 45명, 네팔 34명 등의 순이다. 아프리카의 이집트와 카메룬, 탄자니아, 토고에서 온 학생들도 있고, 중남미의 과테말라, 에콰도르, 엘살바도르, 베네수엘라에서 온 학생들도 전북대에서 우리 학생들과 섞여 공부하고 있다.

하지만 여전히 중국과 아시아권에서 오는 유학생이 대부분이다. 인구가 증가하고 있는 아프리카, 남미, 중동 지역에서 더 많은 학생을 유치해야 하는 상황이다. 아프리카, 남미 지역의 학생들은 한국이 멀고, 유학할 만큼 형편이 넉넉한 학생이 많지 않아 유치가 쉽지는 않다. 그럼에도 개도국에도 살 만한 사람들은 있고, 유학 갈 학생들은 존재한다. 대학들이 나름대로의 특장을 살려 홍보를 강화하면 유학생 유치는 얼마든 가능하다. 내 경우도 전북대 국제협력처장으로 있는 동안에 국립대의 장점, 한국 전통의 고장 전주에 위치한 점 등을 집중 홍보해 유학생 유치를 점점 늘렸다.

대학의 인식이 달라져야

대학이 처한 상황은 하루가 다르게 나빠지고 있고, 세계는 급속하게 변화하고 있는데, 그 변화를 잘 인식하지 못하는 게 대학의 구성원들이다. 특히 연구실에서 한 가지 주제에 천착하고 있는 교수들은 세상의 흐름에 둔감하다. 그럴만하다. 교수는 그런 측면도 있어야 한다. 한 가지에 매달려 좋은 성과를 내야 한다. 그것들이 모여서 기술혁신을 이뤄 내고, 우리 사회의 옳은 지향점을 제시한다. 그럼에도 자신이 속한 대학이 어떤 환경에 있는지, 주변이 어떻게 돌아가는지 최소한의 감은 가지고 있으면서 대학의 장기 발전을 추진해 가는 데 저해되는 일은 하지 말아야 한다. 그런데 실제 대학의 현실은 걱정스럽기 그지없다.

실제 그런 걸 체감할 수 있는 사례들을 여러 차례 경험했다. 외국인 유학생의 석사, 박사 논문을 지도하는 교수들에게 성과평가 점수를 좀 더 부여하는 방안을 추진했었다. 본부의 간부들이 모여 회의를 해서 통과됐다. 당연한 일이다. 외국인 유학생의 논문을 지도하는 일은 너무 힘들고 괴로운 일이다. 나도 중국인 유학생의 논문 지도를 한 적이 있는데, 논문을 읽다가 '집어던져 버릴까?' 하는 생각을 한 게 한두 번이 아니다. 우선 문장을 읽는 게 힘들다. 잘 안되는 우리말 실력으로 논문을 구성하자니 앞뒤가 맞지 않는다. 어학 능력이 부족한 상태로 전공 공부를 해 왔으니 전공에 대한 인식도 얕을 수밖에 없다. 그래서 유학생의 논문을 지도하는 동안 수도하는 마음으로 '학생들은 모자라는 게 정상이지. 그러니까 공부하는 거지', '나도 영국 유학 시절 이랬겠지? 내 지도교수가 내 논문을 읽을 때 얼마나 괴로웠을까?' 이런 생각을 되뇌면서 힘겨웠던 생각을 했다. 대부분 외국인 유학생의 논문을 지도하는 교수들은 그렇게 마음을 가라앉혀 가면서 겨우겨우 해내고 있다. 그러니 외국인 유학생 논문을 지도하는 교수에게는 인센티브가 주어져야 한다. 인문사회계열은 특히 그렇다. 실험 데이터보다는 이론 중심의 연구들이 많아 언어 능력이 더 중시되기 때문이다.

그런데 그렇게 간부회의에서 정리된 인센티브를 부여하는 안이 성과평가 점수를 구체적으로 결정하는 위원회에서 부결되었다. 유학생이 적은 학과의 교수들이 거부한 것이다. 유학생이 적은 학과 교수들한테 불리하다는 것이 이유였다. 유학생을 받는 것도 학과 교수들이 결정한다. 교수들이 유학생 지원자들을 면접해서 결정한다. 잘 받는 학과도 있고, 그렇지 않은 학과도 있다. 잘 받는 학과들에는 유학생이 많고, 그렇지 않은 학과들에는 학생이 적다. 많이 받는 학과들은 세상의 흐름을 인식하고, 어렵지만 대학이 살아남기 위해 추진하는 정책에 협조한다는 차원에서, 또는 유학생을 받아서 한국 학생들이 외국인 학생과 교류하는 기회를 넓혀 주기 위해서, 그리고 한국 학생이건 외국 학생이건 배우려는 사람은 지도해 주는 것이 대학의 기본 사명이라는 대의 차원에서, 외국인 유학생을 적극 수용한다. 그런 만큼 어려움은 감수한다. 그래서 인센티브가 필요하다. "그런 거 우리는 모르겠고, 우리 학과는 외국인 유학생 적어서 인센티브 확대하면 불리하니 반대한다"는 주장은 협량하기 이를 데 없다. 하지만 그런 좁은 소견의 주장이라도 세게 주장하면 어쩔 수 없는 게 대학의 위원회이다. 그렇게 해서 유학생 논문을 지도하는 교수에게 평가 점수를 더 주는 안은 실현되지 못했다.

이뿐이겠는가? 학과에 따라서는 학부 외국인 유학생을 아예 안 받는 경우도 적지 않다. 그런 학과 교수들한테 "왜 유학생을 안 받느냐?"고 물으면, "글쎄요", "잘 모르겠네요", "학과장한테 얘기해 보세요" 이런 답들을 준다. 합리적인 이유를 얘기하지 못하는 것이다. 언제 어떻게 그런 결정이 이뤄진 것인지 잘 모르는 학과들도 있다. 매 학기 학과의 의견을 물어 외국인 유학생 입시 요강을 정리하는데, 그때마다 이전에 정해진 것을 그대로 내는 실정이다. 그러니까 과거 언젠가 학과에서 회의해서 "외국인 유학생 안 받는다"고 결정했고, 이후 특별한 고민 없이 그대로 이 결정을 그냥 지켜 가는 것이다. 그 이면에는 외국인 유학생을 받으면, 특별한 이점도 없이 귀찮기만 하니 받을 이유가 별로 없다는 생각이 깔려 있을 것이다.

국제협력처장으로 일하기 시작한 뒤 얼마 안 돼 외국인 신입생을 안 받는 학과들이 있다는 사실을 알고 엄청 놀랐다. '세상에 이런 경우가 있을 수 있나?', '학과에서 안 받겠다면 안 받는 것인가?' 이런 생각을 하지 않을 수 없었다. 전북대 정치외교학과 교수로 와서 10년 가까이 지냈지만, 정외과에서 유학생을 안 받겠다면 안 받을 수 있다는 생각은 전혀 하지 못하고 지냈다. 그런데 실제 안 받는 학과들이 있는 것이다. 놀라운 일이 아닐 수 없다. 하긴 정년퇴임하는 교수가 이런저런 이유를 대며 연구실 반납을 미루는 경우도 있다 하니 이만한 일에 놀라는 게 이상할지도 모르겠다.

어쨌든 이제 생각을 바꾸지 않으면 모두가 어려워지는 환경이 됐다. 나만 보면 주변이 힘들어진다. 힘들어질 뿐만 아니라 함께 망한다. 우선 고개를 들어 눈을 먼 곳에 두고 좌우를 살펴야 할 때다. 우리 사회는 어떤 상황인지, 세계의 조류는 무엇인지, 그 속에서 대학이 살고 지역도 살고 모두가 함께 상생하는 길이 어떤 것인지, 조금씩 생각하면서 살지 않으면 안 되는 때가 된 것이다.

지방정부·정부 모두가 답답할 뿐

인구절벽 현상은 이제 지방대학뿐만 아니라 웬만한 지자체들을 모두 위기로 몰아가고 있다. 2022년 5월 고용노동부와 한국고용정보원이 내놓은 소멸 위험 지역 현황에 따르면, 전국의 228개 자치단체 가운데 소멸 위험 지역은 113개나 된다. 절반에 가깝다. 소멸 위험 지역은 65세 이상 인구가 20~39세 여성 인구보다 2배 이상 많은 곳을 말한다. 고령자가 가임 여성 인구보다 2배 이상 많아 장기적으로 소멸 가능성이 큰 지역을 이르는 것이다. 이런 지역은 그대로 두면 30년 뒤에는 실제 소멸될 가능성이 크다. 전북에는 14개 지자체가 있는데, 그중에서 전주시만 빼고 모두 소멸 위험 지역이다. 익산시와 군산시는 오래전부터 꽤 큰 도시였고, 전국적으로도 많이 알려진 지역이지만, 소멸 위기를 벗어나지 못하고 있다.

이렇게 인구절벽의 상황이 심각하고, 그에 따라 지역의 대학들도 소멸 위기에 처해 있는데, 지방정부의 대응은 미온적이기 짝이 없다. 광주광역시는 2021년 5월 대학발전협력단이라는 조직을 만들어 대학의 경쟁력 강화를 위한 지원을 하고 있다. 중앙부처 공모사업, 지역인재 취업률 제고, 유학생 유치 등의 사업을 적극 돕고 있다. 부산 지역에서도 부산시와 부산교육청, 부산상공회의소, 그리고 지역 대학들이 상설기구를 구성해 위기 타개를 위해 공동으로 대응하고 있다. 이 같은 사례를 제시하면서 전라북도에도 이런 조직을 만들자고 제안했지만, 별로 관심을 보이지 않았다. 내가 진행을 맡고 있던 전주KBS의 〈생방송 심층토론〉에서 지역과 대학의 상생 방안을 논의해 보자고 송하진 전북도지사 출연을 요청했는데, 도지사는 안 나오고 당시 우범기 정무부지사가 나와 김동원 전북대 총장과 함께 토론했던 기억이 난다. 당시 우범기 부지사는 도청도 대학이 필요로 하는 것을 많이 돕겠다고 얘기했지만, 광주와 같은 체계적인 상설기구의 설치는 이뤄지지 않았다.

그런 모습은 지역혁신사업RIS 사업에서 좋지 않은 결과로 이어졌다. 지역혁신사업은 교육부가 주관하는 것으로, 각 시·도와 지역의 대학이 협력해서 지역 특성에 맞는 산업을 진흥시키려는 계획에 투자하는 사업이다. 전라북도와 전북대가 중심이 되고 지역의 기업체들까지 연합해 '친환경 수소·재생에너지'와 '친환경 다목적 수송기기'를 핵심으로 하는 사업에 투자하는 계획을 세워 지역혁신사업 지원을 신청했다. 국비 2,400여억 원을 지원받는 대규모 사업이었다. 결과는 탈락이었다. 2020년에 이어 2022년에도 탈락한 것이다. 결과가 나오기 이전부터 이런저런 소문이 있었다. 강원도와 대구·경북이 경쟁자인데, 그쪽은 도지사들이 사활을 걸고 뛰고 있고, 그래서 전북은 불리하다는 얘기들이었다. 게다가 전북은 도청에서 미온적으로 대응해 준비 단계부터 활기차고 일사불란한 모습이 되지 못했다. 전북대에서는 기획처장이 이 일을 맡아서 했는데, 도청에서 적극성을 보이지 않아 어렵다는 얘기를 많이 했다. 도지사가 발 벗고나서도 될까 말까 한 일인데 과장도 제대로 움직이지 않는다는 얘기였다. 그런 얘기를 들을 때마다 '전라북도는 어쩌려고 저러나?', '그렇지 않아도 먹을 게 없는 지역에서 이런 사업에 목숨을 걸어야 하는데…' 이런 생각을 하곤 했던 기억이 있다.

아직 지방정부는 절실함을 모른다. 지역이 살려면 대학이 살아야 하고, 대학이 살면 지역이 살 수 있다는 인식이 모자라도 너무 모자란다. 여전히 '애햄' 하고 앉아서 '할 얘기 있으면 해 보시오. 도울 만하면 돕겠소' 이런 태도다. 대학 위에서 군림하려 할 뿐, 낮은 자세로 지원하겠다는 생각은 별로 없는 것 같다. 지역이 살기 위해서는 도청이 대학과 기업을 찾아다니면서 불편한 일을 없애고, 도울 길을 마련해야 할 텐데 아직은 그런 태도와 거리가 멀다. 세금으로 운영되는 관공서는 첫째도 서비스, 둘째도 서비스라야 할 텐데, 첫째도 권위, 둘째도 권위만 내세운다. 이런 태도가 바뀌지 않고선 지역과 대학의 상생, 지역의 혁신은 멀고도 먼 얘기일 수밖에 없다.

교육부도 규제와 통제 위주이고 지원에는 소홀하다. 교육국제화역량 인증제라는 게 있는데, 유학생의 불법체류율 등이 일정한 기준을 넘으면 인증을 취소해 사실상 유학생을 받지 못하게 하는 것이다. 최근 우즈베키스탄이나 베트남에서 유학생이 많이 들어오는데, 돈 없이 들어와서 일을 하게 되고, 그러다가 학교에 못 나오는 경우가 꽤 많다. 그러다 보면 학교에서 제적 처리되고 어느새 불법체류자가 된다. 그게 유학생의 2%가 넘으면 인증에서 취소될 공산이 크다. 그런데 정부는 이런 규제를 통해 대학을 통제할 뿐, 불법체류를 예방하거나 불법체류자를 찾아 교육 등의 방법으로 대학으로 돌려보내는 조치 등에는 소홀하다.

최근에는 유학생의 60%가 '성폭력 예방 및 한국법령 이해 교육'을 이수하도록 하는 것을 교육국제화 인증 요건에 포함시켰다. 한국에서 적응해야 하고, 학업을 따라가야 하고, 아르바이트하는 학생들도 많은데, 전체 유학생의 60%를 모아서 이 교육을 받게 하라는 것이다. 실제 해 보면 쉬운 일이 아니다. 문제는 유학생에게 이런 교육을 의무화하는 것이 옳은가이다. 한국 학생들에게는 의무가 아닌 것을 유학생에게는 의무화하는 것이 과연 옳은가? 나도 영국에서 유학했지만, 이런 교육을 받으라는 연락을 받은 적이 없다. 유학생을 '관심 집단'으로 인식하는 것은 아닌지, 그런 인식을 바탕으로 규제·통제하려는 것은 아닌지, 의구심이 들지 않을 수 없다. 그런 인식으로 대학을 국제화하고, 세계의 많은 유학생을 받아들일 수 있을지, 걱정하지 않을 수가 없다.

2022년 5월부터는 외국인 유학생이 우리나라 비자를 받을 때 제출하는 서류도 더 복잡하게 했다. 대학원에 입학하는 학생이 장학금을 받는 경우, 종전에는 지도교수가 장학금을 준다는 확인서를 써 주면 됐다. 대학원생은 보통 지도교수가 자신의 실험실에서 일을 할 수 있는 학생들에게 입학허가를 준다. 실험을 하고 연구작업을 진행하는 데 따라 보수를 지급한다. 지도교수가 어떤 프로젝트를 진행하느냐에 따라 그 보수는 달라진다. 몇 명의 대학원생을 뽑을지도 지도교수가 결정한다. 프로젝트가 크고 연구비가 많으면 많이 뽑고, 그렇지 못하면 적게 뽑는 것이다. 지도교수가 모든 책임을 지고 학생도 뽑고, 보수도 지급하고 하는 것이다. 그러니 입학하는 유학생 몇 명에게 확인서를 써 줄 것인지도 전적으로 지도교수에게 달려 있다. 그런데 그걸 고쳐서 2022년 5월부터는 지도교수가 써 주는 보증서를 한 장으로 제한했다. 두 명째부터는 총장 명의의 확인서를 내도록 했다. 규제를 완화하는 게 지금의 대세인데, 규제를 더 만들어 내고 있다. 대학에서 실제 학생을 받는 지도교수보다 자신의 실험실이나 프로젝트 상황을 더 잘 아는 사람은 없다. 그 상황에 따라 지도교수가 수용 가능한 학생의 수를 정하고 확인서를 써 주었다. 그런데도 그걸로 모자란다며 총장 확인서를 내도록 했다.

대학의 국제협력처장으로 일하면서 학부 입학 전 언어연수생이나 학부생으로 유학을 온 외국인 학생들이 불법체류자가 되는 경우는 더러 볼 수 있었다. 하지만 대학원생이 불법체류자가 되는 경우는 거의 못 봤다.

그도 그럴 것이 대학원생은 지도교수가 사전에 이메일이나 전화, 줌 등으로 접촉해 충분히 능력과 학습계획 등을 확인해서 입학허가를 준다. 그리고 그런 학생들이 들어오면 함께 연구를 진행하면서 보수까지 준다. 그러니 학교를 뛰쳐나가 불법체류자가 되는 사례는 찾기 어려운데, 굳이 규제를 강화하는 이유를 알 수가 없다. 이런 모습은 코로나19 대응 과정에서도 보였다. 코로나19가 한창 확산될 당시 교육부가 유학생의 백신접종 상황을 파악해 보고하라는 연락을 했다. 한국 학생들을 상대로 백신접종 상황을 파악하라는 얘기는 안 했다. 그런데 유학생들 접종 상황을 보고하라고 한 것이다. 역시 유학생을 뭔가 문제의 소지가 더 큰 집단으로 인식하고 있지 않다면 하기 어려운 조치이다. 나는 교육부가 요청한 일이지만, 부당한 일이니 하지 말도록 했다.

이런 점은 지방정부도 다르지 않다. 한때 외국인 거주 지역에서 코로나19가 확산된 적이 있다. 전북에서도 우즈베키스탄인 여럿이 확진됐다. 이에 대한 대응으로 전라북도는 우즈베키스탄 학생들에게 유전자증폭PCR 검사를 받도록 해 달라고 요청했다. 도청에서 직접 해야 할 일을 대학에 요청했다. 특정 국가 학생들에게 PCR 검사를 받도록 하는 것은 매우 어려운 일이었다. 고육지책으로 각 학과의 조교에서 연락해 우즈베키스탄 학생들에게 연락해서 PCR 검사를 받도록 권유해 달라고 했다. 아니나 다를까 문제가 생겼다. 어떤 학과의 조교가 더 잘해 보기 위해 우즈베키스탄 학생들에게 PCR 검사를 받고 인증샷을 보내도록 해 반발하는 학생이 생긴 것이다. 국가인권위에 진정까지 했다. "PCR 검사를 권고했을 뿐 강요한 것은 아니고 조교가 인증샷을 요구한 것은 일을 잘하려다 보니 발생한 일이었다"는 취지로 설명해 크게 문제가 되진 않았다. 유학생이나 특정 국가 학생들만을 상대로 특별한 조치를 하는 것은 인권 침해의 소지가 있을 수 있음을 드러낸 일이 아닐 수 없다.

이제 정부가 발 벗고 나서야

이제 정부가 해야 할 일을 더 분명하게 인식해야 할 때가 되었다. 그야 말로 발 벗고 나서야 할 시점이다. 그 방향은 크게 세 가지다.

첫째는 인구절벽 문제는 범정부 차원에서 더 적극적으로 대처해야 한다. 구두선과 미봉책 말고 실제적으로, 특히 청년들에게 설득력 있는 정책을 만들어 제시해 주어야 한다. 경제를 살려 일자리를 늘리고, 남성 의무 육아휴직제 등 맘 놓고 아이를 키울 수 있는 환경을 조성하는 데 진력해야 한다.

둘째, 대학 지원 정책을 보다 실효적으로 만들어 줘야 한다. 고등교육 재정 확대, 수도권 집중화(대학서열화) 현상 타파, 학령인구 감소 상황 속 연구중심대학 육성, 비정규직 교원의 처우 등의 방안에 대해 교육부가 더 분명한 답을 내놓아야 한다. 대학들의 꾸준한 요구로 초·중등교육 예산 일부가 대학교육 예산으로 넘어오게 되었다. 하지만 고등교육 지원은 여전히 부족하다. 내학생 1인당 교육비 수준이 OECD(경제협력개발기구) 38개국 가운데 30위에 그치고 있다. 예산을 늘리면서 동시에 집행이 진정 대학 발전을 위해 쓰일 수 있도록 해 줘야 한다. 교육부가 대학 재정 지원 권한을 지자체로 넘기려 하고 있는데, 지자체의 교육행정에 대한 전문성 강화라는 전제가 이뤄진 다음에 해야 할 것이다. 대학교육의 특성, 대학 발전을 위한 필요조건 등에 대한 전문성을 확보한 다음에 비로소 할 수 있는 일이다. 대학서열화, 연구중심대학 육성 등에 대해서도 지자체가 충분히 인식하고 대처 방안을 심구해야 한다. 그러지 않고 지자체가 예산권만 가져온다면 지역 대학 간 나눠먹기식 예산 배분이 되기 십상이다.

셋째, 앞의 두 가지를 깊이 천착하면서 정부가 고민해야 하는 또 하나의 문제는 나라의 문호를 더 개방하는 것이다. 이민정책, 난민정책을 획기적으로 바꾸는 문제 말이다. 인구는 줄어드는 데 나라의 문을 여는 문제에 대해 우리나라 사람들은 여전히 보수적이다. 영주권, 국적 취득이 우리처럼 어려운 나라도 흔하진 않다. 물론 한꺼번에 풀어 버릴 수 있는 문제는 아니다. 하지만 세계는 너무 빨리 변하고 있고, 그 방향은 세계가 하나 되는 지구화이며, 문을 열고 서로 윈윈하자는 것이다. 더욱이 우리는 인구가 줄고 있고, 인구를 늘릴 수 있는 뚜렷한 대책이 있는 것도 아니다. 그런 만큼 외국인이 우리나라에 정착해 살 수 있는 조건을 점점 완화하는 수순을 밟아 나가는 것이 바람직할 것이다. 순혈주의, 특유의 공동체 의식이 우리의 저력 역할을 해 온 것도 사실이지만, 이제 '우리'의 범위를 더 확대해야 우리가 살아남을 수 있는 단계에 접어들고 있다. 이런 부분에 대한 정부의 심도 있는 접근이 절실히 요구된다.

요는 정부가 문제의 핵심을 분명하게 인식하고, 그에 대한 대응은 합리적이면서 적실성 있게 해야 한다. 인구를 늘리는 정책은 장기적으로, 또 국가가 중심이 되어 지속적으로 추진해 가야 할 것이다. 그러면서 우선 할 수 있는 대응책을 마련해야 한다. 대학에 대한 지원을 확대하고, 불필요한 규제는 풀어 주고, 그렇게 해서 대학들이 바람직한 길로 갈 수 있게 해야 한다. 규제 위주, 통제 위주는 옛말 같지만 여전히 있다. 대학 행정에 깊숙이 관여하는 동안 절실하게 '관은 여전히 세계 조류에 제일 둔감하구나', '아직도 깨어 있지 못하구나' 하는 생각을 많이 했다. 인식의 대전환이 있어야 한다. 너무 늦지 않게.

참고문헌

● 단행본
김낙현.『말레이시아』. 시공사. 2020.
김종영.『서울대 10개 만들기』. 살림터. 2021.
박성수.『개천의 용, 공정한 교육은 가능한가』. 공명, 2021.

● 기사
고민형. "전주대, 우석대, 예원예술대 외국인 학생 못 받는다".『전라일보』, 2022. 5. 11.
김용우. "대전시, 지역대학 상생협력 추진계획 수립".『충청뉴스』, 2022. 3. 16.
김한나. "코로나 장기화로 외국인 유학생 '뚝'… 교육의 질과 학생 만족도 제고 방향
    으로 정책 이뤄져야".『한국대학신문』, 2022. 4. 18.
박종문. "2개 단과대학 신설 등 영남대, 개교 이후 최대 규모 구조개혁 대학혁신 선
    도".『영남일보』, 2022. 4. 28.
송건섭. "위기의 지역대학, 생존전략은 무엇인가?".『대구신문』, 2022. 3. 29.
송창현. "광주 대학발전협력단 8일 출범… 시·교육청·17개대 참여".『뉴시스』, 2021.
    4. 5.
윤석구. "지방대학 위기! 작은 돌파구를 찾아서".『남도일보』, 2022. 4. 24.
윤희일. "'대학이 살아야 지역이 산다… 세종시는 대학 모셔오기, 대전시는 대학 살리
    기".『경향신문』, 2022. 3. 16.
이덕환. "대학의 몰락… 20년 내 절반이 문 닫는다".『주간조선』, 2022. 5. 18.
임태영. "군산대, 교육국제화역량 인증 대학 6년 연속 선정".『전라일보』, 2022. 2. 21.
정민엽. "신입생 확보 난항 지방대 유학생 규제 완화를".『강원도민일보』, 2022. 2. 28.
조영태. "[조영태의 퍼스펙티브] 세계 인구 변화 알면 절호의 기회 낚아챌 수 있다".
    『중앙일보』, 2018. 11. 12.
최세영. "불법체류 유학생 늘어난 게 우리 탓?".『한국경제』, 2022. 3. 6.
한준기. "지방대학의 생존전략".『대전일보』, 2022. 4. 11.
황석하. "부산 관·학·경, 지역대학 위기 타개 상설기구 구성한다".『부산일보』, 2021.
    4. 6.

삶의 행복을 꿈꾸는 교육은
어디에서 오는가?

● **교육혁명을 앞당기는 배움책 이야기** 혁신교육의 철학과 잉걸진 미래를 만나다!

● **비고츠키 선집** 발달과 협력의 교육학 어떻게 읽을 것인가?

혁신학교	성열관·이순철 지음	224쪽	값 12,000원
행복한 혁신학교 만들기	초등교육과정연구모임 지음	264쪽	값 13,000원
서울형 혁신학교 이야기	이부영 지음	320쪽	값 15,000원
혁신교육, 철학을 만나다	브렌트 데이비스·데니스 수마라 지음	현인철·서용선 옮김	304쪽	값 15,000원
대한민국 교사, 어떻게 가르칠 것인가?	윤성관 지음	320쪽	값 15,000원
아이들을 어떻게 가르칠 것인가	사토 마나부 지음	박찬영 옮김	232쪽	값 13,000원
모두를 위한 국제이해교육	한국국제이해교육학회 지음	364쪽	값 16,000원
경쟁을 넘어 발달 교육으로	현광일 지음	288쪽	값 14,000원
혁신교육 존 듀이에게 묻다	서용선 지음	292쪽	값 16,000원
다시 읽는 조선교육사	이만규 지음	750쪽	값 37,000원
교실 속으로 간 이해중심 교육과정	온정덕 외 지음	224쪽	값 13,000원
대한민국 교육혁명	교육혁명공동행동 연구위원회 지음	224쪽	값 12,000원
포스트 코로나 시대의 교육	성열관 외 지음	224쪽	값 15,000원
내일 수업 어떻게 하지?	아이함께 지음	300쪽	값 15,000원
핀란드 교육의 기적	한넬레 니에미 외 엮음	장수명 외 옮김	456쪽	값 23,000원
한국 교육의 현실과 전망	심성보 지음	724쪽	값 35,000원
독일의 학교교육	정기섭 지음	536쪽	값 29,000원
교실 속으로 간 이해중심 통합교육과정	온정덕 외 지음	224쪽	값 15,000원
초등 백워드 교육과정 설계와 실천 이야기	김병일 외 지음	352쪽	값 19,000원
학습격차 해소를 위한 새로운 도전 보편적 학습설계 수업	조윤정 외 지음	240쪽	값 15,000원

● 경쟁과 차별을 넘어 평등과 협력으로 미래를 열어가는 교육 대전환! 혁신교육 현장 필독서

학교의 미래, 전문적 학습공동체로 열다	새로운학교네트워크·오윤주 외 지음	276쪽	값 16,000원
마을교육공동체 생태적 의미와 실천	김용련 지음	256쪽	값 15,000원
학교폭력, 멈춰!	문재현 외 지음	348쪽	값 15,000원
학교를 살리는 회복적 생활교육	김민자·이순영·정선영 지음	256쪽	값 15,000원
삶의 시간을 잇는 문화예술교육	고영직 지음	292쪽	값 16,000원
미래교육을 디자인하는 학교교육과정	박승열 외 지음	348쪽	값 18,000원

코로나 시대, 마을교육공동체운동과 생태적 교육학	심성보 지음	280쪽	값 17,000원
혐오, 교실에 들어오다	이혜정 외 지음	232쪽	값 15,000원
수업, 슬로리딩과 함께	박경숙 외 지음	268쪽	값 15,000원
물질과의 새로운 만남	베로니카 파치니-케처바우 외 지음	이연선 외 옮김	240쪽	값 15,000원
그림책으로 만나는 인권교육	강진미 외 지음	272쪽	값 18,000원
수업 고수들 수업·교육과정·평가를 말하다	박현숙 외 지음	368쪽	값 17,000원
아이들의 배움은 어떻게 깊어지는가	이시이 준지 지음	방지현·이창희 옮김	200쪽	값 11,000원
미래, 공생교육	김환희 지음	244쪽	값 15,000원
들뢰즈와 가타리를 통해 유아교육 읽기	리세롯 마리엣 올슨 지음	이연선 외 옮김	328쪽	값 17,000원
혁신고등학교, 무엇이 다른가?	김현자 외 지음	344쪽	값 18,000원
시민이 만드는 교육 대전환	심성보·김태정 지음	248쪽	값 15,000원
평화교육 과거, 현재 그리고 미래를 그리다	모니샤 바자즈 외 지음	권순정 외 옮김	268쪽	값 18,000원
마을교육공동체란 무엇인가?	서용선 외 지음	360쪽	값 17,000원
강화도의 기억을 걷다	최보길 지음	276쪽	값 14,000원
체육 교사, 수업을 말하다	전용진 지음	304쪽	값 15,000원
평화의 교육과정 섬김의 리더십	이준원·이형빈 지음	292쪽	값 16,000원
마을로 걸어간 교사들, 마을교육과정을 그리다	백윤애 외 지음	336쪽	값 16,000원
혁신교육지구와 마을교육공동체는 어떻게 만들어지는가?	김태정 지음	376쪽	값 18,000원
서울대 10개 만들기	김종영 지음	348쪽	값 18,000원
선생님, 통일이 뭐예요?	정경호 지음	252쪽	값 13,000원
함께 배움 학생 주도 배움 중심 수업 이렇게 한다	니시카와 준 지음	백경석 옮김	280쪽	값 15,000원
다정한 교실에서 20,000시간	강정희 지음	296쪽	값 16,000원
즐거운 세계사 수업	김은석 지음	328쪽	값 13,000원
학교를 개선하는 교장 지속가능한 학교 혁신을 위한 실천 전략	마이클 풀란 지음	서동연·정효준 옮김	216쪽	값 13,000원
선생님, 민주시민교육이 뭐예요?	염경미 지음	244쪽	값 15,000원
교육혁신의 시대 배움의 공간을 상상하다	함영기 외 지음	264쪽	값 17,000원
도덕 수업, 책으로 묻고 윤리로 답하다	울산도덕교사모임 지음	320쪽	값 15,000원
교육과 민주주의	필라르 오카디즈 외 지음	유성상 옮김	420쪽	값 25,000원

참된 삶과 교육에 관한
생각 줍기